Esther Knorr-Anders

Salzburg

*Ein
Reisebegleiter*

W0044549

Prestel-Verlag

Gewidmet meinem Mann
Ernst Friedrich Knorr

Frontispiz:

Meerroß vom Residenzbrunnen

Den Anhang des Buches erarbeitete
Dagmar Lutz.

CIP-Titelaufnahme der Deutschen Bibliothek:

Knorr-Anders, Esther:
Salzburg / Esther Knorr-Anders. –
München: Prestel, 1991

© 1991, Prestel-Verlag

Prestel-Verlag, Mandlstraße 26, 8000 München 40
Telefon (089) 38 1709-0, Telefax (089) 38 1709 35

Lithographie:
Repro Ludwig G.m.b.H., Zell am See, Austria
Satz, Druck und Bindung:
Passavia Druckerei GmbH Passau

ISBN 3-7913-1172-7

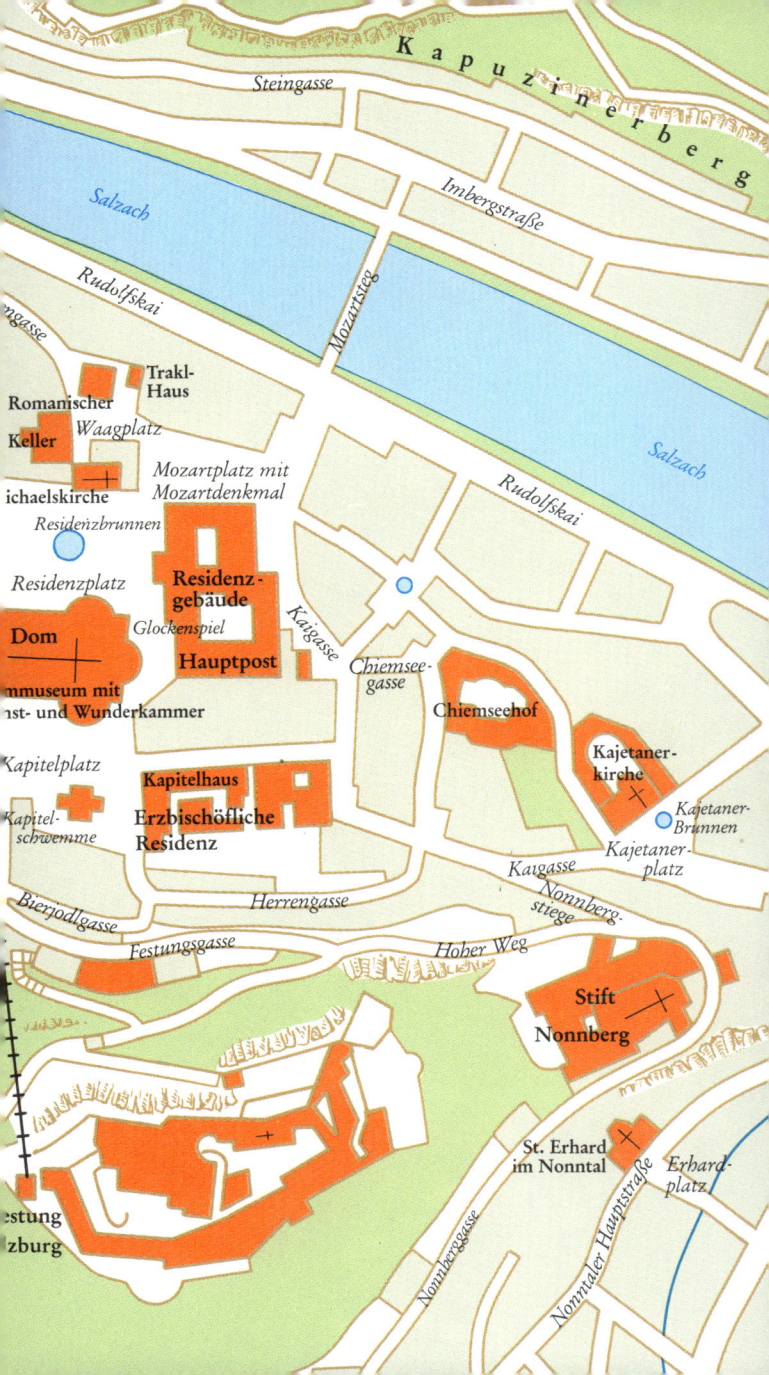

ESTHER KNORR-ANDERS

Salzburg

Inhalt

Einleitung

Es gibt Städte, deren historische Zonen den Besucher mit ihrer düsteren Monumentalität schier erdrücken, ihm die Luft abschnüren. Andere wiederum erschrecken den Gast durch morbide Pompentfaltung; buchstäblich jeder Zierziegel zeugt von Reichtum und Luxus. Zum dritten gibt es Städte, die den Fremden auf unerklärliche Weise zum Verweilen verlocken, ihn zum Kennenlernen ihrer glanzvollen und auch weniger glanzvollen Epochen verführen. Selbst den Sprödesten bestricken sie kraft ihres aus vielen Jahrhunderten erwachsenen Gefüges. Salzburg, hell und heiter sich darbietend, ist eine solche Stadt – und das nicht nur bei strahlendem Sonnenschein und Rosenduft, sondern auch beim berüchtigten Schnürlregen. Dieser Schnürlregen wird übrigens zu Unrecht gescholten. Der gleichmäßig herabnieselnde Wasserschleier verleiht der Stadt einen Hauch Melancholie. Gerade das beschwört in den alten Mauern, schummerigen Höfen, lautlosen Gärten jene charakteristische Stimmung herauf, der sich keiner so leicht entziehen kann.

Bei welchem Wetter und zu welcher Jahreszeit man in Salzburg ankommt, ist im Grunde gleichgültig. Wer die Stadt einmal betrat, vergißt sie nicht. FRANZ SCHUBERT fuhr bei regnerischer Witterung ein, die seinem seelischen Naturell, vielleicht auch nur seiner augenblicklichen Stimmungslage, nicht behagte. Am 12. September 1825 beschreibt er seine Annäherung an die Stadt: »Thürme und Paläste zeigen sich nach und nach; man fährt endlich an dem Kapuzinerberge vorbei, dessen ungeheure Felswand hart an der Straße senkrecht in die Höhe ragt und fürchterlich auf den Wanderer herabblickt. Der Untersberg mit seinem Gefolge wird riesenhaft, ihre Größe will uns fast erdrücken. Und nun geht es durch einige herrliche Alleen in die Stadt selbst hinein. Festungswerke aus lauter Quadersteinen umgeben diesen so berühmten Sitz der ehemaligen Churfürsten. Die Thore der Stadt verkünden mit ihren Inschriften die verschwundene Macht des Pfaffenthums. Lauter Häuser von vier bis fünf

Stockwerken erfüllen die ziemlich breiten Gassen und an dem wunderlich verzierten Hause des Theophrastus Paracelsus vorbei, geht es über die Brücke der Salzach, die trüb und dunkel mächtig vorüberbraust. Die Stadt selbst machte einen etwas düstern Eindruck auf mich, indem ein trübes Wetter die alten Gebäude noch mehr verfinsterte, und überdies die Festung, die auf dem höchsten Gipfel des Mönchsberges liegt, in alle Gassen der Stadt ihren Geistergruß herabwinkt.«

112 Jahre später, nämlich 1937, zeigte sich der Schriftsteller STEFAN ZWEIG – bei gänzlich anderer Gemütsverfassung – von der Stadt begeistert: »Wäre nicht dies wuchtige Wahrzeichen der Hohensalzburg über ihr, man wüßte nicht zu sagen, wo sie beginnt und endet, denn sie löst sich lose auf in die Landschaft, und die Landschaft geht unmerklich in sie ein: das ist ihr besonderer Reiz. Alleen heben an mitten in Wiesen um ein uraltes Schloß und plötzlich werden sie Straße und ihre Bäume erstarren zu Stein. Und anderseits blühen mitten im Weichbild weite Gärten auf, weiße Plätze brechen sich Raum, die schweren Schutzmauern und Wälle teilen nicht mehr die Straßen herrisch vom Gefilde, sondern sind Schmuck nur und Zier, die Architektonik eines großen Gartens, der vom Fuße an hügelauf steigt. Überall ist die harte Linie gebrochen, die Landschaft dringt mild in die Stadt und die Stadt wieder blättert sich fächerhaft auf in den Horizont der Wiesen und Berge. Diese Kunst des harmonischen Übergangs ist das Wunderbare und zugleich das eminent Musikalische an Salzburg. Denn die schärfsten Gegensätze stehen Stirn wider Stirn in dieser Stadt; sie in Stein und Stimmung tönend zu lösen, war ihr vorbehalten. Bergland und Flachland stoßen hier gegeneinander: von Süden wirft sich das mächtigste Massiv Europas, die Alpen, in drohendem Sturz heran und gerade über dem Tal hält wie mit einem ungeheuren Ruck die gebäumte Felsenwelle plötzlich inne. Der Untersberg, das Watzmannmassiv, der Göll, wie eine letzte hochgetürmte felsene Wand stehen sie da: aber sie stürzt nicht drohend in die Tiefe, sondern klingt aus mit ein paar kleinen, milden Hügeln in das Flachland, das von hier weiter sich dehnt bis tief nach Deutschland hinein, eigentlich bis hin an das Meer. Immer steht diese Stadt in der Mitte: sie kann ganz Nordstadt sein mit umschneiten Bergen, kaltklarer, eiskühler Luft, Schlitten klingeln

hinaus in das weiße Land und von den Hügeln sausen die Skier herab. Und über Nacht wirft sich der Wind, ein föhniger Himmel blaut feucht und lau: und sogleich wird sie Südstadt mit italienischen Farben, funkelnd mit ihren weißen Häuserflächen und schwülem Geleucht.«

Doch wir wollen die Zeit Schuberts und Zweigs verlassen und zurückgehen zur *Vorgeschichte* von Salzburgs Besiedlung. Schon vor über tausend Jahren vor unserer Zeitrechnung verließ die Salzach hier, in der Salzburger Gegend, die nördlichen Kalkalpen – damals allerdings noch wild verzweigt und nicht wie heute in ihr Bett gezwängt. In der Hallstattzeit, benannt nach den Gräberfunden am gleichnamigen Ort im Salzkammergut, die von etwa 1000 bis 450 v.Chr. dauerte, befand sich hier ein Zentrum der Eisenverarbeitung und des Salzbergbaus.

»Hal«, abgeleitet vom griechischen »ἅλς« weist stets auf Salz, Salzbergbau, Salzstätten und Salzstädte hin. Die Halaunen übten den gewinnbringenden Beruf der Salzsieder aus. Die Salzgewinnung auf dem Dürrnberg bei Hallein, sechzehn Kilometer von Salzburg entfernt, und der Handel mit Salz führten in der Hallstattzeit zu dichter Besiedlung des Landes. Bedauerlicherweise wissen wir nur recht wenig von den damals lebenden Menschen. Doch sie bestatteten ihre Toten in Kurgans, Hügelgräbern, und daraus wurde geschlossen, daß sie zu einem der Stämme gehörten, die mit den Indogermanen aus den Salzsteppen Osteuropas nach Westen vorgedrungen waren. Wo Tüchtigkeit gefordert und wirtschaftlicher Aufschwung nicht verboten war, durften die *Kelten* nicht fehlen. Sie entwickelten eine reichhaltige Kultur in der Latène-Zeit, etwa 500 v.Chr. Wo Wohlstand herrschte, fühlten sich ihrerseits die *Römer* zu Hause. Im Jahr 15 v.Chr. besetzten sie unter Kaiser Tiberius das keltische Königreich Noricum, das Ober- und Niederösterreich, den größten Teil der Steiermark, Kärnten und Teile von Salzburg umfaßte. Unter Kaiser Claudius (41-54 n.Chr.) wurde das Gebiet römische Provinz; Salzburg erhielt eine Munizipalverfassung und

Folgende Doppelseite: Die kleine spätgotische Margarethenkapelle mit Stift Sankt Peter. Die Franziskanerkirche (rechts) verdeckt die Kollegienkirche, hinter der der Turm der Müllner Pfarrkirche aufragt. Vor dem Mönchsberg die Doppeltürme der Markuskirche.

den Namen Juvavum, der mit dem illyrischen »djuavas«, »Stadt des Himmelsgottes«, in Zusammenhang stehen soll.

Nichts in dieser Welt ist für die Ewigkeit bestimmt. Im Sturm des Markomannenkrieges, der von 166 bis 180 n. Chr. wütete, wurde das römische Juvavum vernichtet und verfiel für lange Zeit dem Dunkel der Geschichte. Anfang des 6. Jahrhunderts machten sich die *Bayern* zur friedlichen Besetzung des Salzburger Landes auf den Weg. Bayern-Herzog Theodo schenkte anno 696 dem Bischof Rupert die Ruinen Juvavums, aus denen in den Wirren vieler Jahrhunderte das städtebauliche Erlebnis »Salzburg« mit seinem unverwechselbaren heiteren Fluidum hervorging. 1540 konnte die »Gasteinerische Chronika« festhalten, »daß die Stadt Salzburg ist angefangen worden zu pauen wie die Chroniggn anzaigen, so ist bei Kaiser Julius Zeiten, welcher 47 Jahr von Christi Geburt zu einem römischen Kaiser gecrönt worden, welche Stadt erstlich im Marckhau und bei haidenischen Zeiten, allwo vor dem römischen und teutschen Kriegsvolk große Schlachten und Niederlag vor der Stadt beschehen. Nachfolgend haben die Fürsten von Payrn ein Vestung paut. Die Stadt hat ehevor Helffenburg gehaissen, nachdem aber als am Hällein das Salz erfunden worden, hat der Bischof die Stadt Salzburg genannt, so bis auf den heutigen Tag dabei geblieben ist.« Soweit die »Gasteinerische Chronika«.

In der *Gegenwart* zählt Salzburg über 140000 Einwohner. Es ist die Hauptstadt des gleichnamigen österreichischen Bundeslandes, das 1816 endgültig aus Bayern ausgegliedert und Österreich zugeordnet wurde. Das Stadtwappen zeigt auf Rot ein weißes Stadttor mit drei Türmen, Dächer und Torflügel sind golden. Das Landeswappen weist rechts in Gold einen schwarzen Löwen, links in Rot einen silbernen (weißen) Balken auf.

Die Festung Hohensalzburg

Natürlich kann man die Rundgänge und Streifzüge durch Salzburg sehr verschieden beginnen und durchführen. Wohl wissend, daß man beim ersten Aufenthalt sowieso nicht alles sehen kann, wird mancher sich für die Festung Hohensalzburg entscheiden. Ihr entkommt ohnehin niemand. Vom höchsten östlichen Punkt des Mönchsbergs, der einen langen Felsenrücken bis zum Nonnberg hin bildet, türmt sie sich dem Himmel entgegen. Ähnlich wie die Feste Coburg im deutschen Franken, scheint sie über der Stadt zu schweben, krönt sie gleichermaßen. Alle Blicke gelten ihr. Die Hohensalzburg war nie ein romantisches Ritterschloß mit zierlichen Türmen, Erkern und Zinnenkränzen. In ihrer jahrhundertealten Geschichte geisterte nicht ein einziges Mal eine »Weiße Frau« zur mitternächtlichen Stunde durch die »Goldene Stube«, schaute nicht schwermütigen Auges von einer Bastei zum gegenüberliegenden Kapuzinerberg, dessen Waldungen mondlichtüberflutet rauschten.

Wappen des Fürsterzbischofs Johann Jakob von Kuen-Belasy.

Die Hohensalzburg war von Anfang an bis ins Jahr 1800, dem Jahr der Besetzung durch die Franzosen, ein reiner Zweckbau, ein Wehrbau, der durch Um- und Erweiterungsbauten immer wieder den neuen Kriegstechniken angepaßt werden mußte. Stets stand sie im Mittelpunkt politischer Umtriebe, sei es während des Investiturstreits, jener zwischen dem Papst und dem Königtum von 1075 bis 1122 geführten Auseinandersetzung um das Einsetzungsrecht von Bischöfen in Amt und Würden, sei es im Dreißigjährigen Krieg, 1618 bis 1648, mit seinen furchtbaren Ausschreitungen und erbitterten Machtkämpfen.

Die erste Erwähnung der Befestigung stammt aus dem Jahr 1077, als ERZBISCHOF GEBHARD (1060-1088), der später heiliggesprochen wurde, während des Investiturstreits einen starken Wehrbau errichten ließ, der später unter ERZBISCHOF KONRAD I. VON ABENSBERG (1106-1147), einem Parteigänger des Papstes, einen Ausbau erfuhr. Nach mehreren Erweiterungen im 15.Jahrhundert, die hauptsächlich Mauererhöhungen und Turmaufführungen betrafen, fanden die bedeutendsten baulichen Maßnahmen unter ERZBISCHOF LEONHARD VON KEUTSCHACH (1495 bis 1516) statt, die während der Wirren des Dreißigjährigen Krieges von ERZBISCHOF PARIS GRAF LODRON (1619-1653) fortgeführt und unter MAX GANDOLF GRAF VON KUENBURG (1668-1687) mit dem Bau der »Kuenburg-Bastei«, die 1681 nördlich der Georgskirche errichtet wurde, abgeschlossen wurde.

Doch genaugenommen begann die Geschichte der Hohensalzburg nicht erst mit Erzbischof Gebhard, sondern mit dem nach seinem Tod heiliggesprochenen BISCHOF RUPERT. Im Jahr 696 schenkte der aus dem Geschlecht der Agilolfinger stammende BAYERN-HERZOG THEODO dem iro-schottischen Glaubensboten (dem von vielen rheinfränkische Herkunft zugeschrieben wird) zusammen mit der Stadt Salzburg auch die »Obere Burg«, worunter die Höhensiedlung auf der Nonnberg-Terrasse und der vermutlich teilweise ummauerte Festungsberg, der Mönchsberg, zu verstehen waren. Die großzügige Gabe basierte – man

Salzburg, um 1460. Ausschnitt aus der
Hartmann Schedelschen Weltchronik von 1493.

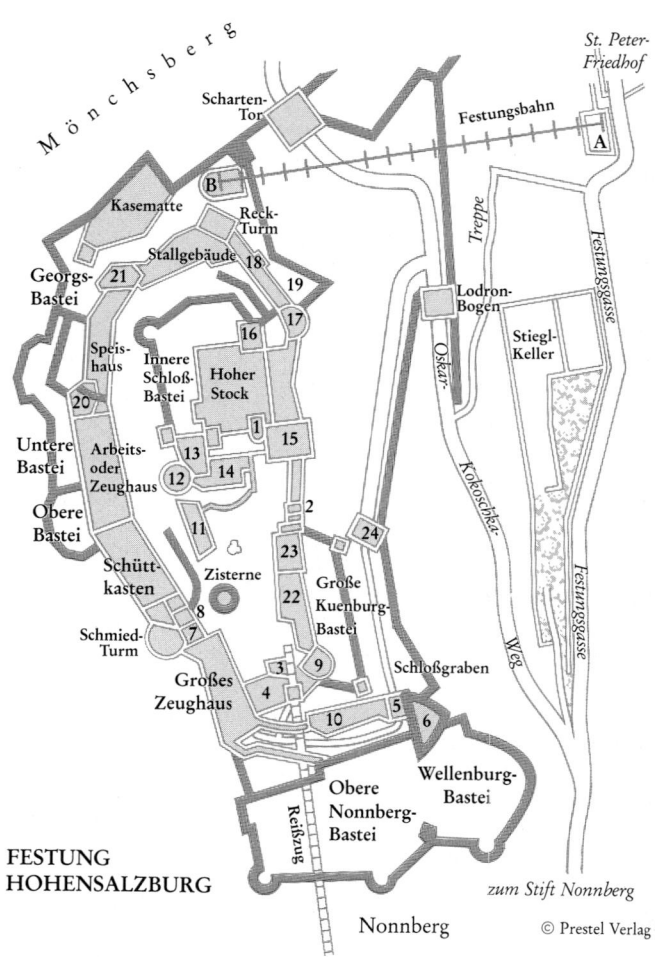

FESTUNG
HOHENSALZBURG

Mönchsberg

St. Peter-Friedhof

Scharten-Tor

Festungsbahn

A — Talstation
B — Bergstation

Kasematte

Reck-Turm

Stallgebäude

Georgs-Bastei

Lodron-Bogen

Stiegl-Keller

Speis-haus

Innere Schloß-Bastei

Hoher Stock

Untere Bastei

Arbeits- oder Zeughaus

Obere Bastei

Schütt-kasten

Zisterne

Große Kuenburg-Bastei

Schmied-Turm

Schloßgraben

Großes Zeughaus

Wellenburg-Bastei

Obere Nonnberg-Bastei

Reißzug

Nonnberg

zum Stift Nonnberg

© Prestel Verlag

Oskar-Kokoschka-Weg

Festungsgasse

Treppe

darf es voraussetzen – auf bewährter Männerfreundschaft. Rupert war in Worms Bischof gewesen. Herzog Theodo hatte ihn gerufen; er wurde von Rupert getauft. Gemeinsam waren sie zu einer Donaureise bis nach Ungarn aufgebrochen, um an den Ufern des Stroms das Christentum zu verbreiten. Rupert wurde erster Bischof von Salzburg, erneuerte das Peterskloster, ließ die Peterskirche errichten und gründete das Frauenkloster Sankt Erentrud auf dem Nonnberg. Um 718 starb er in Salzburg. Zahlreiche bayerische Darstellungen des 15. und 16. Jahrhunderts zeigen den Heiligen, der als Förderer und Schutzpatron des Salzbergbaus galt, mit einem Salzkübel in der Hand oder zu Füßen.

Auf der Festung

Um auf den Mönchsberg, auf die Hohensalzburg zu gelangen, hat man zwei Möglichkeiten: entweder zu Fuß oder mit der Festungsbahn. Wer den Fußmarsch vorzieht, sollte für stabiles und bequemes Schuhzeug sorgen. Auch muß der Wanderer wissen, ob er seinen Füßen beim Abwärtssteigen eine Dauerbremsung zumuten darf. Wer die **Festungsbahn** benutzt, erreicht in wenigen Minuten die Hasengarten-Bastion. Die Talstation der Bahn befindet sich in der Festungsgasse, unmittelbar beim Ausgang des Sankt-Peter-Friedhofs, in dessen Nähe sich die Bierjodlgasse und die Herrengasse mit ihrem Eros-Center verzweigen. Wer Zeit hat, mag sich von diesen seltsamen Konstellationen gefangennehmen lassen und über die modern-banale Umsetzung des Eros-Thanatos-Gegensatzes philosophieren. Doch wen es unwiderstehlich zu Rundblicken in die Natur, zu Geschichte, Kunst und Bildung zieht, der besteigt die Bergbahn. Schwindelanfälligen wird empfohlen, die Augen während der Auffahrt zu schließen. Manch einer steigt mit zitternden Knien aus der Kabine, dankt dem Himmel, daß er noch lebt, guckt sich um und muß nun aufpassen, von soviel Rundum-Schönheit nicht erschlagen zu werden. Hell leuchtet der Himmel, golden glänzt die Sonne, und das Herbstlaub flammt in leuchtenden Rottönen, wohin das Auge schaut. In der Tiefe Salzburgs Stadtkern. Von hier oben, zwar winzig wirkend, aber im Gewirr deutlich erkennbar der Kuppelbau des Doms, umrahmt von weitflächigen Plätzen mit hell schimmernden Gebäuden. Die nach Nordwesten hastende grüne Salzach teilt die »geistliche« Stadt von der »Neustadt«. Ins Träumen könnte man geraten. Unmögliches wünscht man sich, zum Beispiel mit den Wassern der Salzach den unendlichen Fluß längst vergangener Geschichte vorübergleiten zu sehen.

Doch fürs erste lockt der Festungsbau, ein unüberschaubarer Komplex mit mächtigen, altersgrauen Bauten, Basteimauern, Wehrgängen, Gräben, mit großen und kleinen Höfen, manche baumbestanden, schattig und still. An einzelnen Gebäuden und Torbogen sind die erzbischöflichen *Marmorwappen* der wichtigsten Bauherren der Festung zu erkennen. Manch einer bleibt schmunzelnd stehen, um eines der Wappengebilde gewissermaßen zu verinnerlichen. LEONHARD VON KEUTSCHACH stammte aus dem Kärntner Landadel. Die Überlieferung will wissen, daß er als Kind hart auf den elterlichen Rübenäckern arbeiten mußte. Als er eines Tages säumig war, traf ihn eine Rübe am Kopf. Das vergaß er nicht. Es war ihm Anlaß, jene erinnerungsträchtige Rübe als Wappensymbol zu wählen, was möglicherweise für Humor, aber auch für eine gewisse Ruppigkeit spricht. Vielleicht eine Folge seiner in der Kindheit erlebten Armut. Wir wollen ihn hier zunächst verlassen, werden ihm aber gleich noch einmal begegnen ...

Mit Turm und Löwen im Wappen verewigte sich ERZBISCHOF JOHANN JAKOB VON KUEN-BELASY (1560-1586) auf der Hohensalzburg. Von ihm weiß der berühmte Stadtgeschichtler F.V. Zillner zu berichten: »Der Fürst war schiedlich, mitteilsam, beteiligte sich an den Steuern nach Kräften und verfuhr gegen die Aufständischen im Gebirge im Ganzen schonend, wozu ihm auch die Landschaft (Landtag, Interessenvertretung der Stände) einriet. Unter ihm wurde Schloß Werfen wieder aufgebaut, Straßenbauten und Flußverbesserungen (Achfurt im Pinzgau, Kanal bei Fischarn) vorgenommen, im Salzberg ein neuer Stollen angelegt und Schulden gezahlt, die noch vom Erzbischof Matthäus Lang herrührten.« Die Tilgung von Vorgängerschulden war also auch damals schon üblich.

Für eine Kugel im Wappen entschied sich ERZBISCHOF WOLF DIETRICH VON RAITENAU (1587-1612) seines unerfüllt gebliebenen Wunsches wegen, Feldherr statt Geistlicher zu werden. Von

»Brezelwappen« des Erzbischofs Paris Lodron (1619-1653)
auf der Festung Hohensalzburg.

seiner Liebe zu Salome Alt und seinem unglückseligen Ende als Gefangener auf der Hohensalzburg wird in einem späteren Kapitel ausführlich zu erzählen sein.

Für das originellste Wappen zeichnet der bereits erwähnte ERZBISCHOF PARIS GRAF LODRON verantwortlich. Man traut den eigenen Augen nicht, sobald man den Löwen mit dem zur Brezel geformten Schweif entdeckt hat. Gewöhnlich wählten die Geistlichen ihr Wappensymbol im Zusammenhang mit ihrem einst erlernten bürgerlichen Beruf oder einer Tätigkeit, der sie zuneigten. Zum Bäcker aber wird Graf Lodron sich wahrlich kaum berufen gefühlt haben. Oder doch? Jeder Bäcker ist Nahrungsmittelhersteller, zugleich Verteiler und in Notzeiten Hüter des kostbaren Lebens- und Überlebensmittels Brot. Keine Krume durfte vergeudet werden, kein Bröckchen verlorengehen. Nach einhelligem Urteil war der in Südtirol geborene Erzbischof mit dem Brezelschweiflöwen im Wappen ein tatkräftiger, selbständiger und gerechter Fürst. Im Dreißigjährigen Krieg versetzte Graf Lodron die Hohensalzburg – wie erwähnt – in den Zustand einer uneinnehmbaren Schutz- und Trutzburg, so daß sie die Wirren dieser Zeit unbeschadet überstand. Er sorgte für Kanonen, Pulver, Wehr und Waffen, aber auch für eine perfekte Lebensmittel-Vorratshaltung, und dazu gehörten eben auch Brot und Brezel.

Festung Hohensalzburg:
Leonhard-von-Keutschach-Denkmal
des Bildhauers Hans Valkenauer an der Südwand
der Sankt-Georgs-Kirche, 1515.

Auf der Steinbank unter der vierhundert Jahre alten Linde im großen **Burghof** nimmt wohl jeder minutenlang Platz. Der Blick schweift zur Zisterne, die 1539 »zu Nutz und Notdurft des Schlosses« angelegt wurde; die Sankt-Georgs-Kirche entpuppt sich als Augenfang, nicht weniger die den Burghof einrahmenden Zeughäuser, Getreidespeicher, Arbeitshäuser, Türme, Basteizugänge und die alles überragende Burg selbst mit Palas und Prachträumen. Der Wind fährt durch den Hof, treibt Blätter übers Pflaster. Plötzlich wird ein lautes Gerumpel hörbar. Alles springt auf, stiebt in Richtung des Geräusches davon. Die Jagd lohnt sich. Was sich da dem Auge darbietet, muß man gesehen haben. Unweit der »Roßpforte« verläuft der Schienenstrang des »Reißzuges«, der alten, noch intakten und für die Burg einstmals lebenswichtigen *Materialbahn*, die wie eh und je bis hinunter zum Nonnberg führt. Heute wird sie elektrisch betrieben, doch damals bedienten die Burggefangenen im Maschinenraum den Auf- und Abzugsmechanismus per Hand.

An dem weinlaubumsponnenen Gemäuer der Sankt-Georgs-Kirche blinkt das imposantes *Leonhard-von-Keutschach-Denkmal* aus dem Jahr 1515, als dessen Schöpfer der Bildhauer Hans Valkenauer gilt. Der Bischof steht grimmigen Blicks, flankiert von zwei Leviten mit Legatenkreuz, Legatenhut und Missale. Die Inschrift lautet: »Hie gibt Erzbischove Leonhard zu Salcburg, geborn v. Keutschach, den Segn über des stiffts Salcburg landt.« Es zeugte gewiß nicht von zaghafter, gar kleinkarierter Selbsteinschätzung, wenn der Keutschacher dem ganzen Salzburger Land seinen bischöflichen Segen erteilte und diese Szene in Marmor für die Nachwelt erhalten wissen wollte. Er hatte nämlich – auch Bischöfe unterliegen gelegentlich der Sinnestäuschung – eine Vision gehabt. Beim Auf- und Abwandern in seinen hochherrschaftlichen Burgzimmern sah er plötzlich eine Gestalt am Fenster stehen, die ihm aufs Haar glich. Beim genauen Hinsehen erkannte er tatsächlich sich selbst, die Hand in weihevoller Geste über Salzburg ausstreckend. Für ihn stand fest: Ein Denkmal mußte her, und an welchem Ort sollte es auffälliger ins Auge springen als an der Mauer der **Sankt-Georgs-Kirche**? Schließlich hatte er die Kirche 1501/02 im Stil der Spätgotik umbauen und ihren Innenraum mit den Reliefs von Christus und den zwölf Aposteln schmücken lassen.

Nein, an allzu diskreter Selbsteinschätzung litt der Keutschacher nicht. Das bewies sein Bubenstück mit dem »geschwornen Rat«. Kaiser Friedrich III. hatte anno 1481 mit seinem Ratsbrief den Bürgern Salzburgs das Recht verliehen, ihre Bürgermeister und Stadträte eigenständig zu wählen und die Freiheiten einer Reichsstadt in Anspruch zu nehmen. Das konnte dem »Bierzapfler«, wie der Keutschacher wegen seines Brauhauses in Kaltenhausen mit beachtenswerter Respektlosigkeit genannt wurde, nicht behagen. Er fühlte sich durch die freie Magistratswahl in seinen fürstbischöflichen Rechten beträchtlich eingeengt. Erzbischöfe waren, in Personalunion, stets regierende Fürsten und Landesherrn – dies mußte dem Volk nur nachdrücklich klargemacht werden. Als der Keutschacher sich auf dem Landtag anno 1508 von den aufsässigen Querulanten sagen lassen mußte: »Es würde gemeiner Landschaft mehr fürträglich und nutz sein, sich ohne Mittel unter das Heilige Römische Reich zu begeben, als unter einem solchen Fürsten dergestalt zu sitzen«, da lief das Bierfaß über. Am 23. Januar 1511 setzte der Erzbischof dann seinen langgehegten Racheplan in die Tat um und lud den ihm verhaßten Bürgermeister Hans Matsberger und die Stadträte zu einem Abendessen auf die Festung ein. Statt aber seine Gäste köstlich zu verpflegen, hielt er ihnen eine geharnischte Standpauke und bezichtigte sie der bürgerlichen Verschwörung. Dann ließ er sie auf Schlitten laden und in der eisigen Nacht nach Radstadt bringen, wo sie in kürzester Frist enthauptet werden sollten. Durch Intervention des habsburgischen Verwalters der Steiermark blieben die Männer zwar am Leben, hatten aber bleibende Gesundheitsschäden erlitten. Allen Rechten aus den kaiserlichen Zusagen mußten sie abschwören.

Düsternis und Stille brüten in den Räumen der **Festung**, die nur im Rahmen einer Führung zu besichtigen sind. Ein langgestrecktes Zimmer, durch moderne Beleuchtungskörper in Streulicht getaucht, enthält die Gemälde der Erzbischöfe; in Vitrinen stehen die Modelle der zeitläufigen Entwicklungsstadien der Hohensalzburg. Die geistlichen Herren, in blutroten Roben auf

Festung Hohensalzburg: Goldene Stube,
»heiliger Rupertus«, Detail des Majolika-Kachelofens von 1501.

einen schwarzen Bildgrund gemalt, geistern den Betrachter an. Manch einer ist darunter, dem man weder bei Tag noch bei Nacht begegnen möchte. Doch zumindest einem würde man gern gegenübertreten, wenn er noch lebte: dem gemütlich und zuverlässig wirkenden Paris Lodron.

Im dritten Geschoß des sogenannten »Hohen Stocks«, dem **Palas**, befindet sich das *Burgmuseum* in den ehemaligen Fürstenwohnräumen. Zu besichtigen sind Waffen, Zunftzeichen und Erinnerungsstücke an den hier bis zu seinem Tode gefangengehaltenen Erzbischof Wolf Dietrich von Raitenau, darunter – meist in Nachbildungen – eine reichhaltige Sammlung von Folterinstrumenten. Mit den Festräumen im vierten Geschoß des »Hohen Stocks«, die zu Beginn des 16. Jahrhunderts aufgesetzt wurden, präsentiert sich wiederum der Rüben-Keutschach, denn er ließ sie einrichten. Eigenwilliger Geschmack ist ihm nicht abzusprechen.

Durch reich profilierte Marmorportale gelangt man aus der Vorhalle in den *Goldenen Saal*, dessen in blaue Kassettenfelder unterteilte Holzdecke, die über und über mit vergoldeten Knöpfen übersät ist und den Eindruck eines sternenbesetzten Firmaments entstehen läßt, ihm seinen Namen einbrachten. Gestützt wird sie von vier gewaltigen, schraubenartig gedrehten Säulen aus rotem Marmor. Die *Goldene Stube*, östlich anschließend, ist noch reicher geschmückt mit spätgotischen farbig gefaßten, vergoldeten Ornamenten, die besonders die Türen als Ast- und Laubwerke überwuchern. Hauptattraktion des einzigen beheizbaren Zimmers ist ein prächtiger Majolikaofen von 1501, der zu den beeindruckendsten Beispielen spätgotischer Haffnerkunst in Österreich zählt. Es folgen die *Bibliothek* – ebenfalls reich getäfelt – und das *Schlafzimmer*, von wo aus einer der Nachfolger des Keutschachers, Fürsterzbischof Wolf Dietrich von Raitenau, beste Sicht auf Schloß Mirabell hatte. Warum ihm dieses Schloß so am Herzen lag, werden wir später erfahren ...

Immer noch leicht betäubt von der atemberaubenden Pracht des Interieurs, verläßt man den Palast und gelangt wieder auf den Burghof.

Festung: Goldener Saal, eine der vier gewaltigen Rotmarmorsäulen, darüber die firmamentartige Kassettendecke.

Der »Salzburger Stier«

Noch einmal wird man mit dem Ideenreichtum des Keutschachers konfrontiert. Oberhalb der Kuenburg-Bastei klebt an stei-
ler Burgwand ein Holzverschlag. Um sieben, um elf und um
achtzehn Uhr öffnen sich zwischen Palmsonntag und 31. Oktober, wie von Geisterhand aufgeschoben, die Fenster des braunen
Gehäuses. Ein markerschütterndes Gebrüll, erzeugt von einem
gotischen Hornwerk, tönt über die Stadt. Anschließend erklingt
eine sanfte, choralartige Melodie. Die Fremden erbleichen, die
Salzburger krümmen sich vor Lachen. Sie lieben das »Geschrey« ihres »Salzburger Stiers«, das der Keutschacher 1502 als
Mahnruf und Alarmsignal installieren ließ. Brüllte der »Stier«,

Festung: »Salzburger Stier«, akustisches
Wahrzeichen der Stadt.

wurden morgens die Stadttore geöffnet und abends geschlossen. Der gewiß mit einem empfindlichen Gehör ausgestattete Leopold Mozart überlieferte mit seiner 1759 verfaßten Notiz eine Experten-Schilderung des »Hornwerks«: »Es ist ein Walzenwerk, und macht, bevor es ein Stück spielet, ein so genanntes Geschrey, so in dem Perfectgriffe oder Harmonischen Dreyklang (F.A.C.) bestehet, eine pure Mixtur ist, und von dem Subbaß, Principal, Octav, Quint bis Superoctav in 150 Pfeiffen bestehet, deren die größte 12 Schub ohne Fuß hat. Das Werk, so die Stücke spielet, hat 200 Pfeiffen, die vom tiefsten bis zum höchsten Tone sich immer vermehren, und also vom Principal an gerechnet von 2 bis 10 steigen. Die größte dieser Pfeiffen hat sechs Schub ohne Fuß; und alle Pfeiffen des ganzen Hornwerkes sind von Zinn. Von undenklicher Zeit her hat es nur ein einziges Stück gespielet. Diesem hat die hochlöbliche Landschaft zur angenehmen Abwechslung noch 11 andere Stücke beyfügen und das ziemlich abgenützte Hornwerk durch Herrn Johann Rochus Egedacher Hochfürstl. Hoforgelmacher gänzlich wieder erneuern lassen.« Sowohl Leopold Mozart als auch der Organist Paul Hofhaymer waren – wenn auch zeitlich durch 222 Jahre getrennt – von dem »Geschrey« derart beeindruckt, daß es sie ans Schreibpult drängte, um Choräle für den Stier zu komponieren.

Ausblicke und Reminiszenzen

Auch der längste Burgbesuch neigt sich einmal dem Ende zu. Dennoch wird niemand die Hohensalzburg verlassen, ohne einen letzten Ausblick auf Stadt und Land zu werfen. Dabei kann es geschehen, daß man länger verweilt, als man vorhatte. Dieser oder jener mag sich erinnern, daß Oskar Kokoschka zusammen mit Friedrich Welz 1953 hier auf der Burg die »Schule des Sehens« gründete. Seither hält alljährlich die »Internationale Sommerakademie für Bildende Kunst« zur Festspielzeit ihren Einzug in das »schönste Atelier der Welt«. Kunsteleven verschiedenster Nationen eilen auf die Hohensalzburg, hinein in den Schüttkasten, ins Arbeitshaus, um zukünftige Meisterwerke entstehen zu lassen. Schule des Sehens, das bedeutet, sich vom Licht- und Farbenspiel berauschen zu lassen, das sich zu jeder

Jahreszeit bietet: etwa leuchtendes Himmelsblau, mattgolden glänzende Sonne, rotflammendes Herbstlaub. Schule des Sehens bedeutet auch Tiefe, Höhe, Weite. Salzburgs Stadtkern beherrscht die Tiefe. Deutlich erkennbar der Kuppelbau des Doms, umrahmt von weitflächigen Plätzen mit hellschimmernden Gebäuden. Die höchsten Berge sind im Osten der Gaisberg (1288 m) und der Schwarzenberg (1334 m); im Süden reckt sich der zum Untersberg gehörende Salzburger Hochthron (1853 m) in die Höhe. Der dem Stadtgebiet zuzurechnende Kapuzinerberg ist 638 Meter hoch, der Mönchsberg/Nonnberg mißt 542 Meter. Die Weite wird – wie sollte es anders sein – durch Weite bestimmt. Bei klarem Wetter blickt man bis über die deutsche Grenze, auf das bayerische Freilassing. Schloß Kleßheim, anno 1700 bis 1709 nach Entwürfen von Johann Bernhard Fischer von Erlach errichtet, und die 1671 von Giovanni Antonio Dario erbaute Wallfahrtskirche Maria Plain liegen im Sichtfeld. So weit das Auge reicht, folgt es der ruhelos hastenden Salzach, die in der Ferne verschwimmt.

Doch wir reißen uns los von dem Ausblick und folgen nun des heiligen Ruperts früher Fährte in den Klosterbereich Sankt Peter.

Oskar Kokoschka, Selbstbildnis von 1966.

Kloster und Kirche
Sankt Peter

Auf den Spuren des heiligen Rupert

»Als der heilige Rupert vernommen, daß in der alten zerstörten Stadt Helffenburg und dem darin stehenden Walde die heiligen Märtyrer Maximus und seine Gesellen begraben liegen, hat er sich entschlossen, den bischöflichen Sitz dorthin zu verlegen. Er baute daher über das Grab benannter Heiliger eine Kirche zu Ehren des heil. Amandi, seines Vorfahren, des andern (zweiten) Bischofs zu Worms, dessen Körper er von dort mit sich gebracht, und der heil. Jungfrau Margareta. Kapelle und den durch Ausstockung des Waldes darum angelegten Friedhof hat er selbst geweiht und Poliandrum S. Amandi genannt. Es ist also diese heilige Einsiedelei der erste Ursprung, Ursache und Grundfeste des hoch lobwürdigen Klosters St. Peter und des ganzen Erzstiftes Salzburg ... Nicht wenig wurde in dieser Zeit der alten Stadt Helffenburg, so ganz unbewohnt, mit Bäumen und Sträuchern verwachsen gewesen, samt dem Schlosse wieder aufgeholfen und wegen der Salzbrunnen und der Berge Salzburg, auch der Fluß Igonta Salzach genannt. Sie hat gar bald an Gebäu und sonderlich im christlichen Glauben zugenommen, deswegen St. Rupert bemerkt, daß die ›Ernt‹ der Kirche groß und die Arbeiter zu wenig wären. Er ist daher wieder in sein Vaterland [nach Worms] gereist und hat 12 fromme Priester oder Jünger mitgebracht, mit Namen Vital, Dignol, Machiloch, Ariofrid, Giselibert, Ehrnfrid, Donigholt, Seinolt, Eisenhart, Gerhart, Rather und Ottomayr samt seiner Schwester oder Base Ehrentraudt. Diese hat er aus ihrem Kloster, allda große Uneinigkeit unter den Schwestern entstanden war, abgeholt. Mit diesen hat er zwei Klöster gestiftet, als das bei St. Peter und das Frauenkloster auf dem Nonnberg, beide St. Benedicti Ordens, welch letzerem er Schwester Ehrentraudt vorsetzte. Die erste Wohnung Ruperts und seines Klosters ist die Gruft, jetzt die Kapelle zum heil. Kreuz auf dem St. Petersfriedhof und alldort herum um den Berg gewesen.«

Rupertuskreuz
(anglo-sächsisch, 8. Jahrhundert n. Chr.), Dommuseum.

Die Erzählung aus der 1666 veröffentlichten »Salzburgischen Chronika« des Freiherrn Franz Dückher von Haslau zu Winkl fordert zur gemächlichen Wanderung durch Ruperts Heiligtum geradezu auf. Gemächlich, das heißt sich Zeit lassend, sollte der erkundungswillige Fremde in diesen Ursprungsbezirk Salzburgs eindringen. Vielleicht wird ihn die eigentümliche Stille belasten, die selbst lautstark herumstreifende Touristengruppen zeitweilig befangen macht; vielleicht schreckt er vor den flächenüberziehenden Schatten, der steten Kühle zurück, die der senkrecht aufragende Mönchsbergfelsen verursacht. In dessen labyrinthisch verzweigten Höhlen, tief im Konglomeratgestein, lebte lange vor der Ankunft des heiligen Rupert eine Gemeinschaft von Männern, Mönchen, die in den seltsamen Behausungen Schutz und Geborgenheit gesucht hatten. Über den Ursprung dieser Mönchsgemeinschaft ist nichts Näheres bekannt, doch wurde vermutet, daß sie bereits in der Mitte des 5. Jahrhunderts, zu Zeiten des heiligen Severinus von Noricum, existierte. Auch vom Tun und Treiben dieser einsamen Felsenhöhlenbewohner blieb keine zuverlässige Kunde erhalten. Doch vage Legende, wahrscheinlich aus mündlicher Weitergabe von Generation zu Generation resultierend, ließ Rupert die Höhlen jener Mönche erforschen. Selbst wenn dies nicht den exakten historischen Begebenheiten entsprechen sollte, fiele es nicht weiter ins Gewicht. Legenden, insbesondere herzbewegende, haben nicht nur ein zähes Leben, sondern entwickeln so etwas Unerklärliches wie eine eigene Wahrheit. Geschichtliche Tatsache ist, daß Rupert am Mönchsberg-Fuß sein Werk begann, Salzburgs Erzkirche gründete und sie dem Apostel Petrus weihte.

Die Erzabtei Sankt Peter

Das Benediktinerstift Sankt Peter gilt als das älteste Männerkloster im deutschsprachigen Raum. Durchgängig war es mit Leben erfüllt. Das ist es noch heute. Tagtäglich erschallt der Gesang der Mönche, tagtäglich verharren Gläubige im Gebet. Der **Klosterbereich** zieht sich vom Kleinen Festspielhaus im Westen der Stadt bis zum Kapitelplatz im Osten und vom Mönchsberg bis zur Franziskanergasse. Von dieser Gasse aus sollte der Fremde den Stiftsbezirk betreten. Er schreitet durch das Haupttor und befindet sich in einem unregelmäßigen, von prachtvollen Konventsgebäuden umsäumten weiträumigen Hof, der im 18. Jahrhundert von Abt Beda Seeauer (1753-1785) umgestaltet worden war und – bis auf zwei Durchfahrten, die aus dem Jahr 1926 datieren – sein heutiges Aussehen erhielt. Unendlich vieles, in Salzburg wie in anderen Städten, fiel einem sich wandelnden Geschmack zum Opfer, wurde verändert, auch abgerissen und Neues an alter Stelle errichtet. Brandkatastrophen taten das ihre zur Vernichtung von Altertümern. Manches versank als Ruine im Bauschutt der Jahrhunderte. Aber, und das ist und muß Trost sein, unablässig wuchs aus den Trümmern Ansehenswertes, Staunenerregendes empor. Man stelle sich vor, es hätte nie einen Wechsel gegeben und wir würden noch heutzutage ausnahmslos in gotischem Fachwerk wohnen? Barock, Rokoko, Klassizismus – um nur einige Stile zu nennen – wären uns entgangen. Doch zurück in den **Klosterhof**. In der Mitte steht der *Petersbrunnen*,

ein von sechs Bäumen beschatteter, sechskantiger Fischkalter
aus Marmor. Er trägt die Figur des Apostels Petrus, die der
Bildhauer Bartholomäus Opstal aus Antwerpen schuf und 1673
aufstellte. Noch ein zweiter baumbeschatteter Brunnen fesselt
das Auge. Er befindet sich abseits der Platzmitte, zwischen Klosterpforte und Kirchenportal. Dieser Ziehbrunnen aus dem Jahr
1600 hat eine schmiedeeiserne Gitterhaube, die das Zunftzeichen der Schmiede, ein Hufeisen zeigt, das angeblich Glück
bringen soll. Möglich, daß der Brunnen aus diesem Grunde hef-
tig frequentierter Treffpunkt von Liebespaaren ist. Die beiden
Brunnen ließ Abt Seeauer bei der Hofumgestaltung unangeta-
stet. Wasser war lebenserhaltend.

Angesteuerter Treffpunkt der Touristen ist und bleibt der
Peterskeller in der Südostecke des Hofes. Die breit ausladende
Gaststätte schätzten schon die beiden Mozarts, Vater und Sohn.
Michael Haydn war Gast, und zahllose weitere Künstler von
einst und jetzt kehrten hier ein. Gezecht und geschmaust wird
im Peterskeller von früh bis spät. Dafür sorgt die Touristen-
schwemme. Mit gefüllten Mägen geht's dann in die Kirche,
»weil dem leiblichen Wohl das seelische auf dem Fuße folgen
soll«. Wer will, ja wer wagt gegen dieses Argument Einwände zu
erheben?

Der Peterskeller in vergangenen Zeiten.

Die Stiftskirche Sankt Peter

Sankt Peter ist nicht mehr die einst vom heiligen Rupert Ende des 7. Jahrhunderts errichtete Kirche. Jene soll an der Stelle der jetzigen Kreuzkapelle gestanden haben. Die Sankt-Peters-Kirche, die wir nun betreten, wurde zwischen 1130 und 1143 erbaut. Barock- und Rokoko-Elemente nahm sie später auf. Ist sie deshalb weniger bewundernswert? Wir werden sehen.

»Janua sum vitae, salvandi quique venite, per me transite, via non est altera vitae« – »Ich bin das Tor zum Leben. Die ihr gerettet sein wollt, wandelt alle durch mich. Es führt kein anderer Weg zum Leben«, lautet die Umschrift im Tympanon des *romanischen Portals* (um 1240). Christus, von Petrus und Paulus, von Bäumen und Tauben flankiert, schaut aus der Ewigkeit über den Klosterhof. Im Gotteshaus hebt die Orgel zu tönen an. Der lange schmale Innenraum läßt die strenge romanische Basilikaform erkennen. Sächsischen Einfluß weist der optisch bestechende »Hildesheimer Stützenwechsel« aus, der rhythmische Wechsel von zwei Säulen und einem Pfeiler. Blickt man zur Decke, vermeint man, in einer »Frühlingskirche« zu stehen. Über den weißlichen Grund rieseln tulpenstengelgrüne Stukkaturen. Der *Hochaltar* funkelt in Gold, golden leuchten die Figuren der Lokalheiligen Virgil, Rupert, Vitalis und Amandus. Bis auf zwei Gemälde stammen die Bilder der Altäre in der charakteristischen Hell-Dunkel-Malerei von der Hand des Johann Martin Schmidt, genannt »Kremser-Schmidt«. Er schuf sie im Zeitraum von 1775 bis 1786. Thema des Hochaltargemäldes ist die »Fürbitte der Heiligen Petrus, Paulus und Benedikt vor der Jungfrau Maria«. Es soll nicht unerwähnt bleiben, daß der Kremser-Schmidt für die Erstellung dieses Altarbildes tausend Gulden Honorar erhielt: ein Vermögen. Sein ergreifendstes Gemälde in Sankt Peter dürfte die *Heilige Familie* sein. Eine fragile Madonna im blaßroten Gewand mit blauem Schleier, das Haupt vom Sternenkranz umwoben, vertraut ihr Kind der zukünftigen Christenheit an. Schönste Statue im Kirchenraum ist *Maria Säul*, ein um 1420 im Steingußverfahren geschaffenes Meisterwerk des sogenannten »Weichen Stils«, am gleichnamigen Altar im nördlichen Querschiff. Auf ein atemberaubendes Werk spätgotischer Grabmalplastik stößt man im südlichen Kirchenquerhaus. Es ist die aus rotem Adneter Marmor gefertigte *Grabplatte des heiligen Vitalis*, der als Nachfolger Ruperts angesehen wird. Er ist in pontifikaler Kleidung mit Stab und Buch dargestellt; Engel breiten das Totentuch um ihn, aus seiner Brust wächst eine Lilie. Unvergänglicher Legende zufolge soll diese der Grablege entsprossen sein, weil ein Ungläubiger die Heiligkeit des Vitalis angezweifelt hatte. Im rechten Seitenschiff trifft man auf das *Felsengrab des heiligen Rupert* von 1444. Dafür, daß der Heilige tatsächlich in dem römischen Sarkophag bestattet liegt, fehlen jedoch historische Nachweise. Ein Altar des Kirchenmittelschiffs enthält einen Schrein mit einzelnen Gebeinteilen Ruperts. Der größte Teil der Reliquien wurde im September 774 in der Krypta des Virgil-Dombaus beigesetzt.

Die im 15.Jahrhundert dem Gotteshaus angefügte Kapellenreihe enthält eine *Gedenktafel für Nannerl* (Marianne von Berchtold zu Sonnenburg), die Schwester Wolfgang Amadeus Mozarts. Dessen c-Moll-Messe war am 25.Oktober 1783 in Sankt Peter uraufgeführt worden. Ferner ist in der Kapellenreihe das *Epitaph für Michael Haydn* enthalten, den Komponisten, der 1806 in Salzburg als hochgeschätzter Konzertmeister und Domorganist der Stadt verstarb und in der Kommunegruft in den Felsenhöhlen der Mönchsbergwand (den sogenannten »Katakomben«) die letzte Ruhe fand. Seine Singmesse »Hier liegt vor deiner Majestät …« erklang erstmals in Sankt Peter. Dieses Biedermeier-Epitaph bedarf der näheren Betrachtung. Steinerne Notenblätter tragen die Namen der wichtigsten Kompositionen des Tonkünstlers, ein Kreuz ragt auf, eine Urne schimmert. Sie enthält den Schädel des Verblichenen. Er wurde mit Einverständnis der Gattin Michael Haydns, der Opernsängerin Maria Magdalena Lipp, von der Leiche gelöst, um der Nachwelt zum ehrfurchtsvollen Gedenken erhalten zu bleiben. Das mag schockierend klingen, ist jedoch keine ungewöhnliche Variante der Reliquienverehrung. Ungewöhnlich dagegen ist – auch für diese Zeit –, daß die Witwe sich diesen körperlichen Bestandteil des Verstorbenen bezahlen ließ. So mancher Hinterbliebene berühmter Menschen bringt schon allerlei fertig.

Hauptportal von Sankt Peter, Detail.

Wir befinden uns wieder im Klosterbereich Sankt Peter. Nachmittägliche Sonne streift den Hof. Im Peterskeller klappern unentwegt Messer und Gabeln. Ein betagter Pater beobachtet am Ziehbrunnen ballspielende Kinder. Fiakerwagen rollen außerhalb des Hofs die Straße entlang. Rhythmisch schlagen die Pferdehufe das Pflaster; es hallt in den klösterlichen Bezirk herein. Eine Trauergemeinde schreitet den Weg vom Friedhof herab, kreuzt schweigend den Hof, entschwindet dem Blick. Noch einen Augenblick der Überlegung, soll man schon, oder soll man noch nicht? Doch wie von selbst lenken einen die Schritte dem **Petersfriedhof** zu, um die älteste Erde Salzburgs zu betreten. Der schattenreiche Totenhain bemächtigt sich des fremden Eindringlings.

> Ringsum ist Felseneinsamkeit.
> Des Todes bleiche Blumen schauern
> Auf Gräbern, die im Dunkel trauern –
> Doch diese Trauer hat kein Leid.
>
> Der Himmel lächelt still herab
> In diesem traumverschlossenen Garten,
> Wo stille Pilger seiner warten.
> Es wacht das Kreuz auf jedem Grab.
>
> Die Kirche ragt wie ein Gebet
> Vor einem Bilde ewiger Gnaden,
> Manch Licht brennt unter den Arkaden,
> Das stumm für arme Seelen fleht –
>
> Indes die Bäume blüh'n zur Nacht,
> Daß sich des Todes Antlitz hülle
> In ihrer Schönheit schimmernde Fülle,
> Die Tote tiefer träumen macht.

An einer Mauer des Friedhofs ist die erste Strophe dieses Gedichts des Salzburger Dichters Georg Trakl zu lesen. Mit den Versen auf den Lippen verfällt man vollends der Macht der jenseitigen Welt. Weniger betroffen reagierte der Dichter Ludwig Hermann Friedländer aus Königsberg in Ostpreußen. Doch sein Brotberuf war Arzt, und das erklärt die extrovertierte Betrachtungsweise. Anläßlich seines Salzburg-Besuchs 1815

schrieb er: »Heute habe ich die hiesigen Begräbnisplätze (Friedhöfe) besucht, die den Vorschmack der italienischen Camposan-
tos geben. Neben dem uralten Benediktinerstift St. Peter ist einer, welcher den sonderbarsten Eindruck macht. Er ist enge,
denn von einer Seite hat er das Kloster, von der andern eine
hohe Felswand. Rund umher laufen von Gittern verschlossene
Arkaden, unter welchen Monumente aus Marmor, Schildereien
oder die Bildnisse der Verstorbenen sich befinden. In der Mitte
des Kirchhofes erhebt sich, schon halb verfallen, die kleine go-
thische *Margarethenkapelle*, zwischen unzähligen mit Denkma-
len, Kreuzen und Kruzifixen geschmückten Gräbern. Was aber
wunderbar ins Auge fällt, ist eine uralte, in beträchtlicher Höhe
gleichsam an den Felsen geklebte Kapelle, die Einsiedelei genannt. Hier wohnte in Berghöhlen, welche späterhin von der
Kapelle umbaut wurden, um das Jahr 476 ein Priester Maximus
mit fünfzig Gesellen, als sich Odoaker mit seinen Herulern diesen Gegenden näherte. Der hl. Severin, welcher sich damals im
Passauischen aufhielt, und von dem Anzug der Feinde unterrich-
tet war, ließ ihn die Gefahr wissen und zur schleunigen Flucht
auffordern. Maximus glaubte, diese bis zum nächsten Tag verschieben zu können; in derselben Nacht aber überfiel Odoaker
die Stadt, zerstörte sie, Maximus wurde gehenkt und seine Gefährten von den Felsen gestürzt. So sind die Grotten, in denen
nun jährlich zweimal Messe gelesen wird, und der Boden durch
das Blut dieser Märtyrer geheiligt.« Soweit Friedländer. Doch
diesen Friedhof muß man mit eigenen Gedankengängen durch-
queren.

Die *Kreuzkapelle*, unauffällig rechts am Weg, neben dem Eingang zu den »Katakomben« (Höhlenkirchen) gelegen, läßt den
Aufmerksamen zunächst zögern. Langsam tritt er ein. Er befindet sich im Mönchsbergfelsen. Gruftkälte umfängt ihn. Und er
irrt nicht. Als Grabkirchlein war die Kreuzkapelle 1170 gestiftet
und 1614 vom Dompropst Anton Graf Lodron zur Familien-
gruft umgebaut worden. Ein Stufenaufgang führt zu der höher
im Felsen gelegenen *Ägidiuskapelle*, mutmaßlich Ruperts Ge-
betshöhle. Den Altartisch und die verblaßten spätgotischen
Fresken sah Rupert nie. Sie entstanden lange nach seiner Zeit,
um 1430, und stellen die Heiligen Ägidius und Benedikt und
zwei weibliche Heilige dar.

Fröstelnd klimmt man die unebenen Stufen wieder hinab, tritt ans Tageslicht und nähert sich den **Katakomben**. Unschlüssig gleitet das Auge zur steilen Wand empor, hinter der sich die Höhlenkirchen verbergen. Warum sie »Katakomben« genannt werden, ist nicht recht einsichtig, denn man steigt zu ihnen hinauf und nicht etwa, wie die griechische Vorsilbe »kata« erheischt, abwärts, in die Tiefe. Doch was soll's? Der Felseneintritt vermittelt das Empfinden, man stiege nieder, die emporführende düstere, aus Grabsteinen zusammengesetzte Treppe vertieft diese Empfindung. Der Aufstieg zu den Höhlenkirchen beginnt in der *Kommunegruft*. Wie erwähnt, wurden in ihr die sterblichen Überreste von Michael Haydn, von Mozarts Schwester Nannerl und vom letzten Salzburger Hofmaler Andreas Nesselthaler beigesetzt. Ist man nach halsbrecherischem Aufstieg in den Höhlen angelangt, stockt der Atem. Sechs Bogennischen gliedern im Inneren die Bergwände, an denen in eisernen Haltern Kerzen glimmen. Sie beflackern die Mittelsäule, den Altar. Diese *Gertraudenkapelle* genannte Höhle wurde 1178 dem acht Jahre zuvor in seiner Kathedrale ermordeten Erzbischof von Canterbury, Thomas Becket, geweiht. Freskenreste zeigen sein Ableben. Noch höher liegt die *Maximuskapelle*, in welcher, wie Dückher in der »Salzburgischen Chronika« und Friedländer notierten, der heilige Maximus 477 von heranschwärmenden heidnischen Herulern ermordet wurde. Dies hat sich als historischer Irrtum erwiesen, und zwar aufgrund einer Verwechslung der Ortsnamen Juvavum und Joviaco in der Lebensbeschreibung des heiligen Severin von Eugippus. Das legendäre »Märtyrergrab« diente vermutlich als Opferaltar. Eisig ist es hier, feucht und nervenzermürbend einsam. Der Geist der ersten Christen Juvavums schwebt im Raum, die in der Geborgenheit dieses Höhlensystems das heilige Abendmahl zelebrierten …

Arkadengräber schirmen den Petersfriedhof gegen die Außenwelt ab. Hier ruhen Salzburgs durch Tüchtigkeit, Wohltätigkeit oder Reichtum zu Namen und Ansehen gekommene Bürger: Baumeister, Bildhauer, Maler, Dichter, Hofverwalter, Handelsleute, Brauereifamilien, Schlosser, Schmiede, Bürgermeister. Kunstvolle Schmiedeeisengitter versperren die Grüfte. Die Grab-

Blick auf den Friedhof von Sankt Peter.

denkmäler entsprechen dem Zeitgeschmack des Verstorbenen und dem Geschmack seiner Hinterbliebenen, wie das allerorts üblich war und ist. Man entdeckt ein »Mädchen auf der Kugel«, ein »Zeitglöcklein«; ein weißer Stein mit Totenkopf als Senkblei kann der Beachtung gewiß sein, ebenso wie sieben dicht nebeneinander gerückte schwarze Eisenkreuze. Der Volksmund verbindet diese Kreuze mit den ruchlosen Mordtaten eines Salzburger Blauharts an seinen Ehefrauen. Obwohl eindeutig erwiesen ist, daß der biedere, fromme Hofsteinmetz und Maurermeister Sebastian Stumpfegger keiner Fliege etwas zuleide tat, bleiben die Salzburger bei ihrer Version, ein Wüstling habe sich 1749 in geweihte Erde eingeschlichen. Es läßt sich nicht leugnen, daß die Kreuz-Anhäufung das Gemüt bewegt. Sechs Stumpfeggerinnen und ein Ehemann! Ein paar Weihwasserspritzer können in keinem Falle schaden. Man taucht die Finger in eins der Friedhofsgefäße. Sie sind herzförmig. Wie seltsam!

Totentänze in den Katakomben

Zufällig kann es vorkommen, daß beim Verlassen des Friedhofs ein Mönch aus der Höhlenkirche tritt. Vielleicht hält er an und fragt, ob man auch den »Salzburger Totentanz« gesehen habe? So passierte es mir. Ich mußte verneinen. Er führte mich zum »Katakomben«-Eingang zurück, wies in die Höhe. Zwei Holztafeln mit je sechs Bildern bedeckten die Seitenwände. Ich erschrak. Eine gnadenlose Totentanz-Darstellung hatte ich nie gesehen. Um die Komposition würdigen zu können, ist ein Umweg über vier berühmte Zyklen dieser Thematik notwendig.

Alle uns überlieferten Totentänze wurden im Glauben an die Weiterexistenz der Verstorbenen gemalt. Sie geben der Vorstellung eines endlosen Reigens Raum. Ein gemeinsamer Urmythos, wahrscheinlich aus dem Orient übernommen, ist ihnen eigen. Ihm zufolge ritten einst drei junge Königssöhne durch einen Wald. Sie gerieten in einen verwilderten Friedhof. Dort stießen sie auf drei Särge. Die Särge bargen drei Könige. Es waren die Väter der Prinzen. Ihre Körper waren verwest. Doch die Toten mahnten: »Was ihr seid, das waren wir! Was wir sind, das werdet ihr!«

Der PARISER TOTENTANZ, wahrscheinlich um 1424/25 an die Friedhofsmauer des »Klosters der unschuldigen Kinder« (Saints-Innocents) gemalt, ist eine der ersten Totentanz-Darstellungen überhaupt. Den Wandbildern lag das 1375 verfaßte Danse-macabre-Gedicht von Jehan le Fevre zugrunde. Diese Art dramatischer Dichtung – meist in Form einer vierzeiligen Wechselrede zwischen dem Tod und in absteigender Rangfolge geordneten Personen: Papst, Kaiser, Fürst, Jüngling (Jugend), Kind, Arzt, Kaufmann, Bauer – faszinierte unzählige Maler. Die Tradition des Pariser Totentanzes pflanzte sich in Wort und Bild von Frankreich nach England fort; das Totentanz-Fieber erfaßte die Schweiz und Deutschland. Als Ursache der Entstehung so zahlreicher Totentanz-Zyklen wurden die grassierenden Pestepidemien vermutet. Andererseits ist im Menschen die geheime Sehnsucht beheimatet, es möge ein Leben nach dem Tode geben. Dieser Sehnsucht wäre dann die Sucht entsprungen, jenes unbekannte Leben, vornehmlich den Übertritt dorthin, bildlich zu gestalten. Die häufige Darstellung des endgültigen Abschiedsaugenblicks, das Hinüberführen, Elementar-Idee aller Totentänze, muß die Maler in Schöpfungsräusche versetzt haben. Kein Totentanz, der den Seelengeleiter nicht in Aktion zeigt. Die verschiedenen Maler haben ihn allerdings verschieden gesehen. Besonders der Salzburger Künstler verwirklichte eine in hohem Maße eigentümliche Sichtweise.

Vom TOTENTANZ ZU BASEL existieren im Lettner der Barfüßerkirche lediglich noch 23 Exponate. Bekanntlich ließen die Basler die Friedhofsmauer mit den weltberühmten Wandgemälden in der Nacht des 5. August 1806 aus verkehrstechnischen Gründen abreißen. Der Schöpfer des Meisterwerks blieb unbekannt. Neueste Forschung schreibt das Mauergemälde dem Basler Maler Konrad Witz zu. 1806 schuf Johann Rudolf Feyerabend ein Aquarell, das den einstigen Mauerreigen rekonstruierte. 37 Tänzerpaare, jeweils der zum Tod Auserwählte mit dem ihn begleitenden Gerippe, ziehen über einen Feldweg dem Jenseits entgegen. Es ist Herbst. Die Gerippe hüpfen, springen im Rhythmus einer vielleicht nur ihnen vernehmbaren wüsten Melodie. Entsetzt folgt der Ratsherr seinem Führer, erstaunt der Narr, willig die Heidin, gelassen der Waldbruder, furchtlos die träumerische Äbtissin. »Vado mori« – »Ich gehe sterben«.

Der TOTENTANZ ZU FÜSSEN, in der dortigen Sankt-Anna-Kapelle, ist auf Holztafeln gemalt. An den oberen Bildrändern sind jeweils die Worte des Todes aufgezeichnet, an den unteren die der mit ihm ziehenden Person. Ein ovales Schild mit steilen Buchstaben fällt ins Auge: »Sagt Ja, Sagt Nein, Getanzt Muess Sein.« Der Maler Jakob Hiebeler ließ den Füssener Tod weder tänzeln noch hüpfen. Dieser Tod überredet, ja verführt die Ausgewählten zum Mitkommen. Dem einen spielt er die Pommer, einen anderen läßt er dem Dudelsack und der Fidel lauschen. Vor der Jungfrau zieht der Tod den Federhut. Der Edeldame reicht er den Arm. Dem Papst genügt der Anblick des Stundenglases. Jakob Hiebeler fügte seinem Werk eine neue, für den Maler nicht ungefährliche Figur bei: die Unholdt, eine Hexe. Vielleicht stand ihm der Gedanke nahe, daß der Mensch, auch als Ausgestoßener, unantastbare Persönlichkeit bleibt. Im Sterben jedenfalls. Denn Hiebeler läßt den Tod die Geächtete wie eine Fürstin führen. Der unbekannte Verfasser des Füssener Bildtextes vermochte oder getraute sich solcher Erkenntnis zur Zeit der Hexenverfolgung nicht anzuschließen. Er schimpft die Verurteilte »kammelthier«.

Gänzlich anderen Charakters ist der TOTENTANZ VON ALTENBURG in Niederösterreich in der Krypta des Barockstiftes. Hier ist der Tod Magier, Herrscher in einer phantastischen Welt. Bizarr verformte Pflanzen winden sich über Wände, Decken, überrieseln die Mauernischen. Girlanden aus Vogelbeeren, Birnen, schwarzen Trauben umrahmen ein verwesendes Gesicht. Langhälsige Vögel speien Wasser. Nachtmahre schweben heran. Dickmäulige Fische stützen Riesenmuscheln. Aus den Muscheln schießen Fontänen empor. Auf den Wasserstrahlen schwebt die Schöne, tanzt der Tod. Wohin man schaut, überall biegen, verrenken sich die Gerippe, verzerren sich in niemals endender Tanzekstase. Dieser im 18. Jahrhundert entstandene Totentanz gehört zu den Meisterwerken der grotesken Malerei.

Der TOTENTANZ ZU WONDREB in der bayerischen Oberpfalz enthält sich ebenfalls der Finalgeschichte von Tänzerpaaren. Er kennt keine Ständeordnung. Auf keiner Tafel tritt der Tod als Spielmann auf, geschweige, daß er sich im Tanzschritt bewegt. Er ist kein sachter Verführer, kein irrlichternder Magier. Er verkörpert auch nicht die vielbeschworene Gerechtigkeit, die, verwirrend genug, darin bestehen soll, daß alle Menschen sterben müssen und als Tote endlich alle gleich sind. Solch absonderlichen Trostes entzieht sich der Wondreber Tod und hierin, aber auch nur hierin, zeigt sich eine Verbindung zum Salzburger Totentanz. Der Wondreber Tod streift als Beauftragter höchsten Willens über diese Erde, ein Vollzugsberechtigter, der möglicherweise unter seinem Auftrag leidet und deshalb Güte ausstrahlt.

Der **Salzburger Totentanz** ist, wie viele Danse-macabre-Zyklen, ebenfalls von unbekannter Meisterhand geschaffen worden. Die Totentänze von Salzburg und Wondreb haben jedoch die Gemeinsamkeit, als Grau-in-Grau-Malerei gefertigt worden zu sein. Die vielfältigen Grautöne verdichten den ohnehin beklemmenden Eindruck. Es gibt Tönungen gleich schmutzigen Schnees und solche, die an regennassen Asphalt erinnern. Stechend weißgraue Schattierungen sind gegen schwärzliche gesetzt. Die Methode erzeugt grelle Lichteffekte. Sämtliche Farbabstufungen scheinen einer Ordnung unterworfen und sind es auch. Unzweifelhaft fällt dem stechenden Weißgrau die Dramatisierung der Geschehnisse auf den einzelnen Bildtafeln zu. Die historischen Daten des Salzburger Totentanzes konkurrieren in der Spärlichkeit mit denen des Wondreber. Letzterer soll um 1710 entstanden sein, der Salzburger um 1660. Bestürzend ist die Ähnlichkeit beider Zyklen in ihrer figuralen Gestaltung; inhaltlich sind sie durch Welten geschieden. Der Salzburger Zyklus erregt beim ersten Hinschauen blankes Entsetzen. Der Gedanke eines Vorgriffs in die Moderne drängt sich auf. Die Psyche schaudert. Diese Wirkung erzielte der Künstler durch seine Darstellung des Todes als spinnendürres Gerippe, das jeden Augenblick auseinanderkrümeln kann. Das allein würde den Betrachter, der schon andere Totentänze sah, nicht schaudern machen. Doch dieser auf den Salzburger Tafeln dominierende und an unterschiedlichen Orten einsam agierende Tod ist deshalb so fürchterlich, weil er sein Tun äußerst penibel, mit technokratenhafter Akkuratesse verrichtet; ein unermüdlicher Arbeiter, zuverlässig, pünktlich. Undenkbar, daß er sich beim Anhalten einer Lebensuhr um die Dauer eines Wimpernschlags verspäten könnte. Und das tut er auch nicht. Auf Tafel x steht er in kerzengerader Habt-acht-Haltung, die Finger am Perpendikel. Noch

Incertam capies certis ex pluribus unam.

Ein gwißen Todt, Ungwiße stundt,
hast du; sziet dich vor Todtes schlundt.

Haec documenta damus qua sumus origine nati.

Von staub khombst her, zu staub muest wehrn,
das thuet dich diser miller lehrn.

Destruit, aedificat, miscet quadrata rotundis.

Du führst gleich was du willst in schildt,
Im Todtenhauß gar khein Ordnung gilt.

Praebendum cunctis mortis fatale tributum.

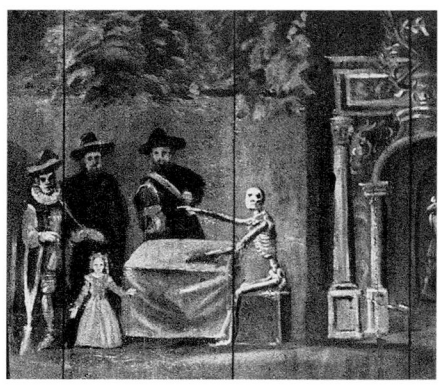

Den Todt die Mauth
nit magst entziehn.

eine Minute, noch zwei Sekunden: jetzt! Die Salzburger Tafeln – so dünkt mir – entlarven den Sterbenden, ja den Menschen schlechthin, als Schöpfungssache ohne Wert.

Die Stiftsbibliothek Sankt Peter verfügt über eine von Pater Anselm Ebner 1890 verfaßte Bildbeschreibung des Salzburger Totentanzes, wie sie nüchterner, neutraler nicht sein kann. Zu Tafel 1 schrieb er: »Der Tod schüttet die Gebeine in die Mühle, im Troge kommt das unverfälschte Knochenmehl zum Vorschein.« Es tröstet ungemein, daß dem Menschen wenigstens ein Materialwert zugestanden wird. Das grausliche Bild zeigt den Tod hoch oben in der Mühle beim Einfülltrichter. Gezielt kippt er Köpfe und Knochen in den Mahlgang. Man glaubt, es im Getriebe knacken zu hören. »Von staub khombst her, zu staub muest wehrn, das thuet dich diser miller lehrn«, bekundet der die Bilderfolge begleitende Spruchtext. Der Reim unterhalb der zweiten Tafel muntert die Seele ebenfalls nicht auf: »Du führst gleich was du willst in schildt, Im Todtenhauß gar khein Ordnung gilt.« Der Spruch bezieht sich fraglos auf die Ständeordnung, die im Jenseits, christlicher Hoffnung gemäß, nicht existent ist. Das schert den Salzburger »Knochenmann« offenkundig wenig. Was tut er auf dem Bild? Er räumt im Beinhaus auf. Sorgfältig werden Skelett-Teile und Schädel sortiert und geschichtet. Die nächste Tafel zeigt den Genauigkeitsfanatiker an der Bahre eines verstorbenen Königs. Mit der Meßlatte nimmt er korrekt Maß für das auszuhebende Grab. Ferner sieht man ihn sachwalterisch beim Lotterietopf weilen, aus dem ein König, ein Bettler und ein Eremit ihr Todeslos ziehen. Auch als gewiefter Kassierer betätigt er sich; die Lebenden müssen »die Mauth«, den Wegzoll für die Straßenbenutzung nach drüben, entrichten. Nimmt es da noch Wunder, daß er – auf Tafel IV – beim Kegeln alle neune schiebt? »Nach fromen leben und guten Werkhen, wirst du sanfft ruhen, das thue du merkhen«, verheißt die Schrift der vorletzten Tafel. Gemessenen Schrittes tritt der Knöcherne aus einem luftigen, mit wolkigen Schlafstätten bestücktem Refugium hervor; die außerhalb dieses lichten Bezirks liegenden Toten sind ihm keine Halswirbelwendung wert. Der Reim der letzten Tafel deutet die gemalte horrible Szene als »die Tränen der Freunde sind der beste Trost« der Verstorbenen. Es zieht den Betrachter zusammen. Auf einer kalkigen, sich in ewige Schwärze verlierenden Straße liegen die Toten kreuz und quer dahingerafft – vorbei. Über der Straße türmen sich Wolken. Aus ihnen ragen zwei geisterhafte Hände. Sie drücken ein Auge, aus dem Tränen quillen …

Dieser Salzburger Totentanz in seiner unzweifelhaften Einzigartigkeit wird nicht jedermanns Verständnis finden. Doch auch Hieronymus Boschs »Garten der Lüste« und seine sonstigen abwegigen Visionen sind nicht für jedermanns Vorliebe geeignet … Verlassen wir den Petersfriedhof mit einem Gedicht des Österreichers Hugo von Hofmannsthal, jenes schwermütigskeptischen Geistes des Fin de siècle, der uns als Spezialist für das Sterben später noch einmal begegnen wird. Der Dichter läßt den Tod zu einem Verstorbenen, einem bänglichen »Toren« sagen:

> Steh auf! Wirf dies ererbte Graun von dir!
> Ich bin nicht schauerlich, bin kein Gerippe!
> Aus des Dionysos, der Venus Sippe,
> Ein großer Gott der Seele steht vor dir.
> Wenn in der lauen Sommerabendfeier
> Durch goldne Luft ein Blatt herabgeschwebt,
> Hat dich mein Wehen angeschauert,
> Das traumhaft um die reifen Dinge webt;
> Wenn Überschwellen der Gefühle
> Mit warmer Flut die Seele zitternd füllte,
> Wenn sich im plötzlichen Durchzucken
> Das Ungeheure als verwandt enthüllte,
> Und du, hingebend dich im großen Reigen,
> Die Welt empfingest als dein eigen:
> In jeder wahrhaft großen Stunde,
> Die schauern deine Erdenform gemacht,
> Hab ich dich angerührt im Seelengrunde
> Mit heiliger, geheimnisvoller Macht.

*Auf dem Weg zur Benediktinerinnenabtei
Stift Nonnberg: Blick vom sogenannten Nonnberger Hund
auf die Türme der Stadt.*

Am Nonnberg

Die Benediktinerinnenabtei Stift Nonnberg
und Sankt Erhard im Nonntal

Über die Festungsgasse und den sich bergan schlängelnden Hohen Weg ist das Damenstift Sankt Erentrudis, das in den Stadtplänen als »Stift Nonnberg« ausgewiesen ist, ohne Eile binnen zehn Minuten zu erreichen. Solches versichern die Salzburger treuherzig jedem Fremden. Er hüte sich, das zu glauben. Ein Fremder schafft den Aufstieg zum Stift niemals in zehn Minuten. Warum nicht? Weil er zu oft Pausen einlegt, umherschaut und sich vom Blick auf die Stadt und die Salzburger Landschaft fesseln läßt. Etwa auf halbem Weg zum Stift ist die erste längere Verzögerung fällig. Man hat nämlich den *Nonnberger Hund* erreicht. Er hockt auf einer Mauer und ist – wie schön – kein Hund, sondern ein Löwe. Aus Marmor, versteht sich. Aber ist es wirklich ein Löwe? Von vorn und von hinten besehen, könnten es auch zwei Löwen in artistischer Verschlingung sein. Erneut zweifelt man, weil ein liebendes Löwenpaar hier fehl am Platz wäre. Der sogenannte Nonnberger Hund markierte an dieser Stelle einst die Grenze zwischen dem Damenstiftsgrund und dem Stadtgebiet. Es wäre Banausentum gewesen, den geistlichen Fräuleins irgend etwas Erotisches als Grenzstein an den Weg zu stellen. »Andererseits«, ließ ein Spaziergänger verlauten, »wäre den männlichen Wanderern klar gewesen, daß sie ab diesem Punkt mit dem Himmel zu tun haben und Sodom und Gomorrha hinter ihnen lägen.« Er sprach's und schritt weiter. Der Löwe – es ist tatsächlich einer – sieht deshalb so rätselhaft aus, weil er so alt wie die Romanik ist. Einige Läsionen mußte er im Laufe seines langen Daseins hinnehmen. Der Kopf könnte das Hinterteil sein, oder umgekehrt. Vorderpfoten und Schwanz sind nicht auseinanderzuhalten. So entsteht der Eindruck eines gedoppelten Löwen. Übrigens ist er eine Nachbildung. Das Original kauert im Museum Carolino Augusteum. Am Hohen Weg kommt man nicht umhin, dem sphinxähnlichen Marmorgebilde die Hand auf den Rücken zu legen. Dabei gleitet der Blick hin-

unter zur Stadt. Kirchtürme, Kuppeln streben aus der Dächer-
landschaft empor. Die freistehende Christusskulptur auf dem
Domgiebel schwebt dem Himmel entgegen. Wenn dann noch
das *Glockenspiel* vom Turm des Residenzneubaus herüberklingt,
verlängert sich die Rast am Hohen Weg um etliche Minuten.
Etwas holprig klingt die Melodie. Das mag am Wind liegen, der
die Töne verweht. Das Glockenspiel, eines von vielen Wahrzeichen der Stadt, ließ Erzbischof Johann Ernst Graf von Thun in
den Turm einbauen, den er zu diesem Zweck hatte erhöhen
lassen. In Antwerpen war es bestellt und gearbeitet worden.
1702 erklang es zum ersten Mal über Salzburg und stimmt seither die Seelen heiter. Beim Verklingen des letzten Tons drückt
man dem Nonnberger Hund – Verzeihung, dem Löwen – zum
Abschied die Pranke und begibt sich zum Stift.

Bevor man den Torbogen erreicht, wird die zweite Pause fällig. Rabenvögel veranlassen sie. Es sind echte Raben, keine aus
Marmor. Sie halten die Mauer und das Gebüsch besetzt, äugen,
streichen heran und begehren Futter. Es empfiehlt sich, die
Frühstücksreste der Salzburger Hotels in den Taschen mitzu-
führen. Diese Hohen-Weg-Raben sind restlos verwöhnt.

Endlich tritt man durch den Torbogen in den Klosterbezirk
von **Stift Nonnberg** und gelangt über einen winzigen Friedhof
zum spätgotischen südlichen *Kirchenhauptportal* (1497-1499)
dieses noch heute von Nonnen bewohnten und bewirtschafteten
ältesten Frauenklosters im deutschsprachigen Raum, des Gegen-
stücks zu Sankt Peter. Auch in Nonnberg blickt man zu einem
spätromanischen Tympanon empor, und wieder beeindruckt
den modernen Menschen die Glaubenskraft der damaligen
Christen: »Splendor, imago patris fecunda viscera matris, janua,
lux, partus; salvantis creditur ortus – Abglanz, Ebenbild des Vaters, fruchtbarer Mutterschoß, Pforte, Licht, Ursprung; Glaube
an die Geburt des Erlösers«, verkündet die Inschrift. Das um
1210 entstandene Tympanon zeigt die Gottesmutter mit dem
Jesuskind, Johannes den Täufer, die heilige Erentrud, einen Engel und eine kniende Nonne. Treten wir in den geistlichen Bezirk von Ruperts Nichte Erentrud, der ersten Äbtissin von
Nonnberg, die später heiliggesprochen wurde. Aus ihrer Heimat, dem Frankenland, hatte sie das Wissen um die Wirkung
von Heilkräutern und die Kunst der Arzneizubereitung nach

Salzburg mitgebracht. Über viele Jahrhunderte suchte die Bevölkerung Linderung von Krankheitsübeln im Stift Nonnberg.
Eine Benediktinerin kommt des Wegs daher; behutsam klaubt
sie Blätter am Kirchenportal auf. Ihre Bewegungen lassen erah-
nen, warum man den Klosterfrauen getrost Leib und Leben
anvertraute. Die Nonnen von Nonnberg werden stets mit
»Frau« und mit ihrem Vornamen angeredet. Seit 1242 stand es
der jeweiligen Äbtissin zu, sich des Faldistoriums, eines Falt-
stuhls, zu bedienen, das Pektorale (Brustkreuz) zu tragen und
den Bischofsstab zu führen. Statt der Mitra zierte eine Krone ihr
Haupt. Als erste machte Äbtissin Gertraud von Stein von diesen
Privilegien Gebrauch.

Das Stift Sankt Erentrudis hat nichts mehr mit dem Urbau
gemein. Anno 1000 begann man unter Erzbischof Hartwik (991
bis 1023) einen Neubau, bei dessen Weihe im Jahr 1009 Kaiser
Heinrich II. und seine Gemahlin Kunigunde zugegen gewesen
sein sollen. Ein romanischer Bau entstand im 12. Jahrhundert.
1423 ging alles in Flammen auf; 1463 bis 1471 erfolgte die
Wiedererrichtung der Gesamtanlage über altem romanischen
Grundriß unter Einbeziehung der dem Brand entgangenen romanischen Überbleibsel wie des Tympanons im Portal.

Die blättersammelnde Klosterfrau läßt uns in die **Kirche** treten. Dumpf fällt die Tür ins Schloß. Kein Laut dringt von der
Außenwelt herein. Das streng gegliederte Gotteshaus entfaltet
eine merkwürdige Atmosphäre. Man könnte sie »weiblich« nennen, wenn man darunter Schutz, Sicherheit, Unantastbarkeit
verstehen will. Die Kirche des Benediktinerinnenstifts ist neben
Sankt Blasius und dem Chor der Franziskanerkirche der einzige
größere gotische Bau in Salzburg. Doch im Vergleich zu diesen
wirkt sie, obgleich sie jünger ist, durch ihren dreischiffigen Basi-
likagrundriß, der sich an den Vorgängerbau anlehnt, eher streng
und altertümlich. Der hintere Teil des Kirchenschiffs trennt die
zu ebener Erde angeordnete Bürgerkirche vom hochgelegenen
Nonnenchor, den rote Marmorpfeiler stützen. Er ist mit einem
reich verzierten Gußstein-Gitterwerk versehen, das die Klosterfrauen unsichtbar macht. Doch hören kann man sie manchmal,
wenn sie anfangen zu singen. Unwillkürlich fragt man sich, ob es
sterbliche Frauen sind, die da singen. Oder schwingen etwa die
Stimmen der Erzengel durch die Kirche? Sonderbar ist, daß der

Gesang zu konzentriertem Sehen zwingt. Unter dem Nonnenchor sind in den Nischen des »Paradieses« die *Nonnberger Fresken* aus hochromanischer Zeit um 1140 erhalten geblieben. By-
zantinische Vorbilder, aus den Klöstern von Hosios Lukas in
Phokis oder Daphni bei Athen über Venedig vermittelt, sollen
ihnen zugrunde liegen. Es sind Brustbilder von Heiligen, die an
Ikonen erinnern. Zu erkennen sind Augustinus, Benedikt, Gregor. In der Höhe deutet sich eine namenlose Stadt an; vielleicht
ist es Hosios Lukas oder Daphni. Der *Hochaltar* in der mittleren
der drei Apsiden ist ein Schreinaltar, der um 1515 entstand. Im
Gesprenge zeigt er die Kreuzigung des Gottessohnes mit Maria,
Johannes und den beiden Schächern, in den Nischen die Statuen
Marias und der beiden Heiligen Rupert und Virgil. Erst 1853
gelangte der kostbare Altar in einem Tauschverfahren aus der
Kirche zu Scheffau auf den Nonnberg. Wer das nicht weiß,
nimmt an, er hätte seit jeher die Nonnberg-Kirche geschmückt.

Das mittlere der hohen Maßwerkfenster, 1480 von Bürgermeister Augustin Clanner gestiftet, wurde von Peter Hagel von
Andlau in Straßburg gefertigt. Es stellt Szenen aus dem Marien-
leben dar. Der Flügelaltar in der rechten Seitenapsis, der der
heiligen Katharina geweiht ist, stammt von Meister Wenzel
(1522), der linke Seitenaltar enthält eine Pietà des »Weichen
Stils«, die nach 1415 entstand.

Die spätgotische *Krypta* ist über zwei von den Seitenschiffen
nach unten führende Treppen zu erreichen. Sie birgt das Felsengrab der heiligen Erentrudis. Seine Errichtung hatte Umbauten
notwendig gemacht, die das gestaffelte Bodenniveau von Langbau und Chor bewirken. Achtzehn freistehende Säulen tragen
das mächtige Netzrippengewölbe. Fahles Licht macht den unterirdischen Raum zu dem, was er ist, zu einer erhabenen Gruftkirche, der letzten Ruhestätte einer bedeutenden Äbtissin.

Das **Stiftsmuseum** sollte zumindest erwähnt werden. Als Rari-
täten hütet es die Insignien der Äbtissin Gertraud II., Äbtissin-
nenkronen, einen elfenbeinernen Krummstab und einen aus rot
lackiertem Holz gefertigten Faltsitz (Faldistorium), der auf kral-
lenförmigen Bronzefüßen mit Löwenkopf-Knäufen steht, und
einen Krummstab aus dem Jahr 1246. Leider ist das Museum
nicht allgemein zugänglich und darf nur mit besonderer Geneh-
migung besichtigt werden.

Benediktinerinnenabtei Stift Nonnberg,
Stiftskirche: heiliger Gregorius; Detail der
romanischen Fresken, um 1140.

Sind Minuten oder Stunden verstrichen? Beim Verlassen des Sankt-Erentrudis-Stifts weiß man das nicht genau. Doch man ahnt, daß man in diese Oase der Ruhe wiederkehren wird, und sei es nur, um eine kurze Zeitspanne allem weltlichen Brimborium, den Querelen, Rankünen zu entrinnen.

Von der Klosterpforte aus gelangt man über eine Stiege zur winzigen **Johanneskapelle**. Ihren Mittelpunkt bildet der gotische *Flügelaltar* von anno 1498, auf dem Christi Geburt dargestellt ist. Ein Künstler aus dem Umfeld des Nürnbergers Veit Stoß soll ihn geschaffen haben. Der Altar wurde den Stiftsfrauen von Erzbischof Wolf Dietrich von Raitenau geschenkt. Ursprünglich befand er sich im alten Münster, das Wolf Dietrich – wie noch zu berichten sein wird – abreißen ließ. Beim Anblick der Geburtsszene auf dem Altar wird man an die Darbietung des »Kindelwiegenspiels« erinnert, uralter Brauch in den Nonnenklöstern während der Heiligen Nacht. Dieser Brauch wurde auch in Nonnberg bis ins 18. Jahrhundert hinein gepflegt. Die Weihnachts- oder Christspiele waren geistliche Volksschauspiele, die in der Liturgie des Gottesdienstes ihre Wurzeln hatten. Die Verkündigung von Christi Geburt mit dem Lobgesang der Engel und der Anbetung des Kindes durch die Hirten war ein solches Spiel. Der berühmte Benediktinermönch Hermann von Salzburg, Verfasser vieler geistlicher und weltlicher Lieder zur Zeit Erzbischofs Pilgrim, hatte im 14. Jahrhundert ein Kindelwiegenlied aufgezeichnet, das um die Welt ging. Hören wir den Anfang und stellen wir uns vor, die engelgleichen Stimmen der Nonnberger Frauen erklängen:

> Josef, lieber Nefe mein,
> hilff mir wiegen mein kindelein,
> Gerne, liebe Mueme mein
> Du raine magd Maria!

Wir verlassen den Klosterbezirk und machen uns an den Abstieg. Unmittelbar zu Füßen der Abtei liegt die Stadtpfarrkirche zum heiligen Erhard, und dieser lenken wir unsere Schritte zu. **Sankt Erhard** ist beherrschender Mittelpunkt der Vorstadt Nonntal, und inmitten der Häuserzeile der Nonntaler Hauptstraße ragt sie empor. Als Spitalskapelle eines vom Nonnberger Kloster betriebenen Siechenhauses 1404 erstmals urkundlich

Sankt Erhard im Nonntal:
Barock-Kirche von Johann Caspar Zuccalli mit hohen Kuppel-
tambouren und zweiflügeliger Treppenanlage.

erwähnt, wurde sie um 1603 von Erzbischof Wolf Dietrich von Raitenau mit dem Siechenhaus dem Domkapitel unterstellt und zur Spitalskirche erhoben. Baufälligkeit machte Ende des 17.Jahrhunderts einen Neubau nötig, mit dem Erzbischof Max Gandolf von Kuenburg, der eine besondere Vorliebe für die Kunst Oberitaliens besaß, den erst achtzehnjährigen Johann Caspar Zuccalli beauftragte, dem er zuvor die Bauleitung der Kajetanerkirche übertragen hatte. 1689 wurde der Bau geweiht, doch erst mit den beiden Turmhelmen von Sebastian Stumpfegger bekam er seine heutige Gestalt.

Vom Erhardplatz kann man die *Fassade* der Kirche auf sich wirken lassen und erkennt sofort die architektonische Leistung des jungen Zuccalli, der durch die Einbeziehung der mächtigen Kuppel in die Fassadengestaltung den Einzug wichtiger Ideen des italienischen Hochbarock in die Architektur Salzburgs ermöglichte. Mit dem Säulenportikus, der auf den ersten Blick ein wenig aufgesetzt wirkt und für den es in Salzburg kein Pendant gibt, gelang ihm eine elegante Lösung für ein allgemeines Standortproblem der Kirche: Die zweiflügelige Treppenanlage bringt den Besucher auf das Boden- und Eingangsniveau der Kirche, das wegen häufiger Hochwasserfälle angehoben wurde.

Nach Eintritt in die kurze Vorhalle unterhalb der Orgelempore hat man bereits das Gefühl unter der mächtigen Vierungskuppel zu stehen, die den Blick wie magisch nach oben zieht. Der Zentralraum ist von drei Seitenräumen umgeben, die ihn zu dem charakteristischen Kreuzgrundriß ergänzen. Beeindruckend ist die *Stuckdekoration* von Francesco und Carlo Antonio Brenno, die die Künstler schon vor dem Modellieren von Putten, Wappen, Fruchtgirlanden und Rosetten gefärbt hatten. Die plastisch ausgeformten Stuckfiguren in den Pendentifzwickeln der Kuppel stellen die drei Salzburger Gründerbischöfe Rupert, Vitalis und Virgil sowie den heiligen Martin dar. Ihnen zugeordnet sind die unterhalb medaillonförmig angebrachten Kardinaltugenden Klugheit, Tapferkeit, Mäßigung und Gerechtigkeit in symbolischer Darstellung. Das von gewundenen Säulenpaaren flankierte *Hochaltarbild* – alle drei Altäre fügen sich wunderbar harmonisch in die Architektur des Kirchenraumes ein –, das von Johann Michael Rottmayr 1692 geschaffen wurde, zeigt die Taufe der heiligen Ottilie von Hohenems durch den heiligen Erhard.

Der Dom,
sein Umfeld und seine Geschichte

Die früheste Geschichte –
Das Grabungsmuseum

Von den geistlichen Fräulein zu Nonnberg und der Erhardskirche wird mancher die Schritte zum Dombereich lenken. Auf dem Residenzplatz, unter den nördlichen Dombögen, steht man unversehens zwischen mächtigen Fundamenten aus roh behauenen Konglomeratquadern. Nachdem der erste Schrecken überwunden ist, tritt man auf einen Menschen zu, der lächelnd den Obolus für den Abstieg in die Unterwelt fordert. Das ist rechtens, denn man hat den Eingang zum unter dem Domplatz in der Chorkrypta des Doms befindlichen **Grabungsmuseum** erreicht. Nach zuvorkommender Einweisung stapft jeder neugierig hinunter, um später ängstlich innezuhalten. Man meint, hundert Stufen zurückgelegt zu haben; in Wirklichkeit waren es nur wenige. Doch diese Unterwelt läßt überraschende Täuschungen zu. Der Zaghafte sucht Halt an einer Stange, er fürchtet, in ein gefahrvolles Labyrinth gelangt zu sein, über dessen Abgrund sich Geländerbrücken verzweigen, die den Besucher vor dem Sturz in die Tiefe bewahren sollen. Um es gleich zu sagen: Furcht ist überflüssig. Die künstlich errichteten Pfade liegen knapp über dem Bodengrund und haben die Aufgabe, die unersetzlichen Relikte vergangener Zeit vor den Besuchern zu schützen. Diese Trümmerstücke einstmaliger Kultur faszinieren schon deshalb, weil sie Rätsel sind, die man lösen möchte und nicht lösen kann. Die einzigen zuverlässig Informierten, die plausible Auskunft geben könnten, weilen seit Jahrhunderten im Jenseits.

Ein Stück römischer Straße mit glänzendem Mosaikbodenbelag, römische Gebäudereste werden sichtbar, im Vordergrund verläuft der Abwasserkanal unterhalb eines Korridors. Staunend steht man vor spätromanischen Säulenkapitellen, vor den Fundamentzungen eines gotischen Trichterportals aus der Mitte des 15. Jahrhunderts. Das Bruchstück einer gewaltigen monolithischen Granitsäule verschlägt den Atem. Angezogen wird der Blick von der raffinierten geometrischen Ornamentik eines römischen *Fußbodenmosaiks*, in dessen Mittelteil eine Schlangenbrut züngelt. Das Ringelnatter-Fragment gehörte zum Haupt der Gorgo Medusa und bildete ihr Haar. Bekanntlich erstarrte jeder, der in das blutleere Antlitz, in die aufgerissenen todesstarren Augen dieses mythischen Ungeheuers sah, zu Stein. Die römischen Hausbewohner schreckte es nicht, sie stiefelten über das Medusengesicht hinweg. Abschrecken, abwehren sollte es lediglich ungebetene Gäste und potentielle Mörder. Einer der *Grabaltäre* aus Untersberger Marmor zeigt ein Relief mit Vase und Weinrebe (Lebensbaum). Die Inschrift im glatten Feld der Vorderseite verkündet: »Vindicio, Sohn des Vericundus, hat zu Lebzeiten für sich, seiner Gattin Secunda und die Seinen den Grabstein setzen lassen.« Der noch quicklebendige Auftraggeber des Grabaltars erfüllte pfleglich ein durchaus übliches Vorsorgeunternehmen, das ja auch heute wieder in Mode kommt.

Wer am Ort, in Salzburgs Unterwelt, zu lange verweilt, könnte einer Sinnestäuschung unterliegen und meinen, Verwesungsgeruch wahrzunehmen. Doch eine ausgetüftelte Belüftungsanlage führt Frischluft zu. Der Errichtung dieses Grabungsmuseums waren seit 1956 umfangreiche archäologische »Domgrabungen«, vornehmlich im Bereich des Residenzplatzes, vorausgegangen. Es wurde vermutet, mittelalterliche Überreste der sakralen Vorgängerbauten finden zu können, die mehreren Bränden zum Opfer gefallen waren. Dabei wurde sogar mehr gefunden als erwartet worden war. Bei Untersuchungen, die Archäologen 1957 im Inneren der Domkirche vornahmen, stießen sie im Bereich der südlichen Langhausmauer des ältesten Dombaus aus dem 8. Jahrhundert auf eine in die Mauer eingelassene Grabanlage. Diese ist erst nach Fertigstellung der Kirche von außen her ausgebrochen und nachträglich mit Steinplatten wieder verschlossen worden. Darin fanden sich diverse verstreut liegende Fragmente von Sarg- sowie von Bronzebeschlägen eines Bucheinbandes, deren Form und Verzierung die Grabstelle ins 8. Jahrhundert verweisen. Man nimmt daher mit einiger Sicherheit an, daß hier der Erbauer des Doms, der heilige Virgil, zur letzten Ruhe gebettet worden war. Der Besuch dieses Grabungsmuseums ist jedem zu empfehlen, der den heutigen Domplatz mit seinem Gotteshaus aus turbulenter baugeschichtlicher Vergangenheit heraus würdigen möchte.

In den frühen Morgenstunden ist der Domplatz so gut wie menschenleer. Fromme – aber auch Unfromme – verfallen dem Schweigen, wenn sie das von barocken Bauten völlig umschlossene Viereck des weiten Platzes betreten. Weltliche Macht mochte sich auf anderen Plätzen präsentieren, hier jedoch sollte in einzigartiger Weise geistliche Macht demonstriert werden, die das Volk zu Andacht und Demut zwang. Das gelang über die Jahrhunderte hinweg, obwohl durchaus nicht jeder, der den Platz bebauen, verändern ließ, in eigener Person zu Reue und Buße bereit gewesen wäre. Dem Fluidum des Domplatzes zu widerstehen, fällt nicht leicht. Blendende Lichtfülle umfaßt zumeist die hohe, helle Marmorfassade des majestätischen Dombaus, der dem Platz den Namen gab. Die den Platz umschließenden Partien der bischöflichen Residenz – erbaut von 1595 bis 1605 – und das gegenüberliegende Kloster Sankt Peter bilden die strenge und würdevolle Umrahmung dieses Vorhofes zum Hause Gottes. Um die räumliche Geschlossenheit lückenlos zu vollenden, wurden die an die Kirche angelehnten, 1658 bis 1663 von Giovanni Antonio Dario errichteten *Dombögen* hinzugefügt. Es sind Durchgänge zum Residenz- und Kapitelplatz.

Etwa hundert Jahre später, in den Jahren 1766 bis 1771, fühlte sich Erzbischof Siegmund III. Graf von Schrattenbach (1753-1771) veranlaßt, in der Mitte des Platzes eine *Mariensäule*, ein kolossales Standbild der Immaculata, der unbefleckten Jungfrau, von den Brüdern Johann Baptist und Wolfgang Hagenauer errichten zu lassen. Vielleicht glaubte er, einzelnen zeitgenössischen, aufklärerischen Zweiflern demonstrieren zu müssen, daß es göttliche Geheimnisse gäbe, die zu erfassen menschliche Vernunft unfähig ist. Von hoher Säule auf einer steinernen Erdkugel stehend, schaut Maria auf die unzulänglich gebliebene Menschheit hernieder. Weit unter ihrer Gestalt agieren vier allegorische Figuren auf den Postamenten. Mit eindrucksvollen Gebärden verdeutlichen sie, was zusätzlich eine Erklärungstafel verkündet: Das Geheimnis der unbefleckt empfangenden Gottesmutter ist so groß, daß der Geist der Engel in Entzücken gerät, die menschliche Weisheit schweigt, der Teufel in Mißgunst knirscht und die triumphierende Kirche frohlockt. Der

Ordnung halber muß eingeflochten werden, daß die Figur des zähnefletschenden Satans von den Platzbesuchern intensiv genossen wird. Das Böse hat eben seine Reize. Die Mariensäule wurde von den Brüdern Hagenauer in Bleiguß geschaffen. Empfindsame Architektur-Enthusiasten stört jedoch das Denkmal. Sie argumentieren, die freie Sicht auf die Domfassade sei durch die monumentale Säule zerstört worden.

Auf der anderen Seite muß eingewandt werden, daß sich erst aus einem anderen Blickwinkel das ikonologische Programm der Mariensäule in ihrer Beziehung zum Dom vollständig entschlüsseln läßt. Vom gegenüberliegenden Platzende aus, das sich zur Franziskanergasse hin durch Arkaden öffnet, ergänzen sich Standbild und Domfassade zu einer Darstellung der Marienkrönung: Die beiden über dem mittleren Fenster des zweiten Geschosses schwebenden Engel scheinen ihre Krone direkt über die Figur der Jungfrau zu halten.

Die lange Geschichte des Dombaus
Die Vorgängerbauten

Der Genius loci des Erdstückes, auf dem der Dom steht, muß gefordert haben: hier ist Außerordentliches zu errichten. Die Geschichte des Doms beweist, daß die verschiedenen Bauherren dieser stummen Aufforderung nachkamen. Der erste Bauherr in langer Reihe war ABTBISCHOF VIRGIL, von 745 bis 784 geweihter Bischof von Salzburg. Der heilige Virgil, ein Iro-Schotte, durchdrungen von der Mission, Heiden zu bekehren, war hochgelehrt und darin ein typischer Protagonist der karolingischen Renaissance. Er verfügte über ein Wissen der Antike, das vielen seiner Zeitgenossen verlorengegangen war. Dieser Kenntnisreichtum sollte ihn später in Gegnerschaft zum heiligen Bonifatius, dem Gründer der Diözese Salzburg, bringen. Virgil vertrat die »Antipodentheorie«, eine Lehrmeinung, die im Gegensatz zu der von der Kirche vertretenen offiziellen Lehre, die Erde sei eine Scheibe, davon ausging, daß auf der unteren Seite der Erde ebenfalls Menschen lebten. Bonifatius hielt solche Auslassung für ketzerisch. Virgil sollte unverzüglich zu ihm nach Rom kommen, um sich zu verantworten. Es kam jedoch nicht dazu. Die

Steinerne Weltkugel der Hagenauerischen
Mariensäule mit lateinischer Inschrift, deren Übersetzung lautet:
»Bei der Empfängnis bist Du ohne Fehl geblieben
und hast uns Christum geboren.«

Kontrahenten werden eingesehen haben, daß derartige Auseinandersetzungen ihrer Missionsarbeit schadeten. Mutmaßlich war es nicht nur Virgils Glaubenseifer, sondern auch sein Realitätssinn, den weltliche Fürsten an ihm zu schätzen wußten. So konnte er zwei Jahre lang am Hof des Frankenkönigs Pippin in Quiercy wirken. Dort lernte er den Bayernherzog Odilo kennen, der bald darauf in seine Heimat zurückkehrte und Virgil mitnahm. Als Odilo jedoch vom Ableben des Abtbischofs Johannes von Salzburg (739-745) erfuhr, beeilte er sich, Bonifatius, dem »Generalbevollmächtigten« für die Mission nördlich der Alpen, zuvorzukommen, und verlieh Virgil den Bischofsstuhl von Salzburg. König Pippin stimmte zu. Das ist insofern erstaunlich, als der königliche Franke und der herzogliche Bayer sich im Wettstreit um politischen Einfluß befanden. Virgils außergewöhnliche Wirkung auf Menschen muß beide Fürsten für ihn eingenommen haben. Doch es bleibt die Frage offen, welche Gründe für Virgil ausschlaggebend gewesen sein könnten, in Salzburg einen Dom von so beachtlicher Größe bauen zu lassen, wo doch wahrlich genügend Gotteshäuser in der Stadt vorhanden waren.

Höchstwahrscheinlich war die treibende Kraft Herzog Tassilo III. von Bayern gewesen, der für sein agilolfingisches Haus eine Krönungskirche zur Verfügung haben wollte, die dem fränkischen Saint Denis in nichts nachstehen sollte. Eine andere Überlegung versucht den mächtigen Bau als ein Stück kirchlicher »Überzeugungsarbeit« zu deuten: Virgil lebte – wie unzählige Missionare seiner Zeit – inmitten einer Bevölkerung, die sich überwiegend aus Analphabeten und Abergläubigen zusammensetzte. Nur Sichtbares (und Imposantes!) konnte sie von der Erhabenheit des neuen Glaubens überzeugen. Der Bau des Virgil-Doms dürfte im Jahr 767 begonnen worden sein. Am 24. September 774 feierte Salzburg die Einweihung des den beiden Heiligen Petrus und Rupert geweihten Doms mit einem Gottesdienst und mit der Überführung der Gebeine des heiligen Rupert aus Sankt Peter in die Domkrypta. Für die damalige Zeit war der Dom ein großräumiger Bau von 66 Metern Länge und 33 Metern Breite. Der Vorhof umfaßte 25,2 mal 33 Meter. Dieser romanische Dom war, wie vermutet wird, eine dreischiffige Basilika ohne Querhaus, in deren Krypta Virgil 784 beigesetzt wurde. Als Karl der Große das Herzogtum Bayern seinem Frankenreich einverleibt hatte, ließ er im Jahr 798 durch Papst Leo III. Salzburg zum Erzbistum erheben.

1   *Blick über die Kuppeln von Sankt Peter*
    auf die Festung Hohensalzburg.

2   *Panoramablick von der Festung Hohensalzburg auf die Stadt;*
    im Vordergrund Dom und Stiftskirche Sankt Peter.

3   *Gesamtübersicht der Altstadt mit der Festung Hohensalzburg*
    im Hintergrund.

4   *Festung Hohensalzburg: Goldene Stube, links der prächtige*
    Majolikaofen von 1501, ein Meisterwerk Salzburger Hafnerkunst.

5   *Sankt Peter: Detail des schmiedeeisernen Gitters*
    zum Langhaus von Philipp Hinterseer, 1768.

Damit begann die außergewöhnliche Machtstellung der Salzburger Erzbischöfe im süddeutschen Raum. Der herrliche Dom der Stadt war jedoch immer gefährdet. Ein Brandingenieur könnte behaupten, die Geschichte dieses Sakralbaus entspreche einer Chronik interessanter Brände; Brandstiftung sei zeitweilig nicht auszuschließen gewesen. Achtmal brannte der Dom. Mehrfach wurde er zur Gänze eingeäschert. Es gleicht einem Wunder, daß der Bau immer wieder saniert oder von Grund auf neu errichtet, auch vergrößert und kostbar ausgestattet wurde. Nach dem ersten Brand anno 845 war es ERZBISCHOF LIUPRAM (836-859), der die Dom-Erneuerung vornahm. ERZBISCHOF HARTWIK (991-1023) ließ mittels Schenkungen des ottonischen Kaiserhauses den Dom um eine von zwei Türmen flankierte Vorhalle erweitern. Am 5. Mai 1127 brannte der Dom zum zweiten Mal. Aus einem eingestürzten Glockenguß-Hochofen wälzte sich die glühende Erzmasse durch die engen Gassen bis an den Dom. Hochschießende Flammen fraßen sich ins Mauer- und Holzwerk. Diesmal war es ERZBISCHOF KONRAD I. VON ABENSBERG (1106-1147), der von den Fürsten finanzielle Hilfe erhielt und somit den Wiederaufbau des Doms einleiten konnte. Zwei vierzig Meter hohe Westtürme schmückten nun den Neubau, der verblüffend rasch ausgeführt worden war.

Doch damit war die Schreckenskette der Dombrände noch nicht beendet. Zum Entsetzen des ganzen Landes kam es bereits vierzig Jahre später, am 4. April 1167, zu einer neuerlichen Brandkatastrophe, die den Dom mitsamt weiterer Kirchen und zahlreichen Bürgerhäusern in Schutt und Asche legte. Dieser Brand war vorsätzliches Menschenwerk, Brandstiftung! Der geistige Täter, Urheber der verbrecherischen Handlung war kein Geringerer als KAISER FRIEDRICH I. Barbarossa (1125-1190). Leutseligkeit, Freigebigkeit, edles Streben nach Ruhm wurden ihm von den Zeitgenossen nachgesagt. Sein heiterer Gesichtsausdruck fiel angenehm auf. Dessen ungeachtet war er der politischen Grausamkeit sehr wohl fähig. Unerbittlich verhängte er die Reichsacht und ließ im ganzen Salzburger Land Kirchen und Klöster, Dörfer und Märkte niederbrennen. Vollstrecker seines Vernichtungswillens waren die Grafen Luitpold und Heinrich von Plain sowie die Pfalzgrafen. Durch diese Verwüstung bestrafte Barbarossa jene Anhänger des ERZBISCHOFS KONRAD II.

VON BABENBERG (1164-1168), die auf der Seite des rechtmäßig gewählten Papstes Alexander III. verharrten, statt den von ihm, Barbarossa, favorisierten Gegenpapst Paschal III. anzuerkennen.

Vierzehn Jahre brauchte Salzburg, um die Schrecknisse und das Elend zu überwinden; vierzehn Jahre lang ruhte der Blick der Salzburger Gläubigen auf der Domruine. Das war der Bevölkerung nicht länger zumutbar. ERZBISCHOF KARDINAL KONRAD III. GRAF VON WITTELSBACH (1177-1183) begann den Neubau des Doms »a fundamento«. Dieser Dom wurde der größte Dom, der je in den Himmel Salzburgs ragte: 110 Meter lang und 48,7 Meter breit, das Mittelschiff fast 30 Meter hoch. Der neue Bau entstand als fünfschiffige Basilika mit Querschiff und seitlich vorgelagerten Rundtürmen, mit Chorhaus und Apside. Auf dem heutigen Residenzplatz lag der Domfriedhof, auf der südlichen Seite wurde das Domkloster weiter ausgebaut. Lange über die gotische Zeit hinaus blieb dieses Bauwerk trotz sich wiederholender Brände im wesentlichen erhalten. Für die Bevölkerung war er lebenswichtiges und für manchen sogar lebenserneuerndes Zentrum. Sich an einem solch großartigen sakralen Ort ins Gebet zu versenken, half mehr als an anderer Stätte – davon waren viele überzeugt.

Romanisches Kapitell
vom Bau Erzbischof Konrads III., um 1200,
Domgrabungsmuseum.

Der barocke Dom

Was eine Kulturepoche ausgezeichnet hatte und weitergegeben worden war, wurde in der darauffolgenden oft gering geachtet. Dieser oder jener fürsterzbischöfliche Nachfolger empfand das Überkommene als altes, eigentlich im Weg stehendes Gerümpel, das auszuräumen sich ein tatkräftiger Mann nicht scheuen sollte, damit Neues entstehen könne. Ein solcher Mann war FÜRSTERZBISCHOF WOLF DIETRICH VON RAITENAU (1587-1612). Er ließ den ehrwürdigen romanischen Dom, auch Münster genannt, abreißen. Es stockt einem der Atem! Jawohl, abreißen ließ er den herrlichen Bau samt dessen 25 Altären, dem unglaublich kostbaren Inventar. Nie mehr würden sich die Salzburger des mystisch erleuchteten Dominneren erfreuen können. Wolf Dietrich war kein Mystiker. Man kann es ihm nicht zum Vorwurf machen. Doch der Reihe nach, mit Einzelheiten: anno 1587 wurde der Schwabe Wolf Dietrich von Raitenau im Alter von 28 Jahren zum Fürsterzbischof von Salzburg gekürt. 1559 als Sohn eines kaiserlichen Obristen und einer geborenen Gräfin Hohenems, einer Nichte des Medici-Papstes Pius IV., in Schloß Lochen am Bodensee zur Welt gekommen, studierte er als junger Mann am Collegium Germanicum in Rom. Der Mann mit dem kräftigen Schädel, den wachen, prüfenden Augen, hatte nie Geistlicher werden wollen, erfüllte jedoch den Wunsch seiner biederen Familie, die durch verwandtschaftliche Bande mit dem Hause Medici berühmt geworden war. Ein Bischof echt schwäbischer Herkunft würde dem Clan noch mehr Glanz verleihen. Die Kalkulation stellte sich jedoch als Irrtum heraus. Wolf Dietrich hatte sich zum Soldaten, Krieger und Sieger über die Türken berufen gefühlt. Noch als Erzbischof ließ er es sich nicht nehmen, hoch zu Roß in voller Reitermontur zur Kirche zu galoppieren, vor dem Portal abzuspringen und sich erst dort das geistliche Gewand umlegen zu lassen. Ferner ließ er sich nicht davon abbringen, Salzburg architektonisch in ein »Deutsches Rom« zu verwandeln. Zur Verwirklichung seines bei der Bevölkerung keinesfalls auf Gegenliebe stoßenden Plans kaufte er rund sechzig Bürgerhäuser auf und ließ sie abreißen.

Noch war sich der junge Erzbischof nicht schlüssig, was er mit dem alten Dom anfangen sollte; er experimentierte mit An- und

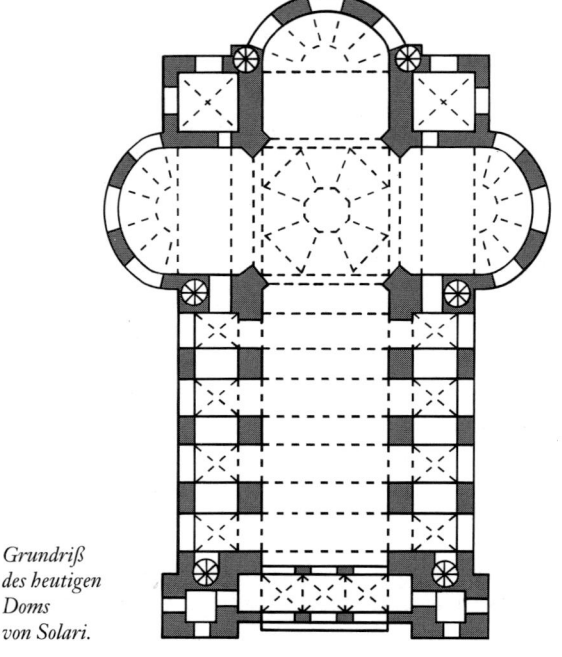

*Grundriß
des heutigen
Doms
von Solari.*

Umbauten. Ein Brand in der Nacht vom 11. auf den 12. Dezember 1598, der pikanterweise im Oratorium der bischöflichen Geliebten Salome Alt, auf die noch zurückzukommen sein wird, ausbrach, und den Dachstuhl der Kirche zerstörte, soll Wolf Dietrich zum Ausruf veranlaßt haben: »Brennet es, so lasset es brennen!« Dem widerspricht scheinbar, daß er einen Restaurierungsversuch in Auftrag gab, der – wider Erwarten – mißlang, so daß man vermuten könnte, der Fürstbischof habe damit nur demonstrieren wollen, daß der Dom nicht zu erhalten sei. Ohne weiter zu zaudern, ließ er ihn daraufhin abreißen. Dem Einwand, daß man aus Gründen der Pietät dem weihevollen Bau – dem damals gewaltigsten nördlich der Alpen – nicht mit der Spitzhacke zu Leibe rücken könnte, verschloß sich Wolf Dietrich. Man soll eben keinem Weltmann den Habit des Klerikers aufzwingen! Johann Stainhauser, zeitgenössischer Chronist in fürstlichen Diensten und geheimer Archivdirektor, der die damalige Stimmung der Salzburger Bevölkerung zum Brand und anschließenden Abbruch für die Nachwelt festgehalten hat, äußert sich auch zu dem Verdacht, der Fürstbischof habe dabei ein wenig nachgeholfen: »Von Wegen diser Brunst ist vil haimbliches Murmeln wider den Erzbischoven bei Reichen und Armen herumbgangen, auch noch zum ofteren spöttlich geredt wird, als solte er also fürsätzlicher Weis an den Thuemb zu richten, selbst ain Ursach gewest sein und der Brunst ein Anfänger gewest sein. Ich aber für mein Person gebe demselben gar durchaus kain Glauben, sondern thue vil mehr solches genzlichen widersprechen. Zu deme auch ist ihm zum Allerüblichsten ausgelegt worden, daß er hernach diese veste, ganz wolerpaute Thuembkirchen ganz und gar hat lassen abtragen. Ob er nun auch selben habe recht getan oder nit, daß lasse ich in seinem Wert beruhen.«

Wie dem auch sei. Der Verdacht der Brandstiftung läßt sich sicherlich nicht eindeutig erhärten. Den Ärger der Bevölkerung über die beispiellose Respektlosigkeit des Erzbischofs gegenüber gewachsenen Traditionen und diesen einzigartigen Akt des Vandalismus kann man sehr gut verstehen und nachvollziehen.

Nachdem der alte Dom also Opfer der Spitzhacke geworden war, erhob sich die Frage: Wie sollte das neue Gotteshaus im zukünftigen »Deutschen Rom« aussehen? Italienisch natürlich. Wolf Dietrich ließ sich von den Inspirationen des berühmten Architekten, Städteplaners und Palladio-Schülers Vincenzo Scamozzi überwältigen. Scamozzi zufolge sollte unter Drehung um neunzig Grad, also mit der Fassade zum Residenzplatz, eine riesige Kathedrale von 139 Metern Länge, fast 100 Metern Breite entstehen. Unter Einbeziehung mehrerer Plätze mit lauter neu zu errichtenden Bauten sollte sie neues städtebauliches Zentrum und Wahrzeichen Salzburgs werden – wahrhaftig, ein atemberaubendes Projekt.

Die Baupläne von Scamozzi wurden jedoch nie verwirklicht. Wahrscheinlich waren sie selbst für den durchaus ausgabefreudigen Wolf Dietrich zu aufwendig. Er gab einen wesentlich reduzierten Dombau in Auftrag. Am 18. April 1611 erfolgte die Grundsteinlegung, doch kurz darauf wurden die Fundamente des Neubaus wieder abgetragen. Erzbischof Wolf Dietrich war wegen seines waghalsigen Kriegszuges gegen Bayern, der kläglich scheiterte, gestürzt worden. Sein Vetter MARKUS SITTIKUS GRAF VON HOHENEMS (1612-1619), vielleicht nicht ganz unschuldig am Sturz von Wolf Dietrich, wurde am 18.März 1612 zum neuen Erzbischof Salzburgs gewählt. Markus Sittikus distanzierte sich vom Planungsentwurf seines entwürdigten Verwandten. Noch im Herbst desselben Jahres berief er den italienischen Architekten Santino Solari aus Varna bei Como zum Leiter des bischöflichen Dombauamtes. Doch auch Markus Sittikus erlebte die Fertigstellung seines Doms nicht mehr. Er starb 1619. ERZBISCHOF PARIS GRAF LODRON (1619-1653), jener Bischof, der den Brezelschwanzlöwen im Wappen führte, weihte das Gotteshaus am 25.September 1628. Das kursierende Gerücht, die sarkastischen Bemerkungen der fürstlichen Gäste über den Marmorprunk hätten Lodron veranlaßt, sämtliche Bauunterlagen zu vernichten, erwies sich als nicht haltbar.

Zweifellos überraschte die Gäste das Ausmaß der Einweihungfestlichkeiten mitten im Dreißigjährigen Krieg. Es wurde das prachtvollste Fest, das Salzburg je feierte.

Am Tag vor Beginn des eigentlichen Festakts wurden unter feierlichem Glockengeläut die Gebeine der beiden Landesheiligen Rupert und Virgil aus der Franziskanerkirche in die neue Bischofskirche überführt.

Im »Salzburger Dombüchlein« beschreibt Ferdinand Grell den feierlichen Begleitzug, der in Anwesenheit der Kurfürsten von Köln und Bayern sowie des Erzherzogs von Österreich stattfand: »Acht Prälaten trugen den reich verzierten Sarg mit den heiligen Reliquien. Diese umgaben achtzehn Knaben, die als Engel verkleidet waren und geistliche Lieder sangen. Andere trugen Lilien, streuten Blumen, schlugen Harfen und Lauten oder schwangen dichtqualmende Rauchfässer. Ein Chorherr trug den erzbischöflichen Hirtenstab und hinter ihm schritt Erzbischof Paris Lodron, von den Domherren begleitet. Sein Haupt bedeckte eine kostbare Mitra, deren zahlreiche Edelsteine in der Sonne blitzten und glänzten. Hinter dem Kirchenfürsten gingen seine hohen Gäste mit entblößtem Haupte, brennende Kerzen in den Händen. Nun folgten die Zünfte der Stadt. Da schritten die Metzger im roten und schwarzen Zunftgewand, das mit Fuchspelz verbrämt war. Ihnen folgten die hechtgrau und weiß gekleideten Bäcker, die schwarz und grün gewandeten Schuster,

Erzbischof Paris Graf Lodron (1619-1653),
Salzburger Museum Carolino Augusteum.

die hochrot gekleideten Goldschmiede, die goldgestickte Mäntel
trugen. Dahinter reihten sich die Hafner und Faßbinder, Tisch-
ler und Färber, die Zimmerleute, Steinmetze und Maurer, die
Hutmacher sowie Kürschner, Schneider und Lederer, die Brauer
und Müller und noch manch andere Handwerksleute. Jede Gilde
hatte eigene Spielleute und folgte ihrem Zunftbanner. An die
farbenfreudigen Zünfte schloß sich eine zahlreiche Schar von
Geistlichen in ihren kirchlichen Gewändern. Hierauf schritt der
Hofstaat des Fürstbischofs im Zuge, gefolgt von den Stadträten
mit dem würdigen Bürgermeister an der Spitze. Den Schluß der
langen Prozession bildete die Masse des andächtigen Volkes, das
Fahnen und Kreuze, Laternen und Bilder mittrug. Von der
Franziskanerkirche aus bewegte sich der lange und dichte Men-
schenzug über den Kollegienplatz durch die Getreidegasse am
Rathaus vorüber und über den einstigen Brodmarkt und Kapi-
telplatz zum Dom. Dort wurden die Reliquien der Heiligen am
Hochaltar abgestellt. In allen Straßen waren von den verschiede-

nen Gemeinschaften herrliche Triumphbögen aufgestellt; geistreich der Bogen der Universität, pompös jener des Erzbischofs und des Domkapitels, bescheiden die Porta der Abtei Nonnberg. Sie wurden gebührend bestaunt und gelobt. Während der Prozession ertönte auf der Festung das mechanische Orgelwerk [der »Stier«], fünfzehn Abteilungen der Schützen schossen Salven und dazwischen hinein donnerten die Geschütze von der Hohensalzburg. Am nächsten Tag endlich wurde das Gotteshaus vom Erzbischof feierlich eingeweiht. Am Abend beschloß ein friedliches militärisches Schauspiel den ereignisreichen Festtag zu Salzburg.« Soweit Ferdinand Grell in seinem Dombuch.

Der Dom zum heiligen Rupert

Wer dem Dombau von Santino Solari (vollendet von Giovanni Antonio Dario) entgegenschreitet, könnte glauben, mittels eines Zaubers nach Italien versetzt worden zu sein. Minutenlang bleibt dieser Zauber wirksam. Dann aber tritt die urwüchsige Salzburger Landschaft ins Spiel und macht den Dom zu ihrem heimatlichen Eigentum, Charakteristikum. Die **Hauptfassade** des Doms ist – wie bei vielen italienischen Kirchenbauten – architektonisch pompös als Schauwand gestaltet, während die anderen Seiten aus eher unscheinbarem, ungegliedertem Gesteinskonglomerat bestehen. Weiß glänzt der Untersberger Marmor, den ein feiner Rotschimmer überzieht. Zweigeschossig strebt die von zwei viergeschossigen 79 Meter hohen Türmen begrenzte gewaltige Front empor, die ein Giebel mit den Wappen der erzbischöflichen Erbauer Markus Sittikus von Hohenems und Paris Lodron beschließt. Als Krönung des Giebels erhebt sich auf ihm die Statue des Christus hominum salvator. Die alttestamentlichen Patriarchen Moses und Elias flankieren den Erlöser. Darunter, im mittleren Fassadengeschoß, stehen die Skulpturen der vier Evangelisten als Verkörperung des Neuen Testaments. Den Eintritt in den Dom durch die drei Eingangsarkaden bewachen überlebensgroß die Landesheiligen Rupert und Virgil und die Apostel Petrus und Paulus. Erstere wurden von dem Niederländer Bartholomäus van Opstal etwa um das Jahr 1660, die Apostel, die den mittleren Bogen flankieren,

von dem Salzburger Bildhauer Michael Bernhard Mandl in den
Jahren 1697/98 geschaffen.

Das **Innere** des Doms – es sei erlaubt, dies als persönlichen
Eindruck wiederzugeben – enttäuscht sicher jene, die sich in
einer Kirche gefühlsmäßig willkommen, zum Verweilen eingela-
den fühlen wollen. Das ist in der Domkirche nicht ohne weiteres
möglich. Mir kommt es vor als demonstriere sie weniger die
Allmacht Gottes, als vielmehr die Macht einstiger Kirchenfürsten und heische Ehrfurcht. Überraschend helles, kaltes Licht
gleißt in dem Hallenbau, der, wie schon die Fassade, durch klare
Gliederung und proportionale Ausgewogenheit beeindruckt.
Das hallenartige, tonnengewölbte Langhaus (99 Meter) führt
auf das 68 Meter lange, von direktem Licht aus der achteckigen,
durchfensterten Vierungskuppel hell erleuchtete Querschiff zu,
auf den erhöhten Chor mit dem weiten Presbyterium. Nicht
jedermann wird dem Komponisten Franz Schubert zustimmen,
für den die klare Kälte des Lichtes, das durch die Kuppel einfällt,
von »göttlicher Wirkung« war. Die wunderbar plastischen *Stukkaturen* mit Figuren, Blumengirlanden und Putten an den Wänden, den Decken und in den einzelnen Kapellen wurden um
1630 von dem Italiener Giuseppe Bassarino geschaffen. Streng
wirkt der marmorne Aufbau des *Hochaltars.* Hohe Säulen fassen
das Altargemälde »Die Auferstehung Christi« ein, gemalt von
dem Hofmaler Donato Mascagni. Der Malstil des 1579 in Florenz geborenen Künstlers, der später unter dem Namen Fra
Arsenio in ein Servitenkloster eintrat, ist von Pathos geprägt, das
durch knallige, kühle Farbgebung getragen wird.

Die Gesamtheit der *Domfresken* ist einem Bildprogramm zugeordnet, dessen Thematik von Erzbischof Paris Lodron vorge-
geben worden sein soll. Das Psalmwort »Du hast mir kund getan
die Wege des Lebens!« wird im Bilderreigen, in den auch die
Altargemälde einbezogen sind, ausgedeutet. Im halbdunklen
Langhausgewölbe sieht der Domgänger den Leidensweg Jesu
Christi, von dessen Einzug in Jerusalem bis zum Tod und der
Herabnahme seines Leibes vom Kreuz. Die Kuppel zeigt alttestamentliche Szenen: Abraham opfert Isaak auf dem Berge Mo-
rija; König Salomons Einzug in Jerusalem; Daniel rettet Susanna vor dem Zeugnis der falschen Richter; Tod des Holofernes
durch Judith; Abraham bedient die drei Engel unter der Eiche

von Mamre und bittet für Sodom und Gomorrha. Im Presbyterium finden die Grablegung und der Abstieg in die Vorhölle statt, die im Hochaltargemälde gipfeln, das, wie schon erwähnt, die Auferstehung darstellt. Die vom Schöpfer des Hochaltargemäldes stammende »Vision des heiligen Franziskus in Portiuncula« im rechten Querhaus sowie das sogenannte »Maria-Schnee-Wunder« von Ignazio Solari, dem Sohn des Dombaumeisters, das die Gründung von Santa Maria Maggiore in Rom darstellt, komplettieren das Programm. Kleines Kuriosum am Rande: Da das Maria-Schnee-Fest und das Fest des heiligen Paris beide auf den 5. August fallen, ließ es sich Erzbischof Paris Lodron nicht nehmen, sich bei der feierlichen Weihe am Tage seines Schutzheiligen in der Gestalt des Papstes verewigen zu lassen. Bescheidenheit war auch damals keine hervorragende Eigenschaft der Salzburger Bischöfe.

»Du hast uns Kund getan die Wege des Lebens!« Dieses Psalmwort steht für den Heilsweg der Christen. In rauher Wirklichkeit dürfte jedoch dieser Weg für die Erzbischöfe vergangener Zeit beschwerlich gewesen sein, denn sie waren ja auch weltliche Fürsten und in dieser Eigenschaft zur Durchsetzung einer erfolgreichen Politik gewählt worden. Außerdem unterlagen einzelne von ihnen dem jeweiligen Zeitgeist, ihren Leidenschaften und Charakterschwächen. Doch jeder drückte Salzburgs Erscheinungsbild sein Siegel auf, und so war es nur selbstverständlich, den dahingeschiedenen Erzbischöfen zu ihrer letzten Ehrung eine Gruftkirche einzurichten. Im südlichen Teil der Vierung führt eine Stiege zwischen noch erhaltenen Mauerteilen des von Wolf Dietrich zerstörten romanischen Doms hinunter in die *Erzbischofsgruft*, die erst 1957/59 im Rahmen der Wiederaufbauarbeiten nach dem Krieg unter Einbeziehung der alten Krypten erstellt wurde. Kaum jemand zögert, die endlose Reihung von Gräbern aus dem 17. bis 20. Jahrhundert abzuschreiten. Im Mauerwerk der Liupramkapelle aus dem 9. Jahrhundert verschließt ein Gitter eine Nische, die das Grab des Domgründers Virgil gewesen sein soll. Der Mittelraum der Krypta enthält ein Kruzifix aus dem beginnenden 13. Jahrhundert, das zum

Dom: Blick vom Eingang in Langhaus und Vierungskuppel.

Verharren zwingt. Geht man dann weiter, ist eine Kolumbarien-
anlage zu erkennen. Ihre Kammern werden allen weiteren Salzburger Erzbischöfen als Endruhestätte dienen.

Aus der Krypta strebt man wieder hinauf ins Kuppellicht der
Domkirche und weiter dem Ausgang zu. Davor verharrt man
noch einmal kurz auf der rechten Seite. Vier die Köpfe reckende
Löwen aus dem 12.Jahrhundert tragen das bronzene, roma-
nisch-gotische *Taufbecken*, das Meister Heinrich 1321 schuf. Das
Schriftband am oberen Rand verheißt: »Ein Gefäß bin ich, aus
Erz gemacht, die Sünden zu tilgen. Wahrhaftige Reinigung geschieht durch mich in heiliger Waschung. Was in der Taufe
gewaschen, das wird ganz gereinigt.«

Durch eines der drei *Bronzetore*, durch das man den Dom
betrat, verläßt man ihn wieder. Wenn man ihnen beim Eintreten
nicht die gebührende Aufmerksamkeit zukommen ließ, sollte
man das nachholen. Sie stammen aus den Jahren 1957/58. In
ihrer Wuchtigkeit passen sie sich dem barocken Gotteshaus an.
Man hat die Wahl, durch das »Tor des Glaubens«, geschaffen
von Toni Schneider-Manzell, oder durch das »Tor der Hoffnung« von Ewald Mataré hinauszutreten. Der mittlere, größte
Ausgang, das »Tor der Liebe«, stammt von Giacomo Manzù. Es
ist das am meisten frequentierte Tor.

Das Dommuseum
mit Kunst- und Wunderkammer

Bevor man den Dom endgültig verläßt, sollte man sich noch ein
wenig Zeit nehmen. Gegenüber dem Taufbecken, in der südlichen Vorhalle, findet man den Eingang zum Dommuseum, das
1974 eröffnet wurde. Es birgt beeindruckende Kirchenschätze
aus vielen Jahrhunderten, darunter die noch erhaltenen Stücke
des Domschatzes. Zu den Prunkstücken gehört das »Rupertuskreuz«, eine einzigartige englische Goldschmiedearbeit aus dem
8.Jahrhundert, die möglicherweise zu den Ausstattungsstücken
des Virgil-Doms gehörte. Neben einem byzantinischen doppel-
armigen Schwurkreuz aus dem 12.Jahrhundert, einer sogenannten »Staurothek«, und dem Missale Wolf Dietrichs von Raitenau finden sich hier vielfältiges liturgisches Gerät und wertvolles
Kunsthandwerk, wie Monstranzen, Meßkelche, kostbare Buch-

Dommuseum: »Schöne Madonna« aus dem Franziskanerkloster, um 1410.

einbände, aber auch allerlei Kuriosa aus dem Bereich der Technik und der Naturgeschichte. Die »Kunst- und Wunderkammern«, die einerseits der Sammlung von Gegenständen von hohem künstlerischem Wert, mit ihrer Kuriositätenschau andernorts später auch der Befriedigung der Sensationsgier der Bürger dienten, waren von Erzbischof Guidobald Graf von Thun (1654-1668) gegründet worden. Er hatte wohl auch ursprünglich zwölf der heute nur noch neun kunstvollen Gitterschränke anfertigen lassen, in denen die Exponate zu besichtigen sind.

»Jedermann« auf dem Domplatz

Dann steht man wirklich wieder draußen auf dem herrlichen Domplatz. Verstreut stehen Musikstudenten, entlocken ihren Instrumenten Weisen von Mozart, Vivaldi, Bach. Viele Zuhörer finden sich ein und verweilen. Bei der Mariensäule hocken Stadtstreuner, lassen die Rotweinflasche kreisen. Die Immaculata lächelt zu ihnen herab; grinsend fletscht der Teufel die Zähne. Mittagspäusler sitzen auf den Bänken, verzehren ein Jausenbrot. Die Sonne verfängt sich in den Fenstern der stillen, hohen Bauten. Die Scheiben funkeln.

Jede alte Stadt erzählt ihre Geschichte vom Leben und Sterben der Menschen. Mag sein, daß Salzburg die seine intensiver als andere Städte ins Gedächtnis rückt, sie zusammengedrängt vorweist. Auf dem Domplatz könnte jedermann dieser Empfindung anheimfallen.

Inmitten der grandiosen Kulturkulisse, unmittelbar vor den drei Domtoren, wird alljährlich – als traditioneller Bestandteil der Salzburger Festspiele – Hugo von Hofmannsthals mittelalterliches »Spiel vom Sterben des reichen Mannes« einem immer wieder faszinierten und am Schluß des Stückes betroffenen Publikum vor Augen gestellt. Daß sich dieses Publikum, dicht nebeneinander auf Holzbänken sitzend, nicht aus den Ärmsten dieser Erde zusammensetzt, mag als Pikanterie empfunden werden. Das Hofmannsthalsche Schauspiel wendet sich in seiner sozialkritischen und in seiner moralischen Tendenz ohne Umwege, Abschweifungen, ohne beschwichtigende Wortverschnörkelungen an eine in Luxus und Wohlleben schwelgende Prassergesellschaft. Es hat Aufrüttelungs-Absicht, soll ins Gewissen stechen. Unter »Gewissen« wird gemeinhin jene »innere Stimme« verstanden, die unnachsichtig Weiß von Schwarz trennt, unsere Handlungen billigt oder mißbilligt. Des Dichters »Jedermann« schenkt seinem Gewissen erst in der Finalphase seines Erdendaseins Gehör. Vielleicht gab sich Hofmannsthal der Erwartung hin, sein Publikum zu einem etwas früheren Gebrauch der inneren Werteskala anregen zu können. Für diese Absicht spricht ein schriftliches Zeugnis von ihm: »Wir sind in der Enge und im Dunkeln in anderer Weise als der mittelalterliche Mensch, aber nicht im minderen Grade; vieles ist uns zu Gebote, aber wir sind keine Gebieter; was wir besitzen sollten, das besitzt uns, und was das Mittel aller Mittel ist, das Geld, wird uns in dämonischer Verkehrtheit zum Zweck der Zwecke ... das Verhältnis zu diesem Dämon ... durchzieht und durchsetzt alle übrigen des Daseins, und es ist erschreckend, bis zu welchem Grade es sie alle bestimmt.«

Ist »Jedermann« ein christliches Theaterstück? Darüber entscheidet die religiöse oder weltanschauliche Einstellung des Zuschauers. Zumindest entspringt es dem mittelalterlichen Geist des »memento mori«, der die Sterblichen zu innerer Einkehr und christlicher Lebensführung mahnt. Die den Text durchziehenden sittlichen Forderungen jedoch sind auch Inhalt anderer Religionen und Weltanschauungsgemeinschaften. Ein Buddhist, ein Moslem, ein Jude kann an den ethischen Gesetzen seiner Glaubenslehre genauso scheitern wie der Christ an den christlichen Geboten. Und alle Gläubigen mögen an irgendeiner Weggabelung ihres Lebens den Wunsch verspüren, mit ihrem Gott ins Reine zu kommen. Insofern ist »Jedermann« zugleich ein christliches und ein überchristliches Werk. Wie den »Totentänzen« ein orientalischer Urmythos zugrunde liegen soll, so soll auch die »Jedermann«-Thematik auf einer 1300 Jahre alten buddhistischen Parabel fußen, die nach Europa gelangte. Um 1490 entstand der englische »Everyman«, anno 1495 der niederländische »Elckerlijk«, 1540 der »Kärntner Jedermann«; 1549 bearbeitete das Thema Hans Sachs, und viele weitere Schriftsteller befaßten sich in Folge mit dem unverwüstlichen Spiel. Hofmannsthal begann sein Werk 1903 und beendete es 1911. Wie er selbst betonte, liegt dem Aufbau dieser »Erneuerung des

alten Spieles« »vornehmlich der anonyme englische Text des
fünfzehnten Jahrhunderts zugrunde (Everyman, a morality play,
gedruckt zu London um 1490)«, ebenso habe er aus »des Hans
Sachs ›Comedi vom sterbend reichen Menschen‹ ... manches
einzelne herübergenommen, zumeist in den Anfangsszenen. In
der Szene der Mutter ist ein gereimtes Gebet eingewoben, das
von Albrecht Dürer stammt. Das Tanzlied und die übrigen Lieder sind einer neueren Sammlung der Minnesänger des drei-
zehnten Jahrhunderts entnommen.«

Uraufgeführt wurde Hofmannsthals »Jedermann« 1911 nicht
in Salzburg, sondern im Zirkus Schumann in Berlin. Max Reinhardt führte Regie. Bleibende Geltung aber errang das Stück –
wieder unter Reinhardts Regie – in Salzburg. Hier wurde es
1920 erstmalig vor der Domfassade gespielt. 1935 notierte Reinhardt: »Was dem ›Jedermann‹ zustößt, das ist unser Alltag geworden. Daß der reiche Mann sterben muß, daß er sein Geld
verliert, die Frau, die er liebt, daß seine Freunde ihn verlassen,
seine Verwandten sich von ihm abwenden, das sind Ereignisse
unseres täglichen Lebens. Wir mußten diese wegrücken vom
Zuschauer und sie durch eine stilisierte Inszenierung von ihm
entfernen. Nur eine Stilbühne konnte die nötige Distanz schaffen zwischen dem Zuschauer und den sich vor ihm abspielenden
Geschehnissen. So stellten wir ein einfaches Brett vor dem Dom
auf und spielten auf ihm, ohne alle Requisiten, im vollen Licht
des Tages. Ohne die Hilfe der Dunkelheit, in der man Lichteffekte erzeugen und die Aufmerksamkeit des Zuschauers auf jeden beliebigen Punkt konzentrieren kann, spielen wir dieses
Spiel, in dem Begriffe personifiziert werden, Begriffe wie der
Glaube, die guten Werke, das Geld. Die Zufälligkeiten des Tages, der Flug der Tauben, das Gewitterige der Atmosphäre,
schieben sich in unser Spiel und verleihen ihm einen eigenarti-
gen immer wechselnden Zauber. Das Brett, die Bühne auf der
wir spielen, wird losgelöst von allem andern und der Zuschauer
fühlt wirklich selbst jene Konzentrierung im vollen Licht des
Tages durch, die wir von ihm verlangen und die ihm durch
Jahrhunderte verlorengegangen war.«

Die Aufführungen des Salzburger »Jedermann« – durchaus
nicht immer in der mittlerweile klassisch zu nennenden Inszenierung von Max Reinhardt – beginnen jeweils in den Nachmittags-

stunden und enden am frühen Abend. Da sie im Sommer stattfinden, wird tatsächlich »im vollen Licht des Tages« gespielt. Das führt (leider) zum Bruch mit der Zeitwirklichkeit des Originaltextes. Hofmannsthal ordnete die rauschende Festbankettszene und Jedermanns Tod zu nächtlicher Stunde an. Des Nachts wird Jedermanns Mutter von einem Knecht, der die Wegleuchte trägt, zur Frühmette geführt, während ihr Sohn, alleingelassen von seinen Gästen, verlassen von seiner Geliebten, in wenigen Minuten sterben wird. Die alte Mutter verharrt am Weg. Bängliche Ahnung erfüllt sie. Sie vermeint, fernen Stimmen, Klängen zu lauschen. Der Knecht will sie beruhigen, zum Weitergehen bewegen, doch sie ist sich sicher:

> *Mutter:* Ich hörs und weiß im Herzen mein,
> Das sind die himmlischen Schalmein.
> So singen sie vor Gottes Thron:
> Das geht auf meinen lieben Sohn.
> Ich spür, zu dieser nächtigen Stund
> Ist seine Seele worden gesund ...
>
> *Knecht:* Wollt Ihr nit kommen, Frau?
> Die Zeit vergeht, es wird schon grau.

Die ist eine Nachtszene wie sie nächtlicher nicht sein kann. Doch was soll's? Beckmesserei ist nicht angebracht. In Salzburg wird mit »Jedermann« dem Publikum ein überwältigendes Erlebnis zuteil: Unter sommerhellem Himmel, vor dem in Sonnengold getauchten Dom erwartet Jedermann seine Gäste. Sie kommen. Zehn Damen und zehn Herren. Seide und Samt glänzen, Geschmeide funkelt. Pagen streuen Blumen und Duftkräuter; Musikanten spielen auf. Dem Zug voran schreitet die »Buhlschaft«, Jedermanns Geliebte. Jung ist sie, so jung, daß der viel ältere Jedermann sich seines »Junggebliebenseins« versichern muß. Er läßt sich von ihr, die nach eigenen Worten »nit auf grüne Buben« steht, versichern, daß sie ihn wahrhaft liebt. Jedermann läßt sich nur zu gerne überzeugen.

Erste Schatten fallen auf die Domwand, die sich dadurch plötzlich verdüstert. Das Gelage nimmt seinen Lauf. Die Tafel bricht unter den angehäuften Näschereien, Früchten, Blumen, Karaffen schier zusammen. Es wird gezecht, gesungen, gegrölt, getanzt, getändelt. Und plötzlich bemerkt Jedermann, starr auf die Gästerunde blickend: »Sie sitzen ja alle im Totenhemd!« Verblüfftes, auch beklommenes Schweigen der Prasser. Sie entschließen sich, dem Gehörten keine Bedeutung zu schenken. Mit seinem nächsten Einwurf vollzieht Jedermann unwillentlich, aber zwangsläufig, seine innere Trennung von seinen vermeintlichen Freunden und von seiner Geliebten:

> *Jedermann:*   ... mir steht zu Sinn,
> Wie ihr da seid hereingelaufen,
> So könnte ich euch alle kaufen
> Und wiederum verkaufen auch,
> Daß es mir nit so nahe ging
> Als eines Fingernagels Bruch.

Auch das lassen die Nutznießer des reichen Mannes nach kurzer Empörung über sich ergehen. Sie wähnen, daß er krank sei, eine »Melancholie« ihn befallen habe. Glühwein bereiten sie ihm. Er faßt sich, fordert sie zu lustbarem Weitermachen auf. Der Festtaumel treibt dem Höhepunkt entgegen. Plötzlich schwingt dumpfes Glockenläuten über den Platz. Jedermann stößt sein Glas von sich. Seine Gäste beobachten ihn verständnislos. Er weiß nicht, daß nur er die Glocken hört. Und nur seinem Ohr sind die einsetzenden Rufe seines Namens zugänglich. Mit Geisterstimmen hallt es von den umliegenden Dächern, von den Kirchtürmen Salzburgs hernieder: »Jedermann! Jedermann ...«.

> *Jedermann:*   Mein Gott, wer ruft da so nach mir?
> Von wo werd ich gerufen so?
> Des werd ich im Leben nimmer froh.

Hilfesuchend blickt er umher.

> ... Ihr liebe Freundschaft, sagt mir an,
> Wer ruft so gräßlich »Jedermann«?

Von blanker Angst gepackt, erhebt er sich.

> Und wer kommt hinter mir heran?
> Auf Erden schreitet so kein Mann.

Der Tod tritt aus dem Dom, der dadurch in genialer Weise in das Spiel einbezogen wird. Jedermanns Gäste springen auf, weichen zurück, fliehen schließlich in panischem Entsetzen. Wie festgebannt bleiben zurück Jedermanns »guter Gesell« und die beiden Vettern. Der Tod bleibt bei Jedermann stehen. Er spricht:

> Von deines Schöpfers Majestät
> Bin ich nach dir ausgesandt,
> Und das in Eil: drum steh ich da.

Jedermann, jäh wissend, was gemeint ist, stellt dennoch die Verzögerungsfrage: »Was will mein Gott von mir?« Ihn will er, den reichen Schwelger, unbekümmerten Lebensgenießer, und zwar ohne Aufschub. Jedermann, von Todesangst getrieben, verwikkelt den Gesandten Gottes in einen Handel um Zeitverlängerung. Bis zum Sonnenaufgang möchte er noch leben, bereuen, in sich gehen. Der Tod, in bestürzender Weise wie der unentwegte Arbeiter auf dem Salzburger Totentanzzyklus reagierend, erklärt kühl, daß er mit Reue und Besserungsabsichten nichts zu schaffen habe. Beides falle aus seinem Aufgabenbereich. Doch der Bitte Jedermanns, ihn wenigstens eine Stunde lang versuchen zu lassen, unter seinen vielen Freunden einen Freund zu finden, der bereit ist, mit ihm aus dem Leben zu scheiden, damit er nicht mutterseelenallein die Sterbefurcht überwinden und vor den höchsten Richter treten müsse, widersetzt sich der Tod nicht. Wäre er Zyniker, würde er ob der Bitte lächeln. Er weiß nur zu gut, daß ein solcher Freund unter Jedermanns Freunden nicht zu finden ist. Und das erfährt Jedermann. Sein »guter Gesell« ebenso seine Vettern weisen das Ansinnen rüde zurück, machen ihm unumwunden klar, daß ihre Freundschaft dem gesunden Jubelspendierer galt, dem Todgeweihten jedoch aufgekündigt wird. Sie verdrücken sich. Jedermann, am Ende seiner Kräfte, unternimmt den Wahnsinnsversuch, seine Geldkiste – Symbol seines Besitzes, und das einzige, was ihm blieb – auf die letzte Reise mitzunehmen. Krachend springt der Kistendeckel auf. Der feiste »Mammon« streckt den Kopf heraus. Hohnla-

Folgende Doppelseite: »Jedermann«-Aufführung auf dem Domplatz mit Helmut Lohner als Jedermann und Sunnyi Melles als Buhlschaft.

chend gibt er dem Sterbenden zu wissen, daß er zeitlebens sein, des »Mammons«, Hampelmann gewesen sei, ein von ihm genasführter Narr, ein Laffe. Jetzt werde er, wie alle anderen, in die Grube gesenkt werden, armselig, hilflos, wie einst aus Mutters Schoß geboren ...

Im Finale wird Jedermann von zwei weiblichen Gestalten zu seinem Grab geführt. Die eine Wegbegleiterin versinnbildlicht seine, wenn auch kümmerlichen »guten Werke«; die andere verkörpert den »Glauben«. Unter Zweifeln vertraut er sich ihr und der von ihr verheißenen Gnade Gottes an. Stumm folgt der Tod den dreien. An der Gruft bleiben sie stehen.

> *Jedermann:* Nun muß ich ins Grab,
> Das ist schwarz wie die Nacht.
> Erbarm dich meiner in deiner Allmacht.
>
> *Glaube:* Ich steh dir nah und seh dich an.
>
> *Werke:* Und ich geh mit, mein Jedermann.

»Werke« in alle Ewigkeit untrennbar mit Jedermann verbunden, steigt mit ihm ins Grab. Sie bittet:

> Herr, laß das Ende sanft uns sein.
> Wir gehen in deine Freuden ein.
>
> *Jedermann:* So wahre jetzt der Seele mein,
> Daß sie nit mög verloren sein ...

Während der »Glaube« die Schlußworte spricht, versinken Jedermann und seine »Werke«.

> *Glaube:* Nun hat er vollendet das Menschenlos,
> Tritt vor den Richter nackt und bloß,
> Und seine Werke allein,
> Die werden ihm Beistand und Fürsprech sein.
> Heil ihm, mich dünkt, es ist an dem,
> Daß ich der Engel Stimmen vernehm,
> Wie sie in ihren himmlischen Reihen
> Die arme Seele lassen ein.

Aus dem Domimeren ertönt der Chor der Engel. Das Publikum ist gebannt. Wir aber reißen uns los und wenden uns dem nächsten Schauplatz zu. Von einer skandalumwitterten Liebe soll diesmal erzählt werden.

Der Bau von Schloß Mirabell
und seine Hintergründe

*Eine unstandesgemäße Liaison –
Wolf Dietrich von Raitenau und Salome Alt*

Zu den ältesten Bürgergeschlechtern Salzburgs zählten die Alts. Durch viele Generationen hindurch zeichneten sich die Familienmitglieder durch Strebsamkeit und Fleiß aus. Die männlichen Alts wählten verschiedene Berufe. Sie waren Bürgermeister, Stadträte, Akademiker, in der Mehrzahl aber betrieben sie Handelsunternehmen, unterhielten Warenlager und Salzstadel. Die Alts wurden reich und blieben es. Das Glück, das sich ja oft den Tüchtigen zugesellt, war mit ihnen.

Als erster ihres Namens in Salzburg gilt Toman Alt. 1457 hatte ihm König Ladislaus zu Prag ein österreichisches Lehen, einen Meierhof und ein Gut, überantwortet. Drei Jahre später leistete er in Salzburg den Bürgereid. Glück hatten die Alts auch in der Wahl ihrer Ehefrauen. Sie heirateten Mädchen aus angesehenen Familien, die es verstanden, ihr persönliches Renommee als Hausherrin und Erzieherin ihrer Kinder zu mehren. Ludwig Alt, geachteter Salzburger Bürger, heiratete 1475 die Tochter des Hofschreibers Wilhelm Pürstinger, eine Schwester des Chiemseebischofs Berthold. Das Totenverzeichnis von Sankt Peter weist die Verstorbene anno 1516 als »honesta matrona« aus. Auch die Töchter des Hauses Alt trugen zur Veredelung des Familienrufes bei. Sie waren begehrte Partien. Undenkbar, daß sie sich mit der Rolle einer »Buhlschaft« abgefunden hätten. Sie erwarteten von ihren Bewunderern, rechtmäßig geehelicht zu werden. Doch jede Regel hat ihre Ausnahme. Diese Ausnahme bildete SALOME ALT. Sie war das jüngste der sieben Kinder von Wilhelm und Magdalena Alt. Wir dürfen voraussetzen, daß sie auch das schönste Kind dieses Elternpaars war. Authentische Bildnisse von ihr sind bedauerlicherweise nicht erhalten, liebevolle Legende beharrt jedoch darauf, daß eine von Blättergewirr umspielte Brunnenschöne im Garten des Schlosses Mirabell-Altenau ihre Züge trägt. Einzelnen Legendensüchtigen dünkt das zu wenig. Sie wollen auf einem Altarbild in der

*Mirabellgarten, Susannabrunnen: der Legende nach
trägt die »Badende« Salome Alts Züge.*

Augustinerkirche des Städtchens Mülln bei Salzburg Salome Alt
und Fürsterzbischof Wolf Dietrich von Raitenau als Maria und
Josef erkannt haben. Besagtes Bild ist jedoch eine Kopie nach
Otto van Veen, dem Lehrer von Peter Paul Rubens. Das Original ist Eigentum eines Waisenhauses in Antwerpen. Ein kleines
Medaillon-Porträt – als Leihgabe in einem Raum der Residenz
ausgestellt – dürfte hingegen mit größtmöglicher Wahrscheinlichkeit Salome Alt zeigen. Das kindliche Antlitz wird von
braunrötlicher Haarflut umrahmt. Edelsteine und Blumen
schmücken die Locken. Fragend blicken die dunklen, auffallend
großen Augen. Rosig schimmern die jugendlichen runden Wan-
gen. Um den molligen Hals hängt glitzerndes Geschmeide.

Spinnwebdünne Spitzen decken die Schulterpartie der nachtfarbenen Robe. Ein Mädchen aus dem Märchen. Konnte es überraschen, daß WOLF DIETRICH VON RAITENAU seine schönheitsdurstigen Sinne samt seinem stabilen Körper dieser Geliebten anvertraute? Die Großäugige sehen und in Liebe entbrennen, war eine Angelegenheit von Sekunden. Die Folgen dauerten entschieden länger. Zunächst machten sie – so sagt es die Überlieferung – eine Scheintrauung notwendig, die Salomes Abneigung gegen eine regelwidrige Verbindung, noch dazu mit einem hohen geistlichen Würdenträger, überwinden half. Sollte das Zeremoniell stattgefunden haben, werden die beiden Liebenden es als unauflösbares Eheversprechen empfunden haben.

Die unumgängliche Folge war der Bau eines Schlosses. Zwar wurde es nur ein kleines Schloß mit lauschigem Garten, aber es bot Wolf Dietrich, Salome und ihren zahlreichen leiblichen Nachkommen langjährige Bleibe. »Altenau« sollte das Schloß heißen, und »von Altenau« durfte sich Salome nennen, nachdem sie von Kaiser Rudolf in den Adelsstand erhoben worden war. Jenseits der Salzach, in der Andräer Vorstadt, entdeckte Wolf Dietrich den geeigneten Platz für das Liebesnest. Für die Wahl des Bauortes war ausschlaggebend, daß Wolf Dietrich von den Fenstern seiner Räume auf der Hohensalzburg über die Stadt hinweg zu Salomes Fenstern blicken konnte. Der Chronist Johann Stainhauser beschrieb 1615 das Gebäude, das »der hochwürdigst Fürst und Herr Wolff Dietrich, Erzbischove zu Salzburg, Legat des Stuhls zu Rom«, errichten ließ, nämlich »ein schöns, groß, geviert, herrliches Gebäu, wie ain Schloß oder Festung, mit einem wolgezierten, von Blech gedeckten, glanzeten Thurm, und inwendig, auch außen herum, mit schönen Gärten von allerlei Kräutlwerk, Baumgewächs und Früchten geziert und versehen ... Altenauen genannt«.

Die Nachfolger Wolf Dietrichs auf dem Bischofsthron vertrieben Salome Alt und bauten Schloß Altenau zur erzbischöflichen Sommerresidenz mit dem Namen »Mirabell« aus. An die einstigen, so unverfroren in »wilder Ehe« lebenden Liebenden sollte nichts mehr erinnern. Etwas überheblich diese Handhabung, denn Wolf Dietrich war nicht der einzige geistliche und weltliche Fürst, der einer Liebe verfiel. Er verfügte aber über Mannesmut genug, der Frau seines Herzens nicht in verborgen

Erzbischof Wolf Dietrich von Raitenau (1587-1612),
Salzburger Museum Carolino Augusteum.

gelegenen Behausungen seine Aufwartung zu machen. Sein direkter Nachfolger Markus Sittikus Graf von Hohenems verhielt sich in ähnlicher Lebenslage geschickter.

Mit der Namensänderung des Schlosses sollte also nach dem Willen der Kirche jedes Gedenken der Bevölkerung an Wolf Dietrich und Salome getilgt werden. Es kam anders. Ganz Salzburg sprach und schwärmt fortdauernd von den beiden. Lichtvolle Heiterkeit beherrscht die Stadt mit ihren unter Wolf Dietrichs Ägide entstandenen Plätzen und hellen Prachtbauten. Fontänengeglitzer, Rosengärten beschwören Gedanken an die dunkellockige Salome herauf. Da wird es unwichtig, daß die spektakulären Liebenden durch Schloß Mirabell in seiner heutigen Form nie geschritten sind. Doch wer zu lauschen vermag, der vernimmt ihr Lachen, ihre Neckereien in den versteckten Gartenwinkeln, im »Heckentheater«, auf der Prunkstiege des Schlosses. Begeben wir uns schnurstracks dorthin.

Jeder Salzburg-Gast wird während seiner Spaziergänge eine Feststellung machen: In dieser Stadt wird gemalt. An allen Ekken Salzburgs hocken sie und pinseln irgendeinen Blickfang auf Leinwand oder Papier. In den Gassen kauern Pflastermaler auf dem Asphalt; sie erfreuen die Zuschauer durch die großflächige Wiedergabe berühmter Gemälde mit heiligen, teils auch unheiligen Motiven. Malsucht ist mithin nichts Auffälliges in der Domstadt. Auch der Zeichenkünstler im Bastionsgarten, im sogenannten **Zwerglgarten** von Schloß Mirabell, würde keinem Besucher auffallen, wenn er nicht zufällig einsam und allein auf dem weiten Rasenfeld säße. Um ihn herum bilden fünfzehn Marmorzwerge einen weitläufigen Kreis. Herbstlaub umwirbelt den Künstler. Es stört ihn nicht. Versunken zeichnet er eine Zwergendame. Ihr mißlich verwachsener Körper steckt in einem barocken Kleid, das Haar bedeckt ein kostbarer Kopfschmuck. In ihrer Schürze trägt die Zwergin Obst. Mit verhaltenem Lächeln hält sie einen Apfel in die Höhe. »Willst du?«, scheint sie zu locken. Den Maler hält es nicht länger auf seinem Platz. Er läßt Stift und Block ins Gras gleiten, erhebt sich und tritt zu ihr. Er streichelt ihre Wange, faßt sie beim Arm. Es sieht aus, als wolle er sie zum Tanz führen. Welke Blätter rieseln auf beide nieder. Welch ein Anblick! Ein Photograph reißt den Apparat hoch. Der Künstler bemerkt ihn, nimmt dann die anderen Spaziergänger wahr. Mißbilligend schüttelt er den Kopf. Diskret wendet man sich den übrigen vierzehn Marmorlingen zu.

Einstmals sollen 24 oder 28 Zwerge den Bastionsgarten bevölkert haben. Erzbischof Franz Anton Fürst von Harrach (1709-1727) hatte sie, einer damals grassierenden Mode folgend, um 1715 anfertigen lassen. Sie stellen keine pfiffigen Kobolde dar, sondern monströse Wesen. Kleinwüchsige, mißgestaltete Menschen wurden in der Barock-Epoche an vielen europäischen Fürstenhöfen als Bedienstete gehalten, dienten wohl auch zur Belustigung der mit normalem Körperbau Ausgestatteten. Eine morbide Geschmacksrichtung damaliger Zeit. Die Salzburger Zwerge sind abstoßend häßlich – und dennoch auf bedrückende Weise faszinierend. Es gibt den »Fischer« und den »Holzhakker«; zwei mit Schlagärmeln ausgerüstete skurrile Gesellen stürmen einander entgegen. Angeblich spielen sie »Pallone«, ein italienisches Schlagballspiel. Der Bauch des »Vielfraßes« wölbt sich bis unters Kinn, die »Zwiebelträgerin« und den »Jäger« verunstalten Kropf und Höcker, dem grinsenden »Waldmenschen« wächst eine riesige Warze auf dem Kopf, der »Arzt« streckt die lange Zunge raus. Verständlich, daß Kronprinz Ludwig von Bayern, der während der bayerischen Besetzung Salzburgs, 1810 bis 1815, im Schloß Mirabell residierte, die Zwerge allesamt entfernen ließ, und zwar aus Sorge um seine schwangere Frau. Er fürchtete, daß sie ob der Mißgestalten erschrecken, seelischen und leiblichen Schaden nehmen könnte. Mit seiner Furcht gab er unfreiwillig zu, insgeheim an Übertragungszauber, »bösen Blick« und dergleichen zu glauben. Die Zwerge wurden versteigert, in alle Himmelsrichtungen verstreut. Die nun wieder versammelten fünfzehn »Zwergl« kehrten auf abenteuerlichen Umwegen in ihren Heimatgarten zurück.

Über eine kleine Treppe, die von zwei Löwen flankiert wird, gelangt man zum *Pegasusbrunnen* vor dem Gartenportal des Schlosses. Die Bronzefigur, 1661 von Kaspar Gras geschaffen, fand erst später als Brunnenfigur Verwendung. In diesem Garten ist alles möglich, und so kann es passieren, daß man beim »Pegasus« auf einen Rezitator stößt. In Blickrichtung des kupfernen, gerade von der Erde abhebenden Flügelrosses zitiert er lauthals einer fassungslos lauschenden Seniorinnen-Gruppe einen Vers Georg Trakls:

> Am Abend, wenn die Glocken Frieden läuten,
> Folg' ich der Vögel wundervollen Flügen,
> Die lang geschart, gleich frommen Pilgerzügen
> Entschwinden in den herbstlich klaren Weiten.

Die Damen nehmen, nicht ohne sich für die Gartenführung einschließlich Rezitation mit einem Salär bedankt zu haben, unaufhaltsam Reißaus. Wir aber treten ins **Schloß Mirabell**. Der Vierflügelbau erhielt seine jetzige Gestalt nach dem großen Brand von 1818. So gut wie nichts mehr erinnert an das Lustschloß Wolf Dietrichs und Salomes, das unter Erzbischof Franz Anton von Harrach von dem neben Fischer von Erlach bedeutendsten österreichischen Baumeister, Johann Lukas von Hilde-

brandt, in den Jahren 1721 bis 1727 zu einer einheitlichen barocken Schloßanlage zusammengefaßt worden war. Aus dieser
Zeit sind noch das Vestibül, der große Saal und die Kapelle
erhalten, nicht zu vergessen das Treppenhaus, dessen beeindruckende Wirkung im wesentlichen durch das Geländer und
den Skulpturenschmuck des bedeutenden niederösterreichi-
schen Bildhauers GEORG RAPHAEL DONNER bestimmt wird.
Rundliche Putten thronen auf den Kämmen sich überschlagen-
der Wellen und machen den Aufstieg zum Spiel.

Die Wandnischen enthalten Figuren aus der griechischen
Mythologie und sind ebenfalls Werke von Georg Raphael Donner. Das Deckenfresko von Bartholomeo Altomonte und Gaeta-
no Fanti (1723), wurde 1818 beim Brand zerstört.

Die vom Ausbrennen verschont gebliebene Prunkstiege sowie
den pompösen Marmorsaal sahen Wolf Dietrich und Salome
nie, denn als beides entstand, war er schon über hundert und sie
fast hundert Jahre tot. Doch die Prunkstiege mit den wellenrei-
tenden Putti hätte Salome belustigt. Man glaubt sie kichern zu
hören: »Aufwärts geht's.« Der *Marmorsaal* schwelgt in Farben-
reichtum, obgleich auch hier der Brand das Deckenfresko von
Rottmayr zerstörte. Die prächtige Ausstattung mit dem farbigen
Stuckmarmor und dem reich gemusterten Fußboden aus verschiedenen Marmorsorten ist jedoch erhalten geblieben. In der
Saalmitte steht ein feierlich mit Kerzen und Blumengebinden
geschmückter Tisch. Hier heiraten Salzburgs Bürger standes-
amtlich. »Wollen wir auch?«, könnte Salome spitzbübisch dem
Wolf Dietrich zuwispern. »Zu spät, mein Lieb'«, würde er dann
brummen.

Sobald man das Schloß verlassen hat, sollte der Streifzug
durch den 1687 von Johann Bernhard Fischer von Erlach im
Auftrag Erzbischof Johann Ernsts Graf von Thun (1687-1709)
als französischer Park umgestalteten **Mirabellgarten** beginnen.
Über eine schier endlose Fläche ziehen sich von Wegen durch-
kreuzte Rasenbeete, die mit Blumenschlangen in Stukkatur-Ma-
nier übersät sind. Einen kleinen Wolfshundrüden schert die flo-
rale Pracht wenig. Im unbewachten Augenblick wälzt er sich in
den Stiefmütterchen. Die blauen bevorzugt er. Sein Herr stürzt
ihm nach, bekommt ihn zu fassen und verdrischt ihn. Mitleid-
volles Gemurmel seitens der Gartenbesucher. Wenig später

erreicht der pechschwarze Welpe das große Brunnenbassin. Tolpatschig krabbelt er auf den Beckenrand. Noch Sekunden, und er wird ins Wasser plumpsen. Rechtzeitig rettet ihn sein Herr vor dem Ersaufen. Unberührt von allem Geschehen im Mirabellgarten vollziehen die in der Nähe des Bassins postierten mythischen Skulpturen des *Fontänenbrunnens* schicksalsträchtige Kraftakte. Auf vier hochgetürmten Gesteinsblöcken verewigte Ottavio Mosto ab 1689 der Menschen und Götter Tun und Treiben. Die Steinsockel versinnbildlichen die vier Elemente. Der Sockel des »Feuers« zeigt züngelnde Flammen. Auf ihm trägt Äneas seinen Vater Anchises aus dem brennenden Troja. Auf dem von Gewürm und Schnecken bekrochenen Sockel der »Erde« ringt Herkules mit dem Riesen Antäus, den er nur bezwingen kann, wenn dessen Füße nicht den Boden berühren. Herkules stemmt ihn in die Höhe und erwürgt das Ungeheuer sozusagen zwischen Himmel und Erde. Seltsame Blumen, Pflanzen winden sich über den Sockel der »Luft«, wo Pluto die Proserpina in die vegetationslose, ewig eisige Unterwelt entführt. Kehrt sie wieder zurück, beginnt der Frühling. Anker und Muschel kennzeichnen den Sockel des »Wassers«. Keine geringere als die schöne Helena hängt zappelnd auf der Schulter von Paris. Von Frauenraub kann keine Rede sein. Die Langlockige jauchzt, der trojanische Prinz trägt sie frohlockend aufs Schiff. Doch damit erschöpft sich der mythische Figurenreigen noch nicht, der schon den Dichter Karl Heinrich Waggerl in seiner Jugend bezauberte: »Meine eigentliche Zuflucht aber blieb der Garten Mirabell, auch im Winter, wenn mich der kahlköpfige Gärtner stundenlang im warmen Glashaus sitzen und die Namen seiner Sämlinge in krausem Latein auf gelbe Brettchen malen ließ, bis der Frühling wiederkam. Längst war mir alles wohl vertraut, die Goldfische im Wasserbecken, die Figuren aus der Antike, in rätselhafte Balgereien verwickelt, der traurige Adler im Vogelhaus, die Laubengänge und das Labyrinth hinterwärts, in dem sich die Leute immer paarweise verliefen ...«

Eine weitere, schlohweiße, unverkennbar hehre Götterparade findet an der Außenseite des Haupteingangs zum Mirabellgarten

Schloß Mirabell: barocke Prunkstiege von Georg Raphael Donner, um 1725.

statt. Auf der Balustrade reihen sich Skulpturen der männlichen Gottheiten Chronos, Bacchus, Jupiter, Mars, Herkules, Vulkanus, Merkur und Apoll in Wächterpose. Die das Portal beschirmenden »Faustkämpfer« – Kopien des »Borghesischen Fechters« – holen zum Stoß aus. Aber verheißungsvoll lächeln an der Garteninnenseite die Göttinnen Diana, Flora, Minerva, Ceres, Pomona, Venus, Vesta und Juno den Betrachter an. Ein Wüstling könnte in vorschneller Freude wähnen, in einen »Garten der Lüste« gelangt zu sein.

Ohne jegliches Gewirbel von marmornen Armen, Beinen und Locken, Schleiern präsentiert sich ein Nebenhof, der ehemalige *Orangeriegarten.* Zum Verweilen einladend plätschert ein Brunnen. Mittendrin sitzt Wolfgang Amadeus Mozarts unsterbliche Vogelfrau Papagena aus der »Zauberflöte«. Ihren Kopf und ihre Hand zieren Piepmätze. Hellauf würde Salome lachen, und es ist, als vernehme man die Stimme der unsichtbaren Gartengängerin: »Vögelchen hatten wir auf den Gobelins und ›piep, piep‹ machten wir selber.«

Geraume Zeit verstreicht, wenn man alle Einzelheiten des Parks in Augenschein nehmen will. Es kann später Nachmittag werden; Nebel fällt ein, webt zarte Gespinste über die dickstämmigen Alleebäume und den schummerigen Laubengang. Alle Farben verändern sich. Die hohen von Fischer von Erlach entworfenen Steinvasen geistern grau aus grünblauem Pflanzenwirrwarr. Die Blüten roter Rosenbüsche glänzen schwärzlich. Durch einen kleinen Irrgarten, auch Labyrinth genannt, gerät man plötzlich ins 1717 angelegte *Heckentheater.* Vor den kulissenartig gepflanzten Heckenreihen erstreckt sich ein tiefer Orchestergraben, an dessen rechter und linker Begrenzung je ein Löwe kauert. Das Laub der Hecken leuchtet kupfern. Es bedarf nicht viel Phantasie, um Papagena und ihren Herzensvogel Papageno aus dem Blätterdickicht hervorhuschen zu sehen. Mutwillig zausen sie ihr Federkleid, umschlingen sich, purzeln zu Boden, rollen sich im rotgoldenen Laub und verschwinden so lautlos, wie sie gekommen.

Endlich geht man durch die dunkle Allee dem stillen Platz zu, den ein Brunnen krönt. Man befindet sich im einzigen, original erhaltenen Teil des Gartens, den Wolf Dietrich für Salome einrichten ließ.

Dazu richt ich den Garten mit Fleiß
Und stell inmitten ein Lusthaus hin,
Das bau ich recht nach meinem Sinn
Als einen offenen Altan
Mit schönen steinernen Säulen daran,
Auch springende Wasser und erze Bild,
Die sollen nicht fehlen zur vollen Zier,
Und dann ich die Anlag also führ,
Daß unter dem Morgen- und Abendwind
Ein Ruch von Blumen mancher Art
Daherstreich allezeit gelind
Von Lilien, Rosen und Nelken zart.
Auch führ ich jederseits Gäng und Bogen
Von Buschwerk, alls so dicht gezogen,
Daß eines noch zu hellem Mittag
Sich Kühl und Frieden finden mag
Und einen ungequälten Ort,
Der von der Sonne niemals dorrt.
Desgleichen an einer verborgenen Stätte
Recht wie der Nymphe quillend Bette
Laß ich aus kühlem glatten Stein
Eine fließende Badstub errichtet sein ...
Das will ich meiner Liebsten einbinden
Und nehm sie dann an beide Händ
Und führ sie hinein, damit sie erkennt
In diesem Gärtlein köstlich und mild
Ihr eigen abgespiegeltes Bild.
Die allzeit liebreich mich ergetzt
Mit Hitz und Schattenkühl mich letzt
Und einem verschlossenen Gärtlein gleich
Den Gärtner selig macht und reich.

Das sprach nicht Wolf Dietrich, das ist »Jedermanns« Text. So
stellte dieser sich den Garten seiner »Buhlschaft« vor. Die Ge-
schenke der Liebe pflegen sich im großen und ganzen zu ähneln.
Und da sehen wir sie nun, die legendäre Badende: Salome Alt.
Sie sitzt auf dem Brunnenrand, der Fuß senkt sich dem Wasser
entgegen. Die Kinderaugen träumen ins Weite. Schön war sie,
doch glücklich nur, solange ihre Verbindung mit Wolf Dietrich
von Raitenau währte, rund zwanzig Jahre, in denen sie ihrem
Geliebten nicht weniger als zehn Kinder schenkte.

Doch auch Märchen währen nicht ewig. Nachdem der Erzbischof im unseligen Krieg um die Salzhandelsrechte den Bayern unterlegen war, wurde er seiner Ämter enthoben und auf der Festung Hohensalzburg in entwürdigender Haft gehalten, aus der er trotz seines Verzichts nicht nur auf das Erzbistum selbst, sondern auch auf die Herrschaft über das Land Salzburg, nicht freigelassen wurde. Es wurden nicht weniger als 147 Anklagepunkte gegen ihn gesammelt, doch ein Prozeß fand niemals statt. Sein Vetter und Nachfolger, Markus Sittikus, der aus einem Unterlegenheitsgefühl gegenüber Wolf Dietrich in ständiger Angst vor diesem lebte, versuchte seine Macht dadurch zu demonstrieren, daß er sich bis zuletzt schäbig gegenüber seinem Häftling verhielt. Wolf Dietrich von Raitenau starb nach fünfjähriger Festungshaft um die Mittagszeit des 16. Januar 1617, gefürchtet und gehaßt von seinen Gegnern, aber geliebt von Salzburgs Bürgern. Und – als ginge es mit dem Teufel zu – je länger er tot war, um so größer wurde diese Liebe. So hat Wolf Dietrich letztlich doch über seinen Nachfolger triumphiert, und ihm und seiner Salome entkommt in der Stadt an der Salzach niemand.

Nachzutragen wäre noch, daß Salome Salzburg unter Inkaufnahme beträchtlicher Vermögensverluste verließ, oder auch verlassen mußte. Wolf Dietrich hatte in den Augen seiner Feinde den unverzeihlichen Fehler begangen, in Salome nicht die »Mätresse« zu sehen – wie es probater Herkömmlichkeit entsprochen hätte –, sondern in ihr die Ehefrau mit nachfolge- und erbberechtigt erklärter Kinderschar zu achten. Salome fand in Wels (Oberösterreich) Zuflucht und starb dort anno 1633.

Wir trennen uns von ihrer Zaubergartenregion mit dem Anfang des Mirabell-Gedichts von Trakl:

Ein Brunnen singt. Die Wolken stehn
Im klaren Blau, die weißen, zarten.
Bedächtig stille Menschen gehn
Am Abend durch den alten Garten.

Der Ahnen Marmor ist ergraut.
Ein Vogelzug streift in die Weiten.
Ein Faun mit toten Augen schaut
Nach Schatten, die ins Dunkel gleiten ...

Wir wollen dem toten Wolf Dietrich von Raitenau bis zu seiner letzten Ruhestätte folgen. Als einziger der neuzeitlichen Salzburger Kirchenfürsten liegt er nicht im Dom begraben. Wie das Schloß Mirabell ließ er auch seine Grablege, ein Mausoleum, jenseits der Salzach, also außerhalb des geistlichen Terrains anlegen. Von der Linzer Gasse aus, wo einst die mittelalterliche Stadt endete, betritt man den **Sebastiansfriedhof**. Er liegt im Schutz der gleichnamigen Kirche, deren Vorgängerbau zu Beginn des 16. Jahrhunderts errichtet wurde. Der Friedhof existierte jedoch bereits 1499. Er war den Pesttoten, Aussätzigen und sonstigen Elenden vorbehalten. Das änderte sich unter Wolf Dietrichs von Raitenau Ägide. Er ließ ihn nach dem Dombrand von 1598 und der Auflassung des alten Domfriedhofs im Zuge seiner ehrgeizigen Stadterneuerungspläne, italienischen Vorbildern folgend, als imposanten Campo Santo neu gestalten. Ausführender war Andrea Bertoleto aus Como. Auch Friedhöfe haben ihre Geschichte. Und so wurde aus dem einstigen Ruheacker für gesellschaftliche Außenseiter ein Bürger- und schließlich Prominentenfriedhof. Angehörige bekannter Salzburger Familien ruhen in den 88 Arkadengrüften. Im Mittelteil des Friedhofs, auf ausgedehnter Rasenfläche, erhebt sich das leuchtend weiße *Grabmal der Familie Mozart*. Das Erdreich birgt den 1787 gestorbenen Leopold Mozart, den Vater von Wolfgang Amadeus. Hinzugebettet wurden Wolfgang Amadeus' Witwe Constanze (gestorben 1842) und ihr zweiter Ehemann Nikolaus von Nissen (gestorben 1826). Konstanzes Tante Genovefa von Weber (gestorben 1789), Mutter des Komponisten Carl Maria von Weber, fand ebenfalls Bleibe im Mozartschen Familiengrab. Wolfgang Amadeus selbst wurde in Wien, in einem Reihengrab des Friedhofs Sankt Marx beerdigt. Davon wird später aber noch zu sprechen sein.

Der Sebastiansfriedhof versetzt den Besucher gefühlsmäßig in die kunstvolle Ordnung eines englischen Gartens. Dieser Ein-

Sebastiansfriedhof: Gräber von
Constanze von Nissen, Leopold Mozart und Genovefa Weber
(Mutter Carl Maria von Webers).

druck wird durch die sattgrünen Rasenflächen, durch die wind-
bewegten Wipfel hoher Bäume erzeugt. Unweigerlich lenkt
man die Schritte zu einem tempelartigen Gebäude im Zentrum
der monumentalen Friedhofsanlage, das die sterblichen Überreste Wolf Dietrichs von Raitenau birgt: die **Gabrielskapelle**.
Der helle freistehende Kuppelrundbau wurde noch zu Lebzeiten
des Erzbischofs nach Entwürfen von Elia Castello errichtet, der
seine letzte Ruhestätte ebenfalls auf dem Sebastiansfriedhof
fand. Auf kreisförmigem Grundriß errichtet, greift das Bauwerk
auf einen Architekturtypus zurück, der bereits in der römischen
Antike für Mausoleen verwendet wurde und der im Gedanken
des Zentralbaus in der italienischen Renaissance-Architektur be-
stimmend wurde. Ebenso wie diese Idee einen bleibenden weltlichen Herrschaftsanspruch formuliert, drückt die typologische
Anknüpfung an die Rotunde der Kirche des »Heiligen Grabes«
in Jerusalem eine religiöse Hoffnung aus: die Hoffnung auf Auferstehung und ewiges Leben. Beim Eintreten umschließt den
Besucher ein einzigartiges Bauwerk abendländischer Architektur
von edlem Charakter. Glasierte Keramikfliesen in den Farben
Weiß, Gelb, Grün und Blau verkleiden die Wände zur Gänze
und bilden ein lebhaftes Muster. Sie wurden nach einer Idee
Wolf Dietrichs von dem Salzburger Haffner Hans Khop geschaffen.

Gewollte geistige Kühle weht im Raum. Die Wandvertiefun-
gen füllen die bleichen *Kolossalskulpturen* der vier Evangelisten.
Engelshermen äugen aus der Höhe. In der Bodenmitte der Kapelle erlaubt ein Durchblick, in die *Gruft* mit dem Sarg Wolf
Dietrichs zu schauen. Lediglich zwei *Bronzetafeln* links und
rechts der Nische des Altars mit Altarbild von Jakob Zanusi, der
erst Mitte des 18. Jahrhunderts aufgestellt wurde, weisen auf den
Schläfer hin. Ihre Inschriften enthalten Angaben zum Bau der
Grabkapelle und eine Verfügung Wolf Dietrichs, wie seine Be-
erdigung abzuhalten sei. Er verbat sich jedweden Pomp, unter-
sagte das Tragen von Trauerkleidung. Er wollte »mitten unter
seinem Volke ruhn«. Seine Diener, die ihn während der Gefan-
genschaft auf der Hohensalzburg betreut hatten, und sechs
Franziskanermönche sollten ihn zu vorgerückter Nachtstunde
geleiten. Sein erzbischöflicher Nachfolger, Markus Sittikus Graf
von Hohenems, ließ diese Willenserklärung unbeachtet. Er ze-

lebrierte die Trauerfeierlichkeiten als gelte es, einen langjähri-
gen Freund und nicht etwa einen endlich verstorbenen Feind zu
bestatten. Solch ein Ausmaß an Heuchelei empörte die Salzburger. Doch die Diskrepanz zwischen Herzenstrauer und Beiset-
zungsgepränge hat wohl niemand schmerzlicher erahnt als Wolf
Dietrich von Raitenau.

Noch eines weiteren respektablen Menschen, eines Außenseiters
von hohem Grade, ist auf dem Sebastiansfriedhof zu gedenken.
In der Durchgangshalle zwischen Kirche und Friedhof stößt
man auf das *Grab* des Naturforschers und Arztes Philippus Aureolus Theophrastus Bombastus von Hohenheim (1493-1541).
Weltberühmt war er unter dem Namen *Paracelsus*. Er begründe-
te eine chemische Biologie und Pathologie, die an die Stelle der
überlieferten Elemente- und Säftelehre Planeten und andere
Kräfte setzte, die er chemisch (Salz, Schwefel, Quecksilber) oder
astronomisch benannte, und sah die Hauptaufgabe der Chemie
darin, zu heilen und zu reinigen. Der in Einsiedeln in der
Schweiz Geborene starb am 24. September 1541 in Salzburg. Als
lebenslanger, ruheloser Wanderer fand er auf dem Sebastiansfriedhof eine Heimstatt. Auf Veranlassung Unbekannter wurden
seine Gebeine anno 1752 vom allgemeinen Totenfeld in die
Durchgangshalle umgebettet. Ein Prunkgrabmal wurde gesetzt,
eben dieses, zu dem man nachdenklich emporblickt. Es enthält
die ursprüngliche schlichte Grabplatte und ein Paracelsus-Re-
liefporträt. Mißtrauisch beobachtet worden war er von vielen
seiner Zeitgenossen, mißverstanden, als »Scharlatan« beschimpft sogar bis in spätere Zeiten. Widersprüchlichste Angaben und Aussagen existieren über seine Person, über seine Wirkung auf Menschen.

In seinem Todesjahr lebte der Ruhelose in Salzburg. Sein
Wohnhaus »Platzl Nr. 3« trägt eine Gedenktafel und sein Bildnis. Gestorben ist er im Wirtshaus »Zum weißen Roß« in der
gekrümmten Kaigasse. Zwielichtiger Phantast? Wissenschaftli-
cher Scharlatan? Moeller van der Bruck äußerte 1906 eine andere Ansicht: »Mit Paracelsus war die Bahn frei gemacht, um die
Welt aus ihrer Tiefe herauf und in ihre Höhe hinein im Geiste
des Menschen noch einmal aufzubauen. Er selbst hatte ihr den
festen Unterboden der Erde gegeben. Doch darüber her zogen

*Denkmal für den Naturforscher und Arzt
Philippus Aureolus Theophrastus Bombastus von Hohenheim (1493-1541),
genannt Paracelsus, von Josef Thorak im Kurpark.*

auch bei ihm schon wieder die Sterne. Er schon hätte uns sagen können, daß wir, wenn wir mit unserem Denken das Wirkliche durchforschen, doch nur nach dem Ewigen im Wirklichen suchen. In seiner Empirie lag bereits die Vision. Seine Physik schloß Metaphysik ein. Das Ding an sich, ewig weichend vor jeder menschlichen Berührung, war für einen Augenblick persönlich ergriffen. Und in diesem Mann haben die Menschen nichts als einen Geheimniskrämer gesehen.«

Von der Durchgangshalle aus werfen wir durch ein formschönes, 1752 von Philipp Hinterseer geschmiedetes Abschlußgitter einen Blick in die **Sebastianskirche**. Der 1505 bis 1512 errichtete gotische Vorgängerbau der Kirche war Mitte des 18. Jahrhunderts durch Kassian Singer im spätbarocken Stil umgestaltet worden. Das Hauptportal der Kirche befindet sich in der Linzer Gasse, an der Südflanke der Kirche, die aufgrund von deren Lage gleichzeitig die Schauseite bildet. Es geht auf einen Entwurf Franz Anton Danreiters zurück und wurde 1754 von Josef Anton Pfaffinger geschaffen. Nur die wenigsten der originalen Ausstattungsstücke haben den schlimmen Brand von 1818 überdauert, darunter das erwähnte Gitter und die Holzplastik einer Strahlenkranz-Madonna (1610) von Hans Waldburger, die heute auf dem Hochaltar steht. Für Paracelsus verkörperte die Heilige Jungfrau, Gottesgebärerin, den »unbefleckten Geburtsweg in diese Erdenwelt, würdig der zeugenden Empfängnis aus dem Heiligen Geiste«. Katholische Gläubige, welche die Überzeugung hegen, daß keine an die Himmelskönigin gerichtete Bitte unerfüllt bleibt, murmeln vor ihr ein Gebet. Wir treten aus der Kirche. Noch einmal gleitet der Blick über die Rasenweite zum Mausoleum Wolf Dietrichs. Außenseiter auch er – das ist die einzige, flüchtige Verbindung zwischen den beiden berühmten Schläfern dieses Friedhofs. Erwähnenswert wäre noch, daß Erzbischof Markus Sittikus keinen Hinweis auf das Sterbedatum seines Amtsvorgängers in dessen Mausoleum anbringen ließ. Unser Interesse soll nun der problematischen Persönlichkeit des Markus Sittikus von Hohenems gelten, der seiner Bischofsstadt bedeutende Bauwerke bescherte.

Sebastianskirche, Hochaltar:
Strahlenkranzmadonna von Hans Waldburger, 1610.

Schloß Hellbrunn und sein Bauherr
Markus Sittikus Graf von Hohenems

Schloß Hellbrunn liegt etwa fünf Kilometer südlich von Salzburg am Ende der Hellbrunner Allee, die bei Schloß Freisal im Nonntal beginnt. Am Hellbrunner Berg, der reich an natürlichen Quellen war, lagen schon im 15.Jahrhundert die Fischweiher der Salzburger Bischöfe. Markus Sittikus Graf von Hohenems (1612-1619) suchte diese Umgebung als Ambiente für seine »Villa suburbana« aus. Kurz nachdem er zum Erzbischof gewählt worden war, ließ er mit der Errichtung der Anlage beginnen, die 1615 nach zweijähriger Bauzeit fertiggestellt wurde. Was auch heute noch einen der besonderen Reize von Hellbrunn ausmacht, ist die Tatsache, daß sich der ursprüngliche Zustand der manieristisch-frühbarocken Schloß- und Gartenanlage nahezu unverändert erhalten konnte.

Wer sich dem Schloß mit den sinnverwirrenden Wasserspielen nähert, nähert sich dem Menschen Markus Sittikus von Hohenems; seinen Titel »Fürsterzbischof« sollte man im Bannkreis von Schloß Hellbrunn außer acht lassen. Der Mensch Markus Sittikus geistert durch die Überlieferung als unnahbar, verschlossen, intrigant, machtgierig. Strenggläubigkeit, gepaart mit tiefer Skepsis werden ihm nachgesagt. Aber Skeptikern haftet schnell der Verdacht des Ruchlosen an. Daß jeder Mensch, wenn er nur alt genug wird, in schuldhaftes Verhalten, in seelische Verstrickungen geraten kann, würde ein moderner Anwalt entschuldigend für ihn geltend machen. Zweifellos verfügte Markus Sittikus über absonderlichen Humor. Daß sich dieser Humor mutmaßlich aus Verwundbarkeit, aus dem Wissen, ungeliebt und angefochten zu bleiben, zusammensetzte, vermochten weder die Zeitgenossen, noch spätere Generationen widerspruchslos zu akzeptieren. Als regierender Erzbischof war er tüchtig. Gemäß der Salzburger Stadtgeschichte von 1890 erließ er Mandate gegen die »lockeren Sitten der Geistlichkeit«, gegen das »Pankettiren und Prassen bei Hochzeiten, Leichenschmäu-

sen und Meisterzechen, Überfluß in Kleidung, Essen und Trinken, gegen Gotteslästerung, Unzucht, Kuppelei, Winkelverlöb-
nisse« sowie gegen die »Landplage der gartirenden [herumstrei-
fenden] Landsknechte, Störzer, Landfahrer, Hausirer«. Ferner
gab er eine Feuerlösch- und Auflaufordnung für Salzburg heraus
sowie eine umfangreiche Lebensmittelordnung. Für die Gläubigen ließ er den Dom bauen und für sich selbst den »Lustorth«,
das Schloß Hellbrunn. Ein »berüchtigtes« Skandalschloß –
wenn man der geheimnisvollen Spur folgt.

Markus Sittikus, durch seine Großmutter Clara Medici mit
den führenden Familien Italiens verwandt, hatte sich, wie so
viele, in die dortige Architektur vernarrt und unterschied sich
zumindest darin nicht von seinem Vorgänger Wolf Dietrich.
Das erklärt die Bevorzugung des Baumeisters Santino Solari und
des Hofmalers Donato Mascagni. Beide schufen in Anlehnung
an die römische und oberitalienische Villenarchitektur bischöf-
liche Behausungen, die für kurze Erholungsaufenthalte und aus-
gelassene Feste bestimmt waren.

»Bei Sturm und Gewitter bitte den Park sofort verlassen«,
gebietet eine Tafel am Eingang. »Nur bei Unwetter?«, ist man
versucht zu fragen. Die Sonne glüht über Park und Wasserbek-
ken. Der Blick umfaßt Obeliske und schneeweiße Einhörner,
kehrt zurück zu dem steinernen Hund am Einlaß. Der Hund
hält den Kopf zurückgelegt, lauscht. »Hellbrunn, Hellabrunn«,
überlegt man. »Halja«, »helle«, »hella« bedeutet Tod, Unterwelt, Hölle. Hel ist die Totenwohnstätte in der germanischen
Mythologie und gleichzeitig als Personifizierung der Name der
Göttin aller Grabhügel und Toten. In Grotten und Höhlen ist
ihr Zuhause. Sie ist ermächtigt, Unsterblichkeit zu verleihen.
Selbst die verstorbenen Fürsten müssen den »Helweg« hinun-
terreiten. Eine goldene Brücke führt über das Wasser Gjöll in
ihr Reich. Es ist von eisernem Zaun umgeben. Davor wacht ihr
Hund Garm. Beklommen ob dieser düsteren Mythe betritt man
den **Park von Hellbrunn**.

Forellen verharren reglos in den zahlreichen Wasserbecken.
Im Weiher der Diana schimmern Münzen. Eine Merkur-Skulp-
tur taucht aus Baumlaub auf, Fortuna entleert ihr Füllhorn.
Gärtner pflanzen Begonien in langen, ebenmäßigen Reihen.
Kein Laut ist zu hören. Einstmals hatte dieser Parkteil wilder

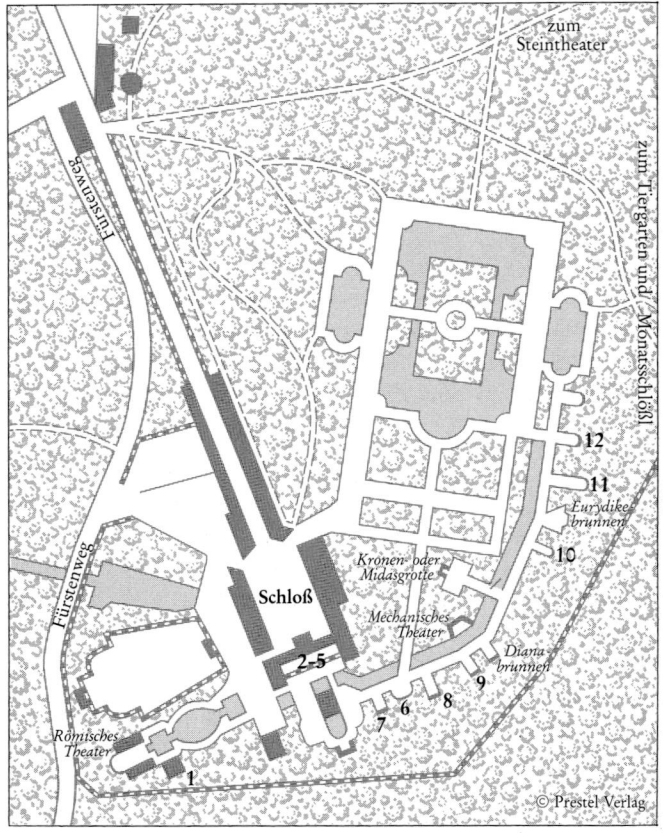

Schloßpark Hellbrunn: Lageplan

ausgesehen. Irrgärten durchzogen ihn. Er wurde um 1730 von
Hofgarteninspektor Franz Anton Danreiter dem Zeitgeschmack
angepaßt. Die Symmetrie erhöht den bannenden Zauber. Hinter der gärtnerischen Kunstanlage führt eine Allee hoher, dicht-
stehender Bäume zum *Steintheater.* In Verbindung mit einer Na-
turfelshöhle schuf Markus Sittikus hier eine der ältesten und
romantischsten Freilichtbühnen Europas. Rechts der Allee erstreckt sich der bereits um 1424 angelegte *Tierpark.* Markus
Sittikus gab in der Tierhaltung einer heute befremdenden Nei-
gung nach. Abnorme Kreaturen bevorzugte er ...

Hundertstimmiges Gekreische, Gejauchze von Kindern und
Erwachsenen reißt aus der Versunkenheit. Jenseits des Eisen-
zauns, der den Park von der Grotten- und Wasserspiele-Region
scheidet, findet eine der unzähligen Führungen statt. Doch bevor man in die Intimsphäre des Markus Sittikus eindringt, sollte
man sein Wohnschloß gesehen haben.

Das gelbe Gehäuse des **Schlosses Hellbrunn** ist ein kubischer
Bau mit turmartigen Seitenrisaliten. Das Dach besteht aus Lär-
chenschindeln. Unter der zweiläufigen Freitreppe, auf die die
lange Auffahrt hinführt, befindet sich bereits eine *Grotte.* Sie
deutet das Grundmotiv Hellbrunns an: Wasser, Lust und Selbst-
vergessenheit. Ein mit Weinlaub bekränzter Bacchus hält zwei
Steinböcke umschlungen, die Wappentiere des Markus Sittikus
und Gefährten Pans und der Faune. Das *Schloßvestibül* wird von
einem nachtschwarzen Gemälde auf weißer Wand beherrscht.
Es zeigt eine geisterhafte Stadt mit einem Meeresungeheuer.
Man steigt die hohe Marmortreppe empor. Nach beiden Seiten
öffnen sich weite Räume. Zur Zeit sind sie menschenleer. Außer
dem Wächter, der am Fuße der Treppe vorübergeht, befindet
sich niemand im Schloß. Die Einsamkeit entfaltet ihre Möglichkeiten. Sie rückt ein dunkles Gemälde ins Sichtfeld. Erst undeutlich, dann deutlich, sind Tiere zu erkennen. Albinos, Wesen mit
ererbter Unfähigkeit, Farbstoffe in Haut, Haaren und Augen zu
bilden: weiße Hirsche, Rehe, weiße Hasen prägen sich dem Be-
schauer ein. Im Vordergrund ein geschecktes Wildschwein, im
Hintergrund ein schwarzer Wolf. Diese Tiere sammelte Markus
Sittikus für seinen Tierpark. Auch das abgebildete achtfüßige
schwarze Roß soll in den fürsterzbischöflichen Stallungen gehalten worden sein. Vom Hof dringen Stimmen herauf. Unwirklich

fern hören sie sich an ... Im Fischzimmer erschrickt man über die Düsterheit der Bilder. Den Riesenstör, der 1617 gefangen wurde, hatte es vom Schwarzen Meer in die Salzach verschlagen. Im *Festsaal* zeigen die Längswände herrliche Wandmalereien von Mascagni: Fürstlich gewandete Herren führen Damen von fragiler Schönheit durch südländische Säulengänge. Die Dargestellten waren Angehörige der damaligen Salzburger Hofgesellschaft. Durch raffinierte Maltechnik, die eine perspektivische Wirkung erzeugt, scheinen die Figuren dem Betrachter entgegenzutreten, mit ihm zu promenieren. Eine Gruppe Touristen donnert die Treppe herauf. Sie dringen in den Festsaal, stürmen ins angrenzende Oktogon. Dort probieren sie lauthals die Akustik aus. Einer stampft auf den Boden. »Ist das Marmor?«, will er wissen. Ebenso plötzlich wie sie gekommen, stürzen sie hinaus. Dem Himmel sei Dank!

Im *Oktogonpavillon*, der als Musikzimmer dient, umgarnt den Besucher trunken machende Ästhetik. Er tritt auf vielfarbigen Mosaikenmarmor. Über die in Blau und Gold gehaltenen Wandflächen zieht sich Rankengewirr, Putti tummeln sich, paradiesische Vögel recken die Hälse. In der Kuppel schweben die Musen. Auch hier begegnet man den Schönen des Salzburger Hofes inmitten gemalter Scheinarchitektur. Eine in weiße Seide und roten Überwurf gehüllte Dame zeigt die starren Gesichtszüge eines Wachsengels. Mit steifer Geste reicht ihr Markus Sittikus eine Nelke. Die Keuschheit, Distanz der Körperhaltung beider verrät sie als Liebende, die ihre Liebe nur bedingt der Öffentlichkeit verraten dürfen. Ihre Blicke vereinigen sich. Ursula von Mabon galt in der Sprache der galanten Welt als »enge Vertraute« des Fürsterzbischofs. Für die Familie seiner verheirateten Geliebten ließ er die Emsburg bauen; in gehobenen Kreisen eine allgemein praktizierte Abfindung für die Freistellung einer Dame.

Man trennt sich nur schwer vom Anblick der beiden, tritt dann zögernd ans Fenster und schaut zum ersten Mal in den Bezirk der spiegelnden Wasser. Im großen Ovalbecken schwenkt eine Meerfrau einen Fisch. Weit dahinter erwächst das *Römische Theater*, in dessen Mitte Kaiser Marc Aurel plaziert ist. Den offenen Giebel des rötlichen Mauerhalbrunds behauptet die »Roma victrix«, siegreiches, wohl auch sinnenfreudiges Rom. Nichts hält einen mehr im Schloß zurück, man will in den Park gelangen. »In diesem Park verliere ich mich selbst, mehr als in einem Labyrinthe. In diesen Wassern verkörpert sich Venedig, und die Bauten geben mir von Rom einen Begriff. Hellbrunn ist ein Irrsal von Wassern, ein Spiel der Najaden, ein Theater der Blumen, ein Kapitol der Statuen, ein Museum der Grazien«, schrieb 1670 Domenico Ghisberti. Seine Aussage behielt bis heute ihre Gültigkeit.

Eine halbe Million Besucher sehen jährlich die Hellbrunner Wasserspiele. Jede Führung umfaßt etwa 120 Personen. Die Erläuterungen werden von den Führern, meist Studenten, in drei Sprachen gegeben. Um neun Uhr früh klingen ihre Stimmen noch hell, um fünfzehn Uhr überanstrengt. »Es ist nicht so schlimm«, beschwichtigt einer. Belastend sei eher, daß die Mehrzahl der Besucher lediglich des Spektakels wegen komme. Schönheit und Hintergründigkeit der Anlage interessierten sie nicht. Das Gitter wird geöffnet. Vorbei geht es an wassertrinkenden und wasserspeienden Tritonen. »Erst saufen sie, dann kotzen sie«, bemerkt ein Teilnehmer. Gelächter. Man gruppiert sich um den *Steinernen Tisch* vor dem Römischen Theater. Tisch und Sitze sind aus Marmor. In der Tischmitte befindet sich eine mit Wasser gefüllte Rinne. In ihr wurde der Wein gekühlt. Hier saß Markus Sittikus mit Gästen, die an feuchten Belustigungen Gefallen fanden. Wußten sie, daß Wasser urältestes Abwehrsymbol ist? Bei den nassen Scherzen blieb der Gastgeber jedoch stets trocken. Sein Verbündeter, der Brunnenmeister beherrschte den Mechanismus perfekt.

Der Gruppenführer bittet junge Leute, Schüler, auf den Sitzen Platz zu nehmen. »Die ausländischen Gäste lieber nicht. Was sollen sie vom Gastland halten«, warnt er. Einige Mutige sind bereit. Buben und Mädchen hocken gespannt. Bald verändern sich ihre Mienen. Unter den Gesäßen schießt Wasser empor. Kreischend springen sie auf. Der Wasserjux erweitert sich. Strahl um Strahl zuckt hoch. Fällt zusammen. Die Helden sind klitschnaß. Ein Heidenspaß. Die Trockengebliebenen sind am fröhlichsten. Markus Sittikus muß sich über die Schadenfreude als Element des Lachens im Klaren gewesen sein.

Wir gehen von Teich zu Teich, zum Sternenweiher. Dort befindet sich der Eingang zu den unter dem Schloßwohntrakt gelegenen Grotten. Riesenfüßige Monster schirmen das Portal zur *Neptun-* oder *Regengrotte* ab. Innen beherrscht der Meeresgott das Gewölbe aus Muschelmosaik. Zu seinen Füßen ist das »Germaul« angebracht, eine hämische Fratze. Alle Augenblicke streckt sie die Zunge heraus, rollt mit den Augen und läßt aus ihren Nasenlöchern Wasserstrahlen spritzen. »Unser lustiger Erzbischof ließ mit dem Germaul seine Kritiker wissen, was er von ihnen hielt«, erläutert der Führer. Allgemeine Heiterkeit.

6 *Altarblatt von Johann Michael Rottmayr (1722) in der Kollegienkirche:*
   Pestprozession in Salzburg mit dem heiligen Karl Borromäus,
   im Hintergrund die Kollegienkirche.

7 *Friedhof Sankt Peter in der Morgendämmerung.*

8 *Franziskanerkirche: Blick in den spätgotischen Hallenchor*
   mit dem barocken Hochaltar Fischers von Erlach (1709) und
   Madonna von Michael Pacher.

Gleich darauf zeigt sich, daß gegen die Zunge nicht anzukommen ist. Eine Seitengrotte, die *Venezianische Spiegelgrotte*, deren Wände ursprünglich mit Spiegeln verkleidet waren, ist den meisten »zu düster, zu bunt«. Die sich anschließende *Vogelsanggrotte* wird hastig durchquert. Sie liegt in grünlichem Halbdunkel. Ihr Licht bezieht sie von einer Wasserburg, durch die Hippokamp und Najade, Triton und Delphin gleiten. Sie kommen, verschwinden, erscheinen wieder. Der Gruppenführer bedient einen Hebel. Vogelstimmen ertönen, echten so ähnlich, als befände man sich im Park. Sie werden mit Hilfe von Wasserpfeifen zum Klingen gebracht. »Wo bleibt das Wasser?«, wird ungeduldig gerufen. Man prescht in die Regengrotte zurück. Eine Wasserbarriere rauscht auf, riegelt die Grotte von der Außenwelt ab. Sowie der Spuk endet, stürzen alle ins Freie. Nun spritzt es draußen von allen Seiten. Aus den Hirschgeweihen neben dem Portal, aus den Bodendüsen. Kein Fetzen bleibt trocken. Das Geschrei treibt den standhaftesten Sperling aus dem Schloßzentrum. Spätestens jetzt sollte man sich von der Gruppe trennen und allein weiterziehen. Man wandert den schmalen *Fürstenweg* an einem Bachlauf entlang. In seichter Tuffsteingrotte schaut Venus dem Daherkommenden entgegen. Ihr Finger berührt die Brustwarze. Den Fuß stützt sie auf einen Delphin. Dieser formt mit breitem Maul Wasser zu einer Glocke. Unter der Glocke blühen Blumen, und davor schießt Amor blindlings Pfeile in die Gegend.

Das Licht flirrt. Es ist Mittag, die Stunde Pans, des bocksgestaltigen Gottes mit der Flöte; Stunde der fiebergeschüttelten Stille. Drei Narren stehen am Weg. Sie grinsen abscheulich, entrückt der normalen Welt. Ein Blatt streckt sich über das Geschlecht des Mittleren, als griffe eine Hand über den Leib. In dichter Laubnische verteidigt eine Wildsau ihre Ferkel. Sie blickt tückisch. In der Ferne ertönt eine Orgel. Venus, die Narren, die Sau, die Orgel, die Hitze, der ganze Lustort – plötzlich beeilt man sich, die Gruppe zu finden.

Sie ist inzwischen beim *Mechanischen Theater* angelangt. Die Orgel braust. Es tuckert, scheppert, klappert. Eine komplette barocke Kleinstadt ist in Bewegung. Der Metzger schlachtet, die Musikanten spielen, Zigeuner tanzen, vor dem Rathaus marschiert die Wache. Das originale Schaustück wurde erst 1750 in

Hellbrunn aufgestellt. Der Salinenarbeiter Lorenz Rosenegger schuf es. »Solange die Orgel spielt, passiert nichts. Anschließend gibt's einen gemischten Chor«, verkündet der Gruppenführer. Der Spitzbube öffnet die Klappe der hydraulischen Bedienungs-apparatur, betätigt die Spritzdüsen. Der »gemischte Chor« hebt an. Damen mit frisch vom Haarkünstler geschaffenen Frisuren empören sich. »Erwachsene sollten von der Spritzerei verschont bleiben.« Waren die Gäste des Markus Sittikus womöglich ebenfalls dieser Meinung? Dann mußte er sich in der *Kronen-* oder *Midasgrotte* ihre endgültige Feindschaft zugezogen haben. Ein enger Gang führt zu ihr. Im Innern glänzt ein Marmorblock wie pures Gold. Darüber kriechen Frösche, Kröten und Schlan-gen. Obenauf liegt eine Krone – Reminiszenz an den phrygi-schen König Midas, dem von den Göttern der törichte Wunsch gewährt wurde, daß alles, was er berühre, sich in Gold verwan-dele. Er bedachte nicht, daß auch Speise und Trank zu Gold wurden. Für seine Fehlentscheidungen bei einem musikalischen Wettstreit zwischen Apoll und dem Satyr Marsyas – er entschied sich für den vordergründigen, die Sinne reizenden Vortrag des letzteren – wurde Midas mit Eselsohren bestraft. Marsyas wurde für seine Frechheit, eine Gottheit herauszufordern, von Apoll die Haut über die Ohren gezogen, eine Szene, die die Marmor-gruppe in einer Nische illustriert … Ein Wasserstrahl treibt die Krone des Midas in die Höhe. Sie tanzt auf ihm, senkt sich mit ihm. Wie der Erzbischof die Kapriole seinen erlauchten Nei-dern deutete, blieb unüberliefert. Hoffentlich sagte er nicht, es bereite ihm Vergnügen, Kronen wackeln zu sehen. Beim Verlas-sen der Grotte überspannt ein Dach aus Wasserstrahlen den Weg. Einzelne Personen gelangen unbewässert hinaus. Bei den Nachfolgenden ist dem Übermut des Brunnenmeisters keine Grenze gesetzt.

Der »Lustorth« entläßt seine Besucher. Nur wenige Schritte sind es zum Ausgang. Was noch zu entdecken ist, wird von den Vorübergehenden meist nicht beachtet. Der *Forstteufel*, halb Mensch, halb Tier, kauert in niedriger Sandsteinhöhle. Es ist die Nachbildung eines Monstrums, das im 16. Jahrhundert am Hausberg bei Salzburg gefangen worden sein soll. Aus der Baumwildnis heraus schimmert der *Eurydikebrunnen*. Drei dun-kelrote Nischen sind in die Umgrenzungsmauer eingelassen. In der hohen Mittelnische verharrt auf einem Marmorsockel Eurydike, des Orpheus' Gattin. Geschaffen wurde sie wohl von Hans Waldburger. Delphine speien Wasser ins flache Brunnenbekken. Zwei Löwen dösen in die Weite. In dieser Darstellung lebt Eurydike noch. Sie drückt den Korb an die Brust, und man stellt sich vor, sie gleitet vom Sockel, geht durchs Brunnenbecken, steigt die Stufen herunter. Wasser umspielt ihre Füße. Jetzt tritt sie auf eine Wiese im thrakischen Hebron-Tal. Die Schlange windet sich durch das Gras, findet ihr Opfer. Eurydike stirbt, und das Schicksalsdrama des überlebenden Liebespartners hebt an ... »Kommen Sie«, murmelt der Gruppenführer. Allein gehen wir durch den nun von keinem Stimmengeschwirr gestörten Garten, betreten noch einmal die »Regengrotte«. Das »Germaul« streckt die Zunge heraus. Wir biegen in die linksseitige Nebengrotte ein. Blumen decken die Wände; selige Geister bevölkern das Gewölbe. »Schön?« Die Antwort darauf erübrigt sich. Eine weitere Grotte öffnet sich. Die Ornamente über der Tür sind geborsten. Risse, Sprünge im Mauerwerk; Balken brechen durch die Decke. Aus den Ritzen wächst Gras. »Was Sie sehen, ist die *Ruinengrotte*, vielleicht das größte Kunstwerk in Hellbrunn. Aus welchem Grunde der Erzbischof eine Ruine nachgestalten ließ, wissen wir nicht. Es könnte sein, daß er sein Bauwerk Hellbrunn vergänglich sah, eine zukünftige Trümmerstätte, von niemand bewahrt.« Stumm schließt der Führer eine Tür auf. Eine schwindelerregend steile Wendeltreppe wird sichtbar. Sie ist stockfinster. »Über diese Treppe kam er herunter. Sie ist mit seinen Privaträumen verbunden.« Diese Treppe stieg er hinab, in die Ruinengrotte, sozusagen in die Unterwelt. Es war ein Orpheusweg ...

Wir verlassen das Schloß. Wie selbstverständlich gehen wir zur *Orpheusgrotte*. Verkalktes Schilfrohr und Muscheln bilden ihr Inneres. Stufen führen zu dem Sänger hinauf, dessen Liedern kein Lebewesen widerstehen konnte, weder Mensch noch Unhold noch Tier. Markus Sittikus, alias Orpheus, steht, von seinem Wappentier, dem Steinbock, dem Salzburger Löwen sowie anderen Tieren und unterweltlichen Kreaturen umgeben, bei der toten Eurydike. Sie trägt die Züge Ursula von Mabons. An ihrem Kleid ist ein Mandala, ein kosmisches Diagramm mit symbolischer Darstellung des Persönlichkeitszentrums, befe-

stigt. Dies zeigt die Züge des Markus Sittikus. Wortlos blicken
wir von Eurydike zu Orpheus. Mit Gesang und Spiel flehte er
die Gottheiten des Totenreichs um Wiederbelebung der Geliebten an, deren Todesschlaf von Sekunde zu Sekunde ewiger
zu werden scheint. Sein Wunsch wurde ihm erfüllt, mit der
Auflage, sich nicht nach der Gefährtin umzuwenden, während
sie ihm in die Welt der Lebenden folgt. Durch Felsschluchten,
glitschige Gruben ging es zurück. Wasserfälle tosten. Hunde
jaulten. Folgte sie ihm wirklich? Gepeinigt wandte er sich um.
Und Eurydike starb zum zweiten Mal ... Weder Lyra noch
Kithara spielt Markus Sittikus beim Klagelied, sondern die Viola
da spalla, eine Schultergeige. Diese Violinart entwickelte sich im
16. Jahrhundert aus den Cremoneser Geigenbauerschulen.

War Markus Sittikus im tiefsten Seelenwinkel Heide? Standen seinem Wesen ältere Kulturen näher? Wie so vieles, werden
wir auch dies nie erfahren. Anzunehmen ist, daß er befähigt war,
inniger Liebender zu sein. Nicht weniger als 70000 Gulden soll
er während seiner Amtszeit für Damenschmuckstücke an Salzburger Goldschmiede gezahlt haben. Von Beruf war er Fürsterzbischof. Ein Widerspruch? Hellbrunn, magisches Schloß mit
dem Garten seliger und unseliger Geister, bleibt unauslöschlich
in Erinnerung.

Im Herzen Salzburgs – Am Residenzplatz

Es gibt anheimelndere Plätze in Salzburg, Plätze, die zur Besinnlichkeit, zur Muße einladen. Keiner aber zeigt sich quicklebendiger als der **Residenzplatz**. Er ist das Herz Salzburgs. Eingebettet zwischen Dom, fürsterzbischöflichen Palästen und schöngegliederten Bürgerhäusern ist er das Zentrum pulsierenden Lebens und bei Einheimischen wie Touristen gleichermaßen beliebt. Fast will es scheinen, als wäre die schmucklose Nordseite des Doms, als wären die gebieterischen Fronten des Residenzpalastes und des Neugebäudes mit seinem Glockenspiel nicht ganz der entsprechende Rahmen für das quirlige Treiben heutiger Zeitgenossen. Geschäftsleute eilen dahin, Fremde stellen sich in den Weg, erheischen Auskunft in vielerlei Sprachen. Unternehmungslustige stürmen zu den Fiakerwagen. Vor Schreck wiehern die einigen Lärm gewohnten Gäule. Platzmittelpunkt und Augenweide bildet der **Residenzbrunnen**. Wasser schießt in die Luft, strömt über den Felsensockel zurück und besprüht die Umstehenden. Vier Meerrösser, die aus einem künstlichen Felsenberg hervorbrechen, sind an der Spritzgaudi beteiligt, ebenso drei sich lebensgefährlich verrenkende Freistilkämpfer. Sie balancieren eine Riesenschale überlaufenden Wassers, über deren Rand drei Delphine schauen. Diese wiederum stützen eine kleinere Muschelschale. Auf ihr reckt sich ein Triton empor, der mittels eines Horns das Wasser in den Himmel bläst. Der Verdacht liegt durchaus nahe, daß der Residenzbrunnen mythische Arbeitsteilung in Sachen Wasservergabe symbolisiert. Schöpfer des Brunnenwerks war vermutlich der Bildhauer Tommaso di Garone. Das Meisterwerk entstand zwischen 1658 und 1661. Auftraggeber war Erzbischof Guidobald Graf von Thun (1658-1668).

In barocker Zeit war der Residenzplatz kein Bürgerplatz. Hier demonstrierten die Fürsterzbischöfe mit ihrem Hofstaat die weltliche und politische Macht. Die Bürger Salzburgs durften als Untertanen Gaffer sein, Kulisse bilden für das elegante, höfische

Gebaren der Privilegierten. Das in Distanz gehaltene Volk wisperte sich Namen und Titel der Ranghohen zu. Bewunderung schlug oft genug in Furcht um, denn hinter den Mauern der Residenzgebäude wurde absolutistisch regiert, wurden vielleicht wieder einmal die Steuern erhöht oder Landesausweisungen befohlen. Sicherlich war es für die Befehlsgeber genußvoll, sich bewundern zu lassen. Andererseits war es eitel, wenig christlich und letztlich – wie jede Neiderregung – gefährlich. Der Hofstaat der Fürsterzbischöfe wetteiferte zeitweilig mit der Hofhaltung gekrönter Häupter. Die Dichterin Margareta Costa berichtete 1628 über Erzbischof Paris Graf Lodron: »Er hält vierzehn Kammerdiener, lauter Kavaliere. Alle tragen Goldschlüssel, wie die Diener des Kaisers. Seine Leibwache besteht aus dreißig Mann; sie tragen Partisane und reiten mit Karabinern, wenn der Erzbischof die Stadt verläßt. Dann hält er eine Kompagnie von ungefähr fünfzig berittenen Arkebusieren. Er erhält auch eine vollständige Kapelle von Musikern und Instrumentisten. Diesbezüglich liebt er die Sitte der deutschen Fürsten, im übrigen bedient er sich eher italienischer als deutscher Sitten. Er liebt es, hohe Gäste zu haben, um sie ehren zu können ...«

Wer vom Residenzbrunnen auf die **Residenz**, den ehemaligen erzbischöflichen Amtssitz zuschreitet, wird von der gediegenen, unauffälligen Gebäudestruktur beeindruckt sein. Jahrhunderte hindurch bastelten die Erzbischöfe an diesem Palast mit seinen rund 180 Sälen und Räumen; immer wieder fanden Umbauten und Veränderungen statt. Nachdem sich die Bautätigkeit Wolf Dietrichs von Raitenau Ende des 16. Jahrhunderts im Zuge seiner repräsentativen, italophilen Umgestaltungspläne hauptsächlich auf den Südtrakt, den Verbindungsbau zur und den Trakt an der Franziskanerkirche beschränkt hatte, wurde der Bau des Haupttrakts zum Residenzplatz unter seinem Nachfolger Markus Sittikus in Angriff genommen. Doch erst unter Paris Lodron konnte der Bau der Anlage abgeschlossen werden. Nach Fertigstellung des Doms und der Dombögen erhielt der Haupttrakt

Der barocke Residenzbrunnen im
Herzen Salzburgs (1658-1661); links der Dom.

unter Guidobald Thun 1660 zur optischen Angleichung ein weiteres Stockwerk mit abschließendem Attikageschoß.

Der Gebäudekomplex der Residenz ist um drei Höfe herum gruppiert: den Toskanahof, den ehemaligen Lustgarten »Dietrichsruh« und den *Haupthof*, den man durch das von Doppelsäulen eingerahmte Portal (um 1600) erreicht. Den Eintretenden nimmt ein kühler Innenhof auf. Seine Großartigkeit wird durch die toskanische Pilasteranordnung erzielt. In einer Brunnennische protzt ein riesenhafter Herkules mit seinen Kräften. Er ist gerade dabei, der Lernäischen Schlange den Garaus zu machen, die zweite der berühmten zwölf Taten des antiken Helden. Durch einen Rundbogen und über eine breite Treppenflucht erreicht man die zur Domseite hin gelegenen Prunkräume, die nur im Rahmen einer Führung zu besichtigen sind. Der *Carabinierisaal* war der Aufenthaltsraum der Leibgarde der Erzbischöfe. Der langgestreckte Saal erregt durch seine Höhe Fröstelgefühle. Selbst der Blick auf die Deckenfresken erwärmt nicht. Johann Michael Rottmayrs »Vulkans Schmiede« und die »Eberjagd der Atalante« lassen die Haut kalt, auch wenn sie sich zusammen mit dem Mittelbild (Neptun gebietet den Winden Einhalt, die Äneas in Seenot brachten) und den vier Eckbildern (Windgötter) zu einer Allegorie der vier Elemente Feuer, Erde, Wasser, Wind ergänzen. Mit dem Eintritt in den *Rittersaal* beginnt der Streifzug durch die mit noblem Geschmack ausgestatteten Repräsentations- und Wohnräume der Erzbischöfe. Man wandert durch Marmorportale, vorbei an den mit kostbaren Brüsseler Tapisserien bedeckten Wänden. Farbenschwelgende Deckengemälde zeigen Szenen aus dem Leben Alexanders des Großen, ebenfalls von Rottmayr und Martino Altomonte. Kein Heros des Altertums wurde bildlich so oft verherrlicht wie der Makedonier, der mit seinen Eroberungszügen bis ans Ende der Welt vordringen wollte und – sicher zum Glück für viele Völkerschaften – bereits mit 32 Jahren starb. Auf die Fürsten der Renaissance und des Barock – insbesondere auf die Salzburger Erzbischöfe – muß der stets jung und schön dargestellte Alexander einer Verjüngungsdroge gleichgekommen sein, möglicherweise sahen sie in ihm sogar ihr heldisches Vor- und Ebenbild. Im *Thronsaal*, »Gesellschaftszimmer« genannt, findet in luftiger Höhe das »Göttermahl bei der Hochzeit der Thetis«

statt, abermals eine Schöpfung von Rottmayr. Der *Kaisersaal*
präsentiert vierzehn Porträts der Herrscher aus dem Hause
Habsburg von Rudolf I. bis zu Karl VI. Von diesem Saal führt der
Verbindungstrakt auf den Kapellenumgang im Chor der **Fran-
ziskanerkirche**. Überwältigt bleibt man stehen, schaut von hoch
oben in die Tiefe des Gotteshauses, auf den goldschimmernden
Hochaltar, auf die von Engeln umjubelte Madonna des Michael
Pacher, eine Arbeit, der er sich von 1484 bis zu seinem Tod
1498 widmete. Himmelsluft umweht den Hinunterschauenden.
Ich lasse es heute bei einem Blick in das großartige Gotteshaus
bewenden, das ich bei anderer Gelegenheit und aus anderer
Perspektive noch einmal besuchen will.

Die Residenzbesichtigung könnte zu der Annahme verführen,
daß man durch original ausgestattete Räume schreitet. Das ist ein
Irrtum. Leider wurde die Residenz in den Napoleonischen Krie-
gen und infolge mehrmaligen Regierungswechsels in Salzburg
sukzessive ausgeraubt. Es gefiel den Franzosen, den Bayern und
selbst dem Wiener Hof, einfach wegzuschleppen, man könnte
auch sagen, zu stehlen, was man für wertvoll hielt. Die Stadt
Salzburg ist zu beglückwünschen, daß durch umsichtiges Sammeln, durch An- und Rückkäufe das ureigene Fluidum der Resi-
denzräume wieder hergestellt werden konnte. Das gilt auch für
die **Residenzgalerie**, die in acht Räumen im zweiten Oberge-
schoß untergebracht ist. Sie ist die 1923 gegründete Nachfolge-
galerie der ehemaligen fürsterzbischöflichen Gemäldesammlung
des Erzbischofs Hieronymus Graf Colloredo (1772-1812) von
1789. Vor der Plünderung umfaßte der Bilderschatz etwa tausend Gemälde, durch die Säkularisation wurde er stark dezi-
miert, die bedeutendsten Werke nach Wien gebracht. Nach er-
zwungener Schließung durch die Nationalsozialisten und Wie-
dereröffnung in den fünfziger Jahren umfaßt die Galerie, die
besonders durch die Privatsammlungen Czernin (holländische
Malerei des 17.Jahrhunderts) und Schönborn-Buchheim (italie-
nische Malerei des 16. und 17.Jahrhunderts) eine wesentliche
Bereicherung erfuhr, heute etwa zweihundert Gemälde, darunter auch eine durch Ankäufe erweiterte Sammlung österreichischer Malerei des 19.Jahrhunderts.

Verständlicherweise waren die amtierenden Fürsterzbischöfe
stets sehr stolz auf die Residenz. Kaiserliche Besucher, die den

Prachtbau rühmen würden, wurden gern erwartet. Judas Thaddäus Zauner erinnert in seiner »Chronik von Salzburg« an einen Besuch Kaiser Josefs II. am 31.Juli 1777. Der mit dieser Visite Beglückte war Fürsterzbischof Hieronymus Graf von Colloredo: »Se. Majestät, Kaiser Josef II. war seit Anfang des Monats April unter dem Namen Graf von Falkenstein auf Reisen. Bei seiner Zurückreise beehrte er den Erzbischof (31.Juli 1777) mit einem Besuche, der jedoch sehr kurz war. Der Kaiser kam durch das neue Tor in die Stadt Salzburg. Da der Bruder des Erzbischofs, der Generalfeldmarschall Josef Gr. von Colloredo in Begleitung des Monarchen war, so schickte derselbe von Unken, wo der Kaiser übernachtete, einen Kurier mit der Nachricht, daß der Kaiser sich auf dem Wege nach Salzburg befinde. Der Kurier traf um halb 10 Uhr ein. Sogleich ließ der Erzbischof einen Galawagen mit 6 Pferden bespannen und fuhr dem hohen Reisenden entgegen, allein er kam nicht bis zum neuen Tor, so begegnete ihm der Kaiser. Der Erzbischof stieg aus dem Wagen, um den Monarchen zu bitten, er möchte seinen Wagen besteigen. Inzwischen hatte auch der Kaiser seinen Wagen verlassen, aber sich in den Galawagen zu setzen, lehnte er ab. Beide Fürsten gingen daher zu Fuß in die Residenz. Der Erzbischof führte den Monarchen in den Kaiser-Saal, wo das Domkapitel versammelt war, um Sr. Majestät seine tiefste Ehrfurcht zu bezeigen. In dem Gesellschaftszimmer standen der hiesige Adel und die Honoratioren. Nach einer halben Stunde kam der Kaiser mit dem Erzbischofe in das Gesellschaftszimmer, er hielt sich aber nicht auf, sondern ging von da in den Markus-Sittikus-Saal und dann in den Carabinieri-Saal, wo der Monarch von dem Erzbischofe Abschied nahm, indem der Reisewagen schon bespannt war. Eine große Menge Volkes hatte sich auf allen Straßen, die zum Linzertore führen, versammelt, um den Kaiser zu sehen. Er befahl, in der Stadt Schritt vor Schritt zu fahren und stand im Wagen, damit ihn die Leute sehen konnten, die ihn zu sehen

Um 1600 entstandenes Marmorportal der Residenz, des ehemaligen erzbischöflichen Amtssitzes, mit den Wappen der Erzbischöfe Wolf Dietrich, Paris Lodron und Franz Anton.

wünschten. Der ganze Besuch dauerte ungefähr etwas über eine Stunde.« Ein derart stilloses Durcheilen der Residenz enttäuschte den Salzburger Hof. Da Josef ii., der spätere »Reformkaiser«, vorerst nur Mitregent seiner Mutter Maria Theresia war, hatte sich seine nüchterne Wesensart, seine pragmatische Denkweise noch nicht im Land herumgesprochen. Er verabscheute großspurigen Aufwand und sonstige Selbstdarstellungs-Attitüden. Mit seiner reformerischen Gesetzgebung ist er aus der Sozialgeschichte Österreichs nicht wegzudenken, eine Tatsache, die Salzburgs geprängedurstige Seelen an jenem Besuchstag weder in Erwägung zogen noch vorausahnen konnten.

Bevor man den Residenzbereich verläßt, um sich der Michaelskirche zuzuwenden, wird man doch einen Blick auf das Glokkenspiel werfen, dessen Klang man noch vom Aufstieg zum Nonnberg in den Ohren hat. Es befindet sich auf der gegenüberliegenden Seite des Residenzplatzes am sogenannten **Residenz-Neugebäude**, das ab 1588 von Wolf Dietrich begonnen wurde und sein erstes größeres Bauvorhaben darstellte. Trotz zahlreicher Umbauten in späteren Jahrhunderten und bedeutender Kriegsschäden vermitteln die Prunkräume – Saal der Tugenden Glaube, Liebe, Hoffnung, Gloriensaal, Ständesaal und Bischofssaal mit der prächtig geschnitzten Kassettendecke – noch einen Eindruck von der Prunkentfaltung des bischöflichen Lebensstils. Die buntschillernde Stuckierung (um 1600) stammt vom Gabriels-Kapellen-Erbauer Elia Castello. Die Räume, in denen heute Behörden untergebracht sind, können nur nach Anmeldung besichtigt werden.

Das *Glockenspiel* jedoch, das die Fassade beherrscht, ist Tag und Nacht zu sehen. Für seine Einrichtung wurde sogar der Turm erhöht. Die 35 Glocken, die Erzbischof Johann Ernst Graf Thun bei dem niederländischen Glockengießer Melchior de Haze hatte bestellen lassen, gelangten 1696 nach Salzburg. Doch erst nach sechs Jahren sollten die Salzburger ihr Spiel zu hören bekommen. So lange dauerte es, bis der Hofuhrmacher Jeremias Sauter die Tücke des Objekts – sprich den Spielmechanismus – in den Griff bekam. Doch seitdem erfreut es unbeanstandet dreimal täglich Fremde und Einheimische. Das Verklingen seiner Töne ist Signal für den »Salzburger Stier«: Prompt antwortet er mit seinem »Geschrey« von der Festung herüber.

Das schräg gegenüber liegende Kirchlein mit dem hellroten Anstrich, dessen barock geschwungenes Türmchen von dem des Glockenspiels deutlich übertrumpft wird, ist die **Michaelskirche**. Ihre Baugeschichte reicht bis ins 8. Jahrhundert zurück, als sich an dieser Stelle die spätere Kapelle der Karolingischen Kaiserpfalz befand. Zahlreiche Erneuerungen folgten, bevor die Kirche 1767 bis 1776 unter Abt Beda Seeauer über den mittelalterlichen Grundmauern neu erstand. An der Innenausstattung waren die Künstler von Sankt Peter beteiligt. Das Deckenfresko mit dem Kirchenpatron, dem heiligen Michael, mit den Engelchören in der Tonnenwölbung schuf Franz Xaver König, der auch die Seitenaltarbilder (1770/71) malte. Stukkateur war Benedikt Zöpf. Das schmiedeeiserne Abschlußgitter stammt von Philipp Hinterseer (1770), dem wir ja bereits in der Sebastianskirche begegnet sind.

Die Epoche des Fürsterzbischofs Leopold Anton Freiherr von Firmian

Kapitelplatz und Kapitelschwemme

Wer vom Residenzplatz zum Kapitelplatz schlendert, wechselt unmerklich in eine andere Stimmungslage über. Alle geschäftige Quirligkeit hat man hinter sich gelassen. Dem Blick bietet sich ein belebter und dennoch lautlos wirkender Platz. Er liegt südlich des Doms, Salzburgs historische Bauten begrenzen ihn, ohne ihn im geringsten einzuengen. Zwei Blickfänge machen den Platz unvergeßlich: Die hoch vom Berg herunterschauende Hohensalzburg und die »Pferdeschwemme«, auch »Kapitelschwemme« oder »Neptunsbrunnen« geheißen. Dies dient zur Unterscheidung, weil eine zweite Pferdeschwemme beim Hofmarstall existiert. Die **Kapitelschwemme** ist Magnet des Platzes und ein Prunkstück der Brunnenarchitektur. Auf Bänken, die von Weiden beschattet werden, macht man Rast, döst vor grünlich schillerndem Wasser. Einzelne Spaziergänger, hin und wieder auch Gruppen, wandern über den Platz, nähern sich dem Brunnen. Aus marmorner, von Pilastern eingerahmter Grottennische jagt Neptun, der Dreizackschwinger, auf seinem Meerroß daher. Soll man in ihm eine Anspielung auf die ordnungstiftende Macht des Bauherrn sehen? Wasser stürzt über die Treppenkaskade, füllt die balustradenumspannte Schwemme. Manchmal erklärt ein Fremdenführer den längst vergessenen Zweck des Brunnens. Hier wurden bereits im Mittelalter in einem Naturtümpel die Rösser gebadet. Die jetzige, aufwendige Schwemme ist das Werk von Gartenbaumeister Franz Anton Danreiter und Bildhauer Josef Anton Pfaffinger. Sie erstellten es im Auftrag des Fürsterzbischofs Leopold Anton Freiherr von Firmian (1727-1744). Im Marmoraufbau des Brunnens verewigt sind Wappen und Name Firmians und das Baujahr: 1732.

Kapitelschwemme von Franz Anton Danreiter mit barocker
Neptun-Gruppe von Josef Anton Pfaffinger, 1732.

Der Leidensweg
der Salzburger Protestanten

Der Fremdenführer schweigt. Zum Glück stellt niemand eine Frage. Er hätte sonst antworten müssen, daß in den Jahren 1731 und 1732 das Ansehen des Erzbistums an Glanz und Würde verlor, und zwar durch den Fürsterzbischof selbst. Noch ein Jahrzehnt zuvor war Firmian als Bischof in Lavant und Seckau gepriesen, seine Sanftmut gerühmt worden. Doch bereits 1727, bei seinem Regierungsantritt in Salzburg am 28. Oktober, schockte er die Zuhörer mit der Verlautbarung, »er werde wie der höchst weise Philipp der Zweite von Spanien den eingenommenen Thronsitz zur Ehre des wahren Glaubens als einen Platz am Webstuhl betrachten«.

Derlei hochtrabende Auslassungen seitens der Potentaten bei ihren Regierungsantritten waren nicht immer ernstzunehmen, wie allgemein bekannt war. Doch Firmians Gleichsetzung mit Philipp ii., dem fanatischen Vernichter Andersgläubiger in Spanien, dem Unterdrücker der Protestanten in den Niederlanden, mußte nachdenklich stimmen. Schließlich wußten viele der Anwesenden, daß in den Salzburger Gebirgsregionen Zigtausende von Einheimischen der lutherischen Lehre anhingen, die einen heimlich, die anderen offen. An Firmians »Webstuhl« wurde ein Leidenstuch für das Salzburger Land produziert. Während seines Regiments wurden über zwanzigtausend Menschen wegen ihres protestantischen Glaubensbekenntnisses aus ihren Wohnungen, Häusern und von ihren Höfen vertrieben; Kinder wurden von ihren Eltern getrennt, zwangsweise zurückbehalten, um sie katholisch erziehen zu können. Nur schlichte Bauerngemüter hofften zuversichtlich, im Lande bleiben zu dürfen, wenn sie sich offenherzig zum Luthertum bekannten und dem Fürsterzbischof als dessen Untertanen Treue zusicherten. Gestraft wurden ferner jene, die sich katholisch verhielten, aber protestantisches Gedankengut pflegten. Zu ihrer Erfassung wurden die gefürchteten Religionsexamina eingeführt, denen jedermann unterworfen werden konnte. Diese Verhöre dauerten lange, bis zu sechzehn Stunden. Sogar Greise wurden vor das Tribunal geschleppt. Die Akten wurden schließlich an die geheime Deputation nach Salzburg geschickt, die die Strafen bestimmte, meist

Geldbußen, aber auch Einkerkerung. Bei feierlichen Gottesdiensten mußte mit dem Rosenkranz in der Hand oder Skapulier
über den Schultern öffentlich abgeschworen werden, die Verurteilten erhielten Bußplätze in der Kirche, Nachmittagsunter-
richt, oft mußten sie auch ihre Wohnsitze in die Nähe des Mis-
sionsortes verlegen. Manche, die aus dem berüchtigten Salzburger Gefängnis, der »Kheuche«, wieder ans Tageslicht traten,
bekundeten, dies Leben sei schon »Fegefeuer genug«.

Die Obrigkeit protegierte das Denunziantentum. Folglich
versiegte die unbekümmerte Lebensfreude des Salzburgischen
Volkes, das freimütige Miteinander schwand dahin, ein arglisti-
ger Zug prägte viele Gesichter.

Doch die Fanatiker feierten Triumphe. Im Namen Fürsterz-
bischof Firmians wurde am 26. Dezember 1732 ein Schreiben an
Papst Clemens gesandt, das in zeitgemäßem klerikalen Stil die
Beteuerung enthielt: »Jetzt ist die Zeit gekommen, oberster
Hirte der Kirchen und tapferer Vorkämpfer des katholischen
Glaubens, daß Dein Herz sich freue und frohlocke in dem Gott
Israels: Die Starken sind zunichte geworden, die Spötter zu
schanden. Der aufrührerische Haufe ist geschlagen, das faule
Fleisch abgeschnitten, das räudige Schaf aus dem Schafstall getrieben. Unstet und flüchtig sind jene auf Erden geworden, ir-
rende Sterne, denen das Dunkel der Finsternis aufbehalten ist in
Ewigkeit. Jene Häretiker meine ich und Anhänger der lutherischen Sekte, die im Juni 1731 plötzlich und unverhofft sich ver-
schworen, die Larve abthaten, mit der sie katholisch zu sein
heuchelten …«

Die grausame, sadistische Verfolgung der Protestanten, endlich die Austreibung jener abertausend Salzburger galt im damaligen Europa, das vom Geist der Aufklärung ergriffen war, als
ein widerwärtiger Akt fürsterzbischöflicher Machtvollkommen-
heit. König Friedrich Wilhelm I. von Preußen drohte – als Ge-
genmaßnahme –, seine katholischen Bürger ebenfalls auszuwei-
sen. Doch auch Katholiken waren über Firmian entsetzt. Papst
Clemens selbst distanzierte sich von ihm. In Wien forderte Kaiser Karl VI. den Fürsterzbischof wiederholt zu Mäßigung und
Milde auf. Es hagelte Proteste und Beschwerden auf die Diplo-
matenschaft in Salzburg nieder. Doch das nützte nichts. Im ganzen mußten rund 22 000 Salzburger auswandern.

Erzbischof Leopold Anton Freiherr von Firmian (1727-1744).

Die Vertriebenen, die in den ihnen eine neue Heimat bieten-
den preußischen, sächsischen, thüringischen, fränkischen Regio-
nen angekommen waren, wurden dort enthusiastisch empfan-
gen. Als am 30. April und 1. Mai 1732 ein Zug von 843 Emigranten, Lieder der Reformationszeit singend, in Berlin einzog, zeigte sich die einheimische Bevölkerung von Mitleid und Bewunderung überwältigt. In Leipzig rissen sich die Bürger am 13. Juni
1732 buchstäblich um jeden einwandernden Salzburger, wollten
ihn beherbergen, beköstigen, boten materielle Unterstützung.
Als eine Salzburgerin einen Knaben gebar, wurde er in der Tho-
maskirche getauft. Die Mutter erhielt Kinderkleidung, Bettzeug
und Geld geschenkt. Sie meinte, noch nie so viele Dukaten be-
sessen zu haben. In Coburg kam es am 21. Juli zu einem trium-
phalen Einzug der Emigranten. Als sie sich der Stadt näherten,

läuteten die Kirchenglocken. Der gesamte Rat der Stadt, die
Pfarrer, das Schulkollegium, alle Schulkinder und Schwärme
von Zuschauern strebten zum Stadttor. Dort begrüßte der Ge-
neralsuperintendent die Ankömmlinge. Hernach zog man gemeinsam zum Rathaus, zur Quartierverteilung. Beim Eintreffen
eines zweiten Emigrantenzuges in Coburg starb die Salzburgerin Anna Margaretha Zehnen. Ihr Leichnam wurde in der
Hauptkirche aufgebahrt. Zum Grab folgten dem Sarg die Ratsmitglieder, begleitet von den Salzburgern und Coburgern ...

Der Weg der meisten Einwanderer war aber nicht so schnell
zu Ende. Unzählige zogen weiter in das ihnen angebotene,
unendlich weite Siedlungsgebiet Ostpreußen. Mancher wurde
unterwegs krank, mancher mußte beerdigt werden. Jene jedoch,
die ihr Ziel erreichten, fanden eine Bleibe, die ihrer verlassenen
Heimat an landschaftlicher Eigenwilligkeit nicht nachstand. Gewiß, die Berge fehlten. Dafür aber gab es Wälder, die nie eines
Menschen Fuß betreten hatte, und es gab eine weißsandige Kü-
ste, auf der blaugrüne Wellen ausrollten. Die überströmende
Hilfsbereitschaft, die tränenreiche Rührung, die den ersten Salzburger Einwandererzügen gegolten hatte, wird – man darf es
vermuten – gleich anderen Zeiterscheinungen verebbt sein. Eines aber blieb: die als selbstverständlich empfundene Pflicht zur
Hilfe beim Aufbau einer neuen Existenz. Bemerkenswerte Hilfs-
aktionen wurden unternommen. So wurden 1734 auf Wunsch
König Friedrich Wilhelms 1. von Preußen die in Salzburg zu-
rückgelassenen Güter der emigrierten Protestanten durch beauftragte Kommissäre verkauft, um das Geld zur Neuansiedlung
der Emigranten zu verwenden. Dazu wurde durch Kabinettsor-
der des Königs vom 27. Januar 1740 die Stiftung »Salzburger
Anstalt Gumbinnen« in Ostpreußen errichtet, eine Fürsorgeein-
richtung für die dort siedelnden Salzburger. Dieser Stiftung
flossen – neben Kollektengeldern – finanzielle Mittel aus dem
Erlös der in Salzburg veräußerten Güter zu. Zahlreiche Emigranten verzichteten auf die Auszahlung zugunsten ihrer alten
und hilfsbedürftigen Leidensgefährten – mustergültiges Beispiel
einer Notgemeinschaft. Diese Stiftung existiert, zusammen mit
dem »Salzburger Verein«, noch heute. Allerdings nicht mehr im
ostpreußischen Gumbinnen, sondern in der westdeutschen Pa-
tenstadt Bielefeld. Das dortige »Wohnstift Salzburg« mit seinen

Vertreibung der Salzburger Protestanten 1731/32
unter Erzbischof Leopold Anton Freiherr von Firmian, Graphiksammlung
des Salzburger Museum Carolino Augusteum.

180 Heimplätzen wird im Sinne der einstigen Emigranten in der Tradition der »Salzburger Anstalt Gumbinnen« fortgeführt.

Fürsterzbischof Firmian und sein Hofkanzler Hieronymus Christani von Rall blieben noch nach der Massenaustreibung ihrer Landsleute davon überzeugt, nur einen Teil ihres Glaubenswerkes vollendet zu haben. Immer neue Überwachungs-, Bespitzelungsmethoden wurden ausgeklügelt. Wer ein Buch – egal ob katholischen oder evangelischen Inhalts – erwarb, mußte sich den Besitz von der Obrigkeit erlauben und bescheinigen lassen. Für Anzeigen wegen unerlaubten Buchbesitzes wurden Prämien gezahlt. Am sichersten lebten zu Firmians Tagen jene Salzburger, die nachweislich weder lesen noch schreiben konnten. Die Anzahl der konfiszierten und vernichteten Bücher erfüllt noch heute mit Grauen. In manchen Orten gingen ganze Bauernbibliotheken, sorgsam gehütete Schätze ihrer Besitzer, in Flammen auf. Allein in einem von dem Geistlichen Pernthaler entzündeten Feuer verbrannten innerhalb von vier Stunden achthundert Bücher.

Den wirtschaftlichen Schaden, der durch die Bespitzelung, Entwürdigung und Vertreibung von Bauern, Grundbesitzern, Handwerkern, Kaufleuten in Salzburg und im Salzburger Land dem Erzbistum entstanden war, mußte Firmian einkalkuliert haben; das katastrophale Ausmaß der langfristigen Folgen hatte sich jedoch offenkundig seiner Vorstellung entzogen. In seinem freudlosen Land wurden kaum noch Ehen geschlossen; die Bevölkerungszahl sank rapide. Fürsterzbischof Firmians Regierungszeit endete 1744. Bei seinem Tod durfte er sich rühmen, die Gegenreformation in und um Salzburg »zur Ehre des wahren Glaubens« gnadenlos durchgesetzt zu haben. Das schützte seinen Namen jedoch nicht vor Schmähung seitens der eigenen Familie. Rund 140 Jahre später vermachte die Witwe des italienischen Generalleutnants Cavaliere Salon de Recagni, eine geborene Gräfin Firmian, den Gesamtertrag ihres beträchtlichen Vermögens evangelischen Waisenkindern mit der ausdrücklichen Begründung, sie hoffe, auf diese Weise einen Teil der Schuld zu tilgen, die ein Träger ihres Geburtsnamens im vorigen Jahrhundert verursacht hatte, indem er die Protestanten Salzburgs in Armut, ins Verderben stürzte. Die katholische, strenggläubige Erblasserin starb in Salzburg am 23. Januar 1880.

Wenn es Firmian auch an Nächstenliebe gemangelt hatte, Pferdeliebe vermochte ihm niemand abzusprechen. Mit dem Bau der prachtvollen Kapitelschwemme ließ er es nicht bewenden. Er veranlaßte, daß die Pferdeschwemme am Siegmundsplatz, die den Abschluß des ehemaligen **Hofmarstalls** bildete, restauriert und ins Auge springend verschönt wurde. Kein Erstbesucher Salzburgs käme auf den Gedanken, daß dieser palastähnliche, ehemalige Pferdestall mit Unterbringungsmöglichkeit für 130 Pferde heute Eingangsfoyer und Pausenhalle des Großen Festspielhauses ist.

Zur Zeit Fürsterzbischof Leopold Antons war der 1606/07 unter Wolf Dietrich von Raitenau errichtete Bau ein luxuriös ausgestattetes Stallgebäude, das 1662 um die Winterreitschule und 1693 – nach einer Idee Fischers von Erlach – um die Sommerreitschule im Mönchsbergfelsen erweitert wurde. Fischer von Erlach entwarf auch die Pläne für die Fassadengestaltung zum Siegmundsplatz mit den marmornen, von Atlantenhermen getragenen *Triumphportal* (1693/94). Von der Unterbringung der bischöflichen Pferde zeigte sich nicht nur Franz Sartori zu Beginn des 19. Jahrhunderts beeindruckt: »die Futtertröge (...) sind von weißem Marmor und für das Heu eiserne Körbe«. Die **Hofmarstallschwemme**, die 1694 bis 1695 nach Plänen Fischers von Erlach errichtet worden war, beschreibt er als »großes Bassin mit fließendem Wasser und einem kleinen Wasserfall, in dessen Mitte ein Mann mit einem springenden Pferde steht; diese Statuen sind in mehr als Lebensgröße und aus einem einzigen Stück Marmor gehauen. Aus diesen Statuen springt das Wasser, welches in das Bassin fließt, das zugleich die Pferdeschwemme ist, welcher immer frisches Wasser zugeführt wird«. Tatsächlich bleibt auch heute noch jeder bei der auf Firmians Anordnung durch Franz Anton Danreiter 1732 um neunzig Grad gedrehten *Roßbändigergruppe* und der sich hinter ihr erstreckenden in grellen Farben bemalten Abgrenzungswand stehen. Auf hohem Sockel bändigt Alexander der Große sein legendäres Leibpferd Bukephalos, Sinnbild der Harmonie zwischen Reiter und Roß, geschaffen von Michael Bernhard Mandl. Zu den Fresken der Abgrenzungswand ließ sich Hofmaler Franz

Anton Ebner hinreißen. Feurige Rassepferde tänzeln; im großen Mittelfeld spielt sich Dramatisches ab. Der Grieche Bellerophon wird von Höhen- und Größenwahn gepackt. Auf dem göttlichen Flügelroß Pegasus will er über den Wolken dahinjagen, in den Olymp eindringen, an den Tischen der Gottheiten sitzen. Pegasus wirft den Frevler ab. Man soll eben nicht Maßloses begehren und nicht ungebeten irgendwo zu Gast sein wollen. Daß ausgerechnet ein vom Roß abgeworfener Reiter der Nachwelt als Erfinder der Reitkunst galt, erscheint nur jenen paradox, die nie das »höchste Glück der Erde« auf dem Rücken eines ungebärdigen Rosses suchten.

Leopoldskron, das Schloß am Weiher

Es ist der Wunsch vieler Menschen, den Nachgeborenen etwas hinterlassen zu wollen, was Zeugnis für den Verblichenen ablegt. Wenn schon nicht ein gemeinnütziges Hilfs- oder Liebeswerk von ihm reden macht, dann sollen wenigstens Geschmack und Kunstsinn die Erinnerung wecken. Geschmack und Kunstsinn waren Firmian zeitlebens eigen gewesen. Er hinterließ Schloß Leopoldskron, ein Schmuckstück, das sich im »Alten Kühweiher«, am Südende Salzburgs, spiegelt. Für alle Zukunft sollte es gesichertes Domizil für die Familien-Nachkommenschaft der Firmian sein. Die Entwürfe zum Schloßbau, der zwischen 1736 und 1744 im Rokokostil ausgeführt wurde, stammten von Johann Kleber und Pater Bernhard Stuart, Ordensmitglied des Benediktiner-Schottenklosters Sankt Jakob in Regensburg und Mathematikprofessor in Salzburg. Doch nur der erste Schloßinhaber, des Fürsterzbischofs Neffe Franz Laktanz Graf Firmian, schwelgte in dem erlesenen Bau, der 1763 klassizistische Veränderungen erfuhr. Franz Laktanz war Maler und Kunstsammler. Über siebenhundert Bildwerke barg seine Galerie. Nach seinem Tod im Jahre 1786 wurden die Gemälde von banausischen Nachfolgern zu Spottpreisen verschleudert. Leopoldskron verkam. Anno 1837 wurde das Schloß an einen Schießstättenwirt verkauft. Die ihm folgenden Besitzer nutzten es als Hotel, Bad und protestantischen Betsaal. Noch einmal kam es zu höfischem Leben in den Resten Firmianscher Pracht. Ludwig I., König von Bayern, lebte nach seiner Abdankung

1848 im Schloß. 1918 sah ein Zauberer das ramponierte Juwel, erwarb es und machte es zum Glanz- und Mittelpunkt der frühen Salzburger Festspiele. Es war Max Reinhardt. Er wollte nicht, er mußte 1937 Leopoldskron verlassen. Heute ist das Schloß am »Alten Kühweiher« Eigentum der internationalen Stiftung »Salzburg Seminar in American Studies« der Harvard University. Kaum jemand fragt nach dem Schloßerbauer. Fürsterzbischof Leopold Anton Freiherr von Firmian wurde – mehr oder minder – aus dem Gedächtnis verdrängt. Ob der glaubensfanatische Landesfürst das in Erwägung gezogen hatte? Wahrscheinlich nicht.

Doch kehren wir zu jenen Salzburgern zurück, deren Andenken eher Beglückung als Schrecken auslöst. Dabei stoßen wir auf eine Person, der in keiner anderen Stadt auf der Welt größere Verehrung zuteil wird als hier, die aber gerade deshalb auch nirgendwo sonst mit größerem Geschick kommerziell vermarktet wird: Wolfgang Amadeus Mozart.

Salzburgs genialer Bürger
Wolfgang Amadeus Mozart

Getreidegasse Nr. 9: Mozarts Geburtshaus

Den ersten Schrei tat er am 27. Januar 1756 um acht Uhr abends im dritten Stock des Hauses Getreidegasse Nr. 9. Durch das einzige Fenster des fast lichtlosen Zimmers blickte die Gebärende auf einen der weißen Türme der Kollegienkirche. Der Knabe, der soeben ins Leben trat, war das siebente und letzte Kind der Eheleute Leopold und Anna Maria Mozart, geborene Pertl. Bis auf das viertgeborene Kind, das Töchterchen Maria Anna Walburga, genannt Nannerl, waren die anderen fünf Geschwister früh verstorben. Der Neuankömmling wurde auf die Namen Johannes Chrysostomus Wolfgangus Theophilus getauft. Seine Mutter und der Vater Leopold, Fürsterzbischöflicher Vizekapellmeister und Hofkomponist, werden ihrem Neugeborenen ein langes Leben, Glück und eine erfolgreiche Zukunft gewünscht haben. Erfolg war Wolfgang Amadé – so nannte er sich später – beschieden; Glück widerfuhr ihm nur bedingt; er starb früh, mit 35 Jahren. Bis dahin aber schenkte er der musikalischen Welt ein betörendes Klangwerk.

Der Komponist Karl Ditters von Dittersdorf schrieb 1786 über ihn: »Er [Mozart] ist unstreitig eins der größten Originalgenies, und ich habe bisher noch keinen Komponisten gekannt, der so einen erstaunlichen Reichtum an Gedanken besitzt.« 1891 äußerte George Bernard Shaw: »Ich kann Mozart nicht gerecht beurteilen. Ich brauche nur irgendwie lebhaft an seine schönsten Werke erinnert zu werden, schon kommt mir jeder andere wie ein sentimentaler, hysterischer Pfuscher vor.« Und Richard Strauss urteilte 1944: »Fast unmittelbar [auf Bach] folgt das Wunder Mozart mit der Vollendung und absoluten Idealisierung der Melodie der menschlichen Stimme – ich möchte sie die Platonische ›Idee‹ und ›Urbilder‹ nennen (…). Die Mozartsche Melodie ist (…) tiefstes Eindringen der künstlerischen Phantasie, des Unbewußten, in letzte Geheimnisse, ins Reich der Urbilder.«

Man steht vor dem gelben **Geburtshaus**, dem heutigen Mozartmuseum und läßt die Blicke schweifen. Die Rokoko-Fassade aus der Zeit Mozarts ist leider nicht mehr erhalten. Sie wurde Mitte des 19. Jahrhunderts durch die heutige klassizistische Stirnseite des Hauses ersetzt. Das Portal ist mit dem Medaillon einer Heiligen, im Volksmund »Schleierweiberl« (um 1730) genannt, geschmückt, die das Haus und seine Bewohner zu beschützen scheint. Durch das hohe Portal drängen Menschen hinein und heraus; Schulklassen werden ermahnt, sich ruhig zu verhalten. »Klingelte der Wolfgang hier?«, will ein kleiner Junge wissen. Er berührt den an der Gebäudemauer frei herabhängenden Klingelzug. »Finger weg«, gebietet der Lehrer. Doch auch der Erwachsene ist versucht, am Draht zu ziehen. Diese Klingelzüge wurden an der Hausaußenwand installiert. Zog man den mit der Stockwerkszahl gekennzeichneten Griff, schlug in der Wohnung eine Glocke an. Wolfgang Amadeus Mozart benutzte den Stockwerkszug mit der Nr. 3 täglich. Täglich wird er auch zur »Alten Hagenauerischen Specereywarenhandlung« hineingeschaut haben. Sie befindet sich im Erdgeschoß des Hauses. JOHANN LORENZ VON HAGENAUER, geadelter, berühmter Handelsherr, Eigentümer des Anwesens Getreidegasse 9, war Freund der Familie Mozart und großzügiger Unterstützer Wolfgangs. Wertvolles Material über Wolfgangs Kindheit und seine künstlerische Entwicklung wäre verlorengegangen, wenn nicht Hagenauer Briefe und vielfältige Zeugnisse gesammelt hätte. Hagenauers 1746 geborener Sohn KAJETAN RUPERT war Wolfgangs Freund. Der Altersunterschied von immerhin zehn Jahren zwischen den beiden Knaben fiel, wie so oft bei Jugendfreundschaften, nicht ins Gewicht. Es mochte aber auch daran gelegen haben, daß des kleinen Mozart geistige Reife sein tatsächliches Lebensalter weit überholte. Kajetan Rupert hatte sich für den geistlichen Beruf entschieden. Er war 23 Jahre alt, als 1769 seine Primiz, die erste feierliche Messe eines neugeweihten Priesters, stattfand. Zu diesem Festakt hatte der dreizehnjährige, bereits weitgereiste und weitgerühmte Wolfgang Amadé eine

Mozart-Denkmal am Kapuzinerberg.

c-Dur-Messe, die sogenannte »Dominicus-Messe« komponiert.
Den Namen Dominicus führte Kajetan Rupert als Geistlicher.

Sobald man das Geburtshaus Mozarts betritt, wird man von
dessen Ambiente in Bann gezogen. Eingehüllt in das sanft-dunkle
Licht der ockerfarben gestrichenen Wände steigt man die breite
Steintreppe hinauf, die im dritten Stock in die Wohnung der
Familie Leopold Mozart führt. Auf der zweiten Etage wird der
Besucher angezogen durch den Ausblick auf einen Hinterhof,
wie es deren viele in Salzburger Häusern gab. Durch die
Arkadenbögen einer Galerie blickt man nach unten und kann
sich vorstellen, wie dieser Platz durch die Hausbewohner und
Angestellten der »Specereywarenhandlung« mit Leben erfüllt
war. Auch auf dem Stockwerk der Mozarts befindet sich eine
Galerie zum Innenhof, über die man zur Wohnung der Musi-
kerfamilie gelangt. »Die Wohnung ist voll unschätzbarer Erinnerungsstücke; es wurde jedoch ein Museum daraus gemacht,
und das mußte wohl so sein ...«, vermerkte schon im Jahr
1935 Henri Ghéon.

Ja, ein Museum mußte es werden, andernfalls wären die Exponate in alle Winde verstreut. 1917 erwarb die Stiftung Mozarteum das Haus und gestaltete es zur Gedenk- und kulturellen
Begegnungsstätte, eine beispielhafte Leistung, wie jeder Besucher feststellen kann. Der 1. Stock, die ehemalige Hagen-
auersche Wohnung, ist Sonderausstellungen vorbehalten, im
2. Stock bestrickt den Besucher die Mozartsche Opernwelt: Bühnenbilder, Dioramen, Dokumentationen der Inszenierungen,
Kostüme, Gliederpuppen des Salzburger Marionettentheaters in
den Gewändern der Protagonisten aus Mozarts Bühnenwerken.
Im 3. Stock befinden wir uns bei Familie Mozart zu Gast. Beim
Durchstreifen der Wohnräume, beim Blick in die schummerige
Küche, können sich heutige vom Anspruchsdenken geprägte
Zeitgenossen vergewissern, wie bescheiden eine geniale Familie
zu leben wußte. Wir sehen originales Mobiliar und persönliche
Gebrauchs- und Schmuckgegenstände. Briefe, Notenblätter,
Textbücher. Wolfgangs eigene Musikinstrumente: Hammerflü-
gel, Clavichord, Violine, Viola.

Anrührend Wolfgangs erste Geige in schmaler Vitrine. Der
Salzburger Hoftrompeter und Violinist Andreas Schachtner notierte für Nannerl im Brief vom 24. April 1792 rückerinnernd

Mozarts Hammerklavier,
Wien um 1790, in Mozarts Geburtshaus.

eine Szene mit dem kleinen Virtuosen: »Wolfgangerl bat, daß er
das zweite Violin spielen dürfte, der Papa aber verwies ihm seine
närrische Bitte, weil er noch nicht die geringste Anweisung in
der Violin hatte, und der Papa glaubte, daß er's nicht im minde-
sten zu leisten imstande wäre. Wolfgang sagte: ›Um ein zweites
Violin zu spielen, braucht man es ja wohl nicht erst gelernt zu
haben‹, und als Papa darauf bestand, daß er gleich fortgehen und
uns nicht weiter beunruhigen sollte, fing Wolfgang bitterlich an
zu weinen und trollte sich mit seinem Geigerl weg. Ich bat, daß
man ihn mit mir möchte spielen lassen; endlich sagte Papa:
›Geig mit Herrn Schachtner, aber so stille, daß man dich nicht
hört, sonst mußt du fort‹. Das geschah, Wolfgang geigte mit
mir. Bald bemerkte ich mit Erstaunen, daß ich da ganz überflüssig seie; ich legte still meine Geige weg ...« In allen Zimmern
schauen die Mozarts, ihre Gönner, Freunde von den Wänden.
Zu den prominentesten Förderern der Familie zählte FÜRSTERZ-
BISCHOF SIEGMUND III. GRAF VON SCHRATTENBACH (1753-1771).

Dieser vom Theater und von Musik gleichermaßen faszinierte Landesherr, zahlte für die erste Italienreise des »kleinen Mozartl« mit seinem Vater sechshundert Gulden aus eigenem Geldbeutel, wie das erzbischöfliche Rechnungsbuch festhält. Ferner traten als Förderer in Erscheinung das Mitglied des Domkapitels Leopold Ernst Graf Firmian und Obersthofmeister Franz Laktanz Graf Firmian. Den bekanntesten Freunden ist die Familie Haffner zuzurechnen. Sigmund Haffner der Ältere war Bürgermeister von Salzburg; sein Sohn Sigmund ließ zur Hochzeit seiner Schwester Maria Elisabeth von Wolfgang eine Serenade komponieren, die unter dem Namen »Haffner-Serenade« um die Welt tönte. Gleiches ist von der Haffner-Symphonie zu sagen, die Sigmund junior anläßlich seiner Nobilitierung im Jahr 1782 in Auftrag gegeben hatte.

Ein Bildnis des Vaters, LEOPOLD MOZARTS, in goldbraunem Gewand, hängt im ehemaligen Musikzimmer. Der 1719 in Augsburg, in der Frauentorstraße 30 geborene und in Salzburg ansässig gewordene hochbegabte Musiklehrmeister heiratete am 21. September 1747 die aus Sankt Gilgen am Wolfgangsee stammende ANNA MARIA PERTL, Tochter des dortigen »Fürsterzbischöflichen Pflegers«. Das Gemälde zeigt sie als etwa 53jährige in Gesellschaftsrobe. Die groß geschnittenen Augen, die das Gesicht beherrschende, etwas starke Nase sind auch Gesichtsmerkmale ihrer beiden Kinder. Die Eheleute Leopold und Anna Maria waren als »Salzburgs schönstes Paar« in aller Munde. Sohn Wolfgang aber war sehr bald in aller Welt Munde. Mit fünf Jahren trat er zum ersten Mal öffentlich auf. Er sang im Knabenchor bei der Aufführung des lateinischen Schuldramas »Sigismundus Hungariae Rex« mit. Das geschah in der Aula der 1622 gegründeten Salzburger Universität. Ein Jahr später, 1762, entstanden die ersten Kompositionen des Jungen; die ersten Konzertreisen an die Höfe von München und Wien folgten. Wolfgang und NANNERL in höfischer Galakleidung, lila die des Knaben, weiß das Kleid der bildhübschen Schwester, lächeln auf Gemälden, die dem Maler Pietro Antonio Lorenzoni zugeschrieben werden. Ob die Bildnisse vorgefertigte Produkte waren, in die nur noch die Köpfe hineingemalt wurden, läßt sich nicht eindeutig belegen. Denkbar wäre es, denn wenn der Wiener Hof, an dem die Gemälde entstanden, die Bildnisse der beiden Kinder, die gemeinsam vor der kaiserlichen Familie bravourös musiziert hatten, als Andenken behalten wollte, mußte schnell gemalt werden. Für den Kopf reichte die Zeit bis zur Weiterreise von Wolfgang und Nannerl.

Am 12. März 1767 wurde des Elfjährigen geistliches Singspiel »Die Schuldigkeit des Ersten Gebots« im Rittersaal der Residenz in Salzburg uraufgeführt; am 13. Mai folgte die Uraufführung seiner lateinischen Schuloper »Apollo und Hyacinthus«. Zwei Jahre später erklang seine »Missa brevis d-Moll« zur feierlichen Eröffnung des vierzigstündigen Gebets in der Kollegienkirche; am 1. Mai 1769 wurde des Knaben Opera buffa »La finta semplice« (Die verstellte Einfalt) in Salzburg bestaunt. Die Opernwelt ließ ihn nicht mehr los; ja, er verfiel ihr. Er verfiel aber auch der Liebe zum schöneren Geschlecht. Seine erotischen Eskapaden fanden keineswegs die Billigung Leopold Mozarts, der unnachsichtig die Ansicht vertrat, daß die Gottesgabe eines genialen Talents nicht in Betthupferl-Geschichten verplempert werden dürfe. Doch gegen die Liebe ist bekanntlich kein Kraut gewachsen. Und so tauchte das BÄSLE, Maria Anna Thekla Mozart, am Lebensweg ihres Vetters auf. Wolfgang Amadé traf mit seiner Mutter am 11. Oktober 1777 in Augsburg zum Besuch seines Onkels, des Buchbinders Franz Alois Mozart, ein. Das Bäsle mit seinem spitzbübischen Lachen, mit seiner unprüden Fröhlichkeit war eine Figur aus dem Märchenreich: pfiffig, koboldhaft, der Puck im »Sommernachtstraum«.

Daß Mozart, wo er auf Humor stieß, Seelengenossenschaft witterte, ist letzten Endes sehnsuchtsvoller Ausdruck seines Wesens. Wo es etwas zu lachen gab, war er dabei. Und es gab wenig zu lachen in seiner höfischen Umwelt, einer Welt der Kratzfüße, Bücklinge, der verkrampften Floskeln. Mit seiner Schwester Nannerl konnte er lachen, herumalbern, Witze reißen, geschwisterlich schäkern. Warum sollte solcher Spaß nicht mit dem springlebendigen Bäsle fortgesetzt werden können? Weil eine Base eine Base ist, könnte der gestrenge Vater Leopold dem Sohn zu Bedenken gegeben haben.

Nur vierzehn Tage währte die Beziehung zwischen Wolfgang und Thekla Mozart in Augsburg. Der Nachwelt erhalten blieben schriftliche, derb-erotische Zärtlichkeitsbekundungen, Ausdruck unbekümmerter, ungestümer Jugend.

Im Reigen seiner Leidenschaften stellte sich Mozart im Januar 1778 in Mannheim ALOYSIA WEBER in den Weg. Ihr Vater Fridolin war Sänger, Souffleur und Notenschreiber. Von seinen vier Töchtern wurden zwei im Leben Wolfgangs schicksalsbestimmend: Aloysia und Constanze. Aloysia gilt als die Frau, die ihn durch ihren künstlerischen Geist am tiefsten beseelte, die er infolgedessen am innigsten liebte. Eine große Sängerin wollte er aus der aparten Siebzehnjährigen machen. Sie wurde es und wollte es sein. Wie Leopold Mozart, der den künstlerischen Werdegang seines Sohnes höher als dessen Liebesbeziehungen wertete, schätzte auch Aloysia ihre Karriere höher als eine Dauerverbindung mit Wolfgang. Das fiel ihr um so leichter, weil sie seine Zuneigung nicht zu erwidern vermochte. Wolfgang aber stand in Flammen. Am 17. Januar und am 4. Februar landeten wieder einmal Bekenntnisbriefe beim Vater. Im ersten Brief formuliert Wolfgang vorsichtig, er habe einen Herrn Weber und Familie kennengelernt und im zweiten ist unter anderem zu lesen: »Ich habe diese bedrückte Familie so lieb, daß ich nichts mehr wünsche, als daß ich sie glücklich machen könnte; und vielleicht kann ich es auch.« Er bittet den Vater, Kontakt zu Opernhäusern in Verona und Venedig zu knüpfen, um Aloysia ein Engagement als Primadonna zu vermitteln, denn: »Für ihr Singen stehe ich mit meinem Leben, daß sie mir gewiß Ehre macht. Sie hat schon die kurze Zeit von mir viel profitiert, und was wird sie erst bis dahin profitieren!« Die Antwort an den Sohn war eine unverblümte Zurechtweisung: »und du könntest dich wirklich entschließen mit fremden Leuten in der Welt herumzuziehen? Deinen Ruhm, deine alten Eltern, deine liebe Schwester auf die Seite zu setzen? – das ist nur eine Sache für kleine Lichter, für Halb-Componisten, für Schmierer, für einen Schwindl. Fort mit Dir nach Paris! und das bald, setze dich großen Leuten an die Seite – aut Caesar aut nihil, der einzige Gedanke Paris zu sehen, hätte dich vor allen fliegenden Einfällen bewahren sollen. Von Paris aus geht der Ruhm und Name eines Mannes von großem Talente durch die ganze Welt.« Wolfgang gehorchte. Mutter und Sohn verließen Mannheim und erreichten am 14. März Paris. Doch sein Ziel, eine feste Anstellung zu erlangen, war in der Pariser Gesellschaft unmöglich. Zu allem Ungemach begann die Mutter zu kränkeln. Zum ersten Mal stand Wolfgang am Sterbelager eines geliebten Menschen. Anna Maria Mozart starb nachts, am 3.Juli. Noch in gleicher Nacht gab Wolfgang die Todesnachricht an Abbé Joseph Bullinger in Salzburg weiter.

Man beugt sich über die Vitrine im Mozartmuseum, entziffert die winzige Handschrift. Der berühmte Anfang des Briefes lautet: »Trauern Sie mit mir, mein Freund! Dies war der traurigste Tag in meinem Leben, dies schreibe ich um zwei Uhr nachts. Ich muß es Ihnen doch sagen: meine Mutter, meine liebe Mutter ist nicht mehr! Gott hat sie zu sich berufen; er wollte sie haben, das sahe ich klar, mithin habe ich mich in Willen Gottes gegeben. Er hatte sie mir gegeben, er konnte sie mir auch nehmen. Stellen Sie sich nur alle meine Unruhe, Ängsten und Sorgen vor, die ich diese vierzehn Täge ausgestanden habe. Sie starb, ohne daß sie etwas von sich wußte, löschte aus wie ein Licht.«

Von Paris reiste Wolfgang nach Mannheim und von dort weiter nach München. München als Reiseziel hatte für Wolfgangs Herz bedeutsamen Grund, denn dort war Aloysia seit dem Sommer 1778 als Sopranistin an der Oper verpflichtet. Er stand nun einer anerkannten, bejubelten Sängerin gegenüber, die ihn ob seiner Liebe auslachte. Ein armer Schlucker, Lakai sei er, gab sie ihm zu verstehen. Tief verletzt (von seiner Leidenschaft geheilt?), fand er seine Selbstachtung wieder. Wörtlich sagte er: »Leck mich das Mensch am Arsch, das mich nicht will.«

Doch Mozart entkam dem Spinnennetz der Familie Weber nicht. In Wien, wo Aloysia Primadonna am Hoftheater geworden war, begegnete er dem Clan wieder. Aloysia hatte inzwischen den Hofschauspieler Joseph Lange geheiratet. Mozart begann in Wien Fuß zu fassen. Zwar hatte er durch sein Zerwürfnis, seinen Bruch mit Fürsterzbischof Hieronymus von Colloredo, der ihm die Erlaubnis verweigert hatte, in Wien eigene Konzerte zu veranstalten, seine Stellung als dessen Konzertmeister verloren. Darin aber erblickte Mutter Weber keinen Grund, den jungen Mann nicht in ihr Haus einzuladen. Cäcilie Weber, nunmehr Witwe, hatte noch drei weitere Töchter zu ernähren und möglichst profitabel zu verheiraten. Mozart würde seinen Weg machen, sinnierte sie. Zweifellos imponierte den Wienern die Unbeugsamkeit Mozarts, sich künstlerischen Beschränkungen zu unterwerfen. Da gab es also einen, der die Fesseln sprengte, aus der Abhängigkeit fürstlicher Brotgeber ausbrach, um seinem eigenen Wollen Richtung zu geben; ein Freischaffender, der die damit verbundenen Unsicherheiten auf sich nahm. Plötzlich hofierte ihn der Adel. Er wurde begehrter Klavierpädagoge, seine Konzerte an privaten und öffentlichen Wiener Akademien bildeten die Grundlage seines Aufstiegs. Mit dem Triumph seiner in Wien am 16. Juli 1782 uraufgeführten Oper »Die Entführung aus dem Serail« glaubte er, die wirtschaftlichen Voraussetzungen für die Gründung eines Familienhausstandes gewährt zu wissen. Bevor dies geschah, hatte Vater Leopold einen vom 15. Dezember 1781 datierten Eheankündungsbrief erhalten.

»Nun aber, wer ist der Gegenstand meiner Liebe? Erschrekken Sie auch da nicht, ich bitte Sie. Doch nicht etwa eine Weberische? Ja, eine Weberische! aber nicht Josepha, nicht Sophie, sondern Constanze, die mittelste. Ich habe in keiner Familie solche Ungleichheit der Gemüter angetroffen wie in dieser (...) Die Mittelste aber (...) meine gute, liebe Constanze, ist die Marterin darunter und eben deswegen vielleicht die gutherzigste, geschickteste und mit einem Worte die beste darunter; die nimmt sich um alles im Hause an und kann doch nichts recht tun.«

CONSTANZE WEBER war also die Auserwählte, die Mozart dann am 4. August 1782 heiratete. Auf dem Gemälde, das ihr Schwager, Hofschauspieler Joseph Lange, von ihr fertigte – als vervielfältigte Lithographie fand das Bild weiten Anklang –, sieht man ein schmalgliedriges, kräuselhaariges Geschöpf mit breiten Brauen über schwarzen Augen, mit Schmollmund und spitz zulaufendem Kinn. So wie Mozart den Charakter seiner Braut dem Vater geschildert hatte, so hätte Constanze, ihrem biederen, mädchenhaften Erscheinungsbild nach, durchaus sein können. Sie war es nicht. Sie liebte einen aufwendigen Lebensstil und veranlaßte den nicht zur Knauserigkeit neigenden Mozart zu Ausgaben, die sein höchstes Einkommen überstiegen. Da auch er lustvollem Feiern nicht abgeneigt war, mußte er oft Geld borgen, zu guter Letzt Schuldverschreibungen unterzeichnen. Für Wucherhonorare schrieb er Gelegenheitskompositionen. Seine Opern, inzwischen beispiellose Publikumserfolge, vermochten die hauswirtschaftlichen Defizite nicht zu decken. Constanze hatte nie in finanziell geordneten Familienverhältnissen gelebt; wieso sollte sie plötzlich mit Geld, mit viel Geld,

*Bildnis der
Constanze Weber,
Mozartmuseum.*

umgehen können? Sie führte, ob die Mittel noch vorhanden waren oder nicht, ein überaus verschwenderisches Dasein; notfalls wurde das Versatzamt bemüht. Die unvermeidliche Katastrophe, die totale Verarmung bahnte sich an.

Zahlreiche Mozart-Interpreten vertreten die Ansicht, daß Wolfgang seine Constanze trotz allem geliebt habe. Sie führen seine an sie gerichteten Briefe als Beweismittel an. Doch herzanrührende Schreiben beweisen so gut wie gar nichts; im ärgsten Falle bezeugen sie das Gegenteil. Ob ein Liebesbrief ein Liebesbekenntnis war oder ob solchen Briefen eine aus vielen Motiven gespeiste Lebenslüge zugrunde lag, weiß nur der Schreiber selber – und sonst niemand.

Eine Zeitlang verweilt man im Mozartmuseum vor Joseph Langes unvollendetem Ölgemälde »Mozart am Klavier«. Es ist das bekannteste Kopfbildnis des Komponisten. Der Maler sah ihn schöngesichtig. War Mozart schön? Als Kind hatte er die Blattern gehabt. Keine Narbe deutet darauf hin. Gewöhnlich liebt die Welt, so sagt es Schiller, das »Strahlende zu schwärzen«. Mitunter aber stattet die Welt ihre Lieblinge für alle Erinnerungszeiten mit strahlender Schönheit aus, egal, ob sie es waren oder nicht. Mozart lebt in den Gedanken seiner Verehrer als schlank, zierlich, durchgeistigten Antlitzes fort ... Man geht weiter, betrachtet Schmuckmedaillons, eine geringelte, sorgfältig aufbewahrte Locke. Ein Waschkastl, eine Bettflasche mit Warmsandfüllung finden Aufmerksamkeit; den kleinen Tee- und Zuckerkasten nahm Mozart auf seine Reisen mit. Eine Taschenuhr funkelt. Der Fünfzehnjährige erhielt sie zur Aufführung seiner Oper »Ascanio in Alba« von Kaiserin Maria Theresia geschenkt. Das Goldgehäuse ist mit zweihundert Rautendiamanten besetzt. Auf dem Deckel lächelt die Kaiserin. Mozarts Söhne Carl und Wolfgang, von dem Dänen Hans Hansen gemalt, halten sich verträumt bei den Händen. Ersterer wurde Beamter in Mailand, Wolfgang junior Musiklehrer, den es nach Karlsbad verschlug.

Man verläßt die Wohnung über einen Arkadengang, der die Mozartsche Wohnung mit der ehemaligen Mollschen Nachbarwohnung verbindet. Der Lichthof zwischen dem Haus Getreidegasse 9 und dem angrenzenden Gebäude ist so schmal, daß man dessen Einwohnern auf den Küchentisch gucken kann.

Wir steigen in den 2. **Stock** hinunter, wo in der Hagenauerschen Wohnung Mozarts Opernwelt den Besucher gefangennimmt. Ein Theaterfanatiker wird sich kaum trennen können. Die zahllosen Schaukästen bergen die berühmtesten *Bühnenbildentwürfe* mit szenischen Darstellungen von den frühen Aufführungen bis in die moderne Zeit. Wo beginnt man? Was weglassen? Pars pro toto, einen Teil für das Ganze, anders geht es nicht. Nehmen wir die 1781 uraufgeführte heroische Oper IDOMENEO. Das im Schaukasten gezeigte Bühnenbild datiert aus dem Jahr 1791. Eine weite grüne Säulenhalle erhebt sich aus mythischer grüner Landschaft. Wir sind in Kreta. König Idomeneo, Herr der Insel, kehrt mit seiner Flotte aus dem trojanischen Krieg zurück. Sturm kommt auf. Idomeneo schwört, dem Meeresgott Poseidon das erste Wesen zu opfern, das ihm, nach glücklicher Landung am Strand von Kreta, entgegentreten wird. Dieser erste Mensch ist sein Sohn Idamantes. Unnötig zu sagen, daß im Verlauf der Opernhandlung jeder sich für jeden opfern will. Von soviel Heroismus überwältigt, entsagt der Gott dem Tribut. 1931 beherrschten die Szene nebelgraue Säulenreihen, nebelgrau hüllte sich das Meer ein. Ein Bühnenbild von 1938 läßt keinen Zweifel am bedrohlichen Geschehen. Auf ein wüst zerklüftetes Felsengestade, auf kalkige Palastmauern brandet die wildbewegte See ...

Auch DIE ENTFÜHRUNG AUS DEM SERAIL entrückt den Betrachter der Szenenbilder ans Meer, in die Türkei, in den Palast des Bassa Selim, der Konstanze gefangenhält. Orientalischer Üppigkeit und Farbenpracht vermochte sich kein Bühnendekorateur zu enthalten. Für dieses an Turbulenz wahrlich nicht arme Singspiel, das seine Zuschauer immer aufs Neue bezauberte, schwelgten sie in Bildern aus »Tausendundeine Nacht«.

Eine bitterböse Satire schuf Mozart mit COSÌ FAN TUTTE. Der deutsche Titel zur Uraufführung 1790 in Wien lautete: »So machen sie's oder: die Schule der Liebhaber«. Mit dem Text von Lorenzo Da Ponte feierten Mozarts Witz, seine Spottlust, vor allem sein Humor musikalische Triumphe. Der Operninhalt galt als frivol, was den Genuß ungemein erhöhte. Einerseits konnte man sich empören, andererseits hinter vorgehaltener Hand ob der Liebesaffären kichern. In Neapel, im eleganten Ambiente, dem trauten Wien gar nicht unähnlich, gehen zwei Offiziere jene Wette ein, an der sie allerdings, wäre die Oper keine Oper, sondern Realität, zeitlebens seelisch zu knacken haben würden. Um die Treue ihrer Bräute auf die Probe zu stellen, verkleiden sie sich als Albanesen, werben um die jungen Damen, unguterweise jeder um die Braut des anderen. Ihr Mummenschanz ist – »So machen es alle«, vornehmlich alle Frauen – von Erfolg gekrönt.

In der Gegend von Sevilla, im Schloß des Grafen Almaviva, findet FIGAROS HOCHZEIT statt. Die von Beifall umrauschte Uraufführung in Wien anno 1786 wurde nach wenigen Aufführungen auf Wunsch des Kaisers vom Spielplan abgesetzt. Und das lag an dem glänzenden Libretto Da Pontes, der unüberhörbare Sozialkritik übte. Denn mit List, und mehr noch durch glückliche Verkettung von Zufällen, gelingt es Figaro und seiner Verlobten Susanna, dem liebestollen Grafen den Verzicht auf das »Recht der ersten Nacht« (ius primae noctis) abzuringen. In Prag, wo Mozart vom Publikum vergöttert wurde, war dem Figaro durchschlagender Erfolg beschieden. Er brachte dem Komponisten einen neuen Auftrag ein, zu dem ebenfalls Da Ponte das Textbuch lieferte.

Am 29. Oktober 1787 erklang in Prag der DON GIOVANNI, eine unsterbliche Männergeschichte. Was spielt sich ab? Eine unmoralische Geschichte mit moralischem Ausgang, der Höllenfahrt Don Giovannis. Zwei Tunichtgute, anführender Übeltäter der eine (Giovanni), Handlanger, Lakai und Nutznießer seines Herrn der andere (Leporello), freveln auf Kosten Dritter. Ihre hanebüchenen Abenteuer sind mit Situations- und Verbalkomik gespickt. Don Giovanni mangelt es nicht nur an Rechtsbewußtsein, er hat keins; ein smarter Junge, reicher Lümmel mit dem Hobby »Frauen«. So ist er, so bleibt er bis in seine Todesstunde. Leporello ist zwar willfähriger, aber keineswegs zustimmender Mittäter bei den Schandtaten. Er kennt die blanke Angst, fürchtet die irdische wie die überirdische Rache. Beklemmung lösen die in Spanien angesiedelten Bühnenbilder aus.

Die Dioramen von 1870 und 1937 zeigen in der Schlußszene mit dem Komtur lodernde Flammen, Leiber winden sich in der Glut. Der nicht reuefähige Giovanni wird vom Feuer erfaßt; er stürzt ins Inferno … Beim Schreiben der letzten Noten dieses Finales von antikem Rang könnte Mozart lakonisch geäußert haben: »Das kommt vom Sündendasein.«

Die Schaukästen zur Oper DIE ZAUBERFLÖTE beleben die Erinnerung an das zauberische Opernspiel um zwei Liebespaare: Tamino und Pamina, Papageno und Papagena. Bevor sie sich endlich in die Arme fallen dürfen, haben sie mannigfache Prüfungen zu bestehen.

Es läßt sich nicht übersehen, daß einige Ungereimtheiten im Libretto Johann Emanuel Schikaneders enthalten sind. Zum Beispiel treten die drei geheimnisvollen Knaben – in ihrer Funktion als Weggeleiter der Hauptakteure – zunächst als Beauftragte der Königin des Nachtreiches in Erscheinung, wenig später agieren sie jedoch als Schutzgeister aus Sarastros Sonnenreich. Vermutet wird, daß Schikaneder, in Verbindung mit freimaurerischen Freundeskreisen, Änderungen an seinem Originaltext vornahm, um die Wertvorstellungen der Logenbrüder allen Unwissenden mittels einer Parabel vertraut zu machen. Die musikalische Formvollendung hierfür lieferte Logenbruder Mozart. Er fühlte sich, wie so viele geistig Schaffende seiner Zeit, der Gedankenwelt des Freimaurertums verbunden. Das bedeutete, daß der Güte, Brüderlichkeit, Rechtschaffenheit, Hilfsbereit-

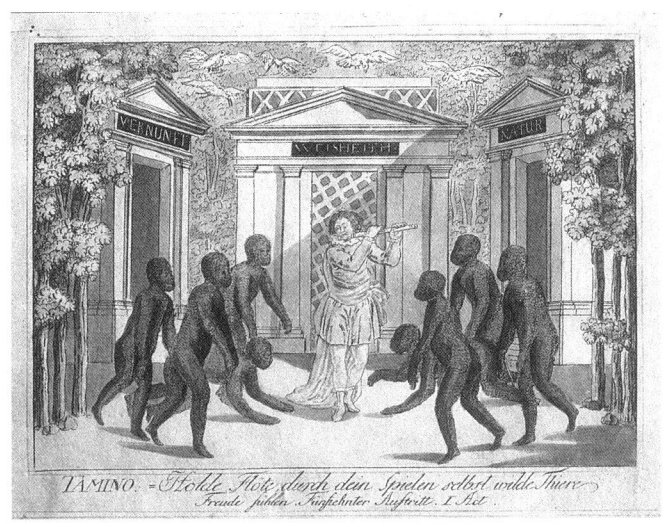

Stich einer Dioramenszene aus
der »Zauberflöte« von Wolfgang Amadeus Mozart (1791),
Mozartmuseum.

schaft unverrückbarer Stellenwert zugesprochen wurde. Er war Mitglied und »Meister« der Loge »Zur Wohltätigkeit«, die sich 1786 mit zwei weiteren Logen vereinigte und fortan den Namen »Zur neugekrönten Hoffnung« führte. Dem Wiener Gelehrten und Freimaurer Ignaz von Born soll in der Figur Sarastros ein charakterliches Denkmal gesetzt worden sein. Schon allein aus dieser Überlegung heraus entbehrt die unausräumbare Fama, die Mozarts Ableben mit seiner Logenzugehörigkeit und mit seiner am 30. September 1791 in Wien, im Theater an der Wieden, uraufgeführten Zauberflöte in Verbindung bringt, jeglicher Glaubwürdigkeit.

Sicher ist dagegen, daß Mozart mit seiner Figur des Tempelherrn Sarastro in der Zauberflöte für die Gedankenwelt der Freimaurer werben wollte:

In diesen heil'gen Hallen
Kennt man die Rache nicht,
Und ist ein Mensch gefallen,
Führt Liebe hin zur Pflicht.
Dann wandelt er an Freundes Hand
Vergnügt und froh ins beßre Land.
In diesen heil'gen Mauern,
Wo Mensch den Menschen liebt,
Kann kein Verräter lauern,
Weil man dem Feind vergibt.
Wen solche Lehren nicht erfreun,
Verdienet nicht, ein Mensch zu sein.

Bevor diese Schlüsselarie im Hain Sarastros, vor dem Tempel der Weisheit, erklingt, ist der Hauptprotagonist Tamino mit Hilfe von drei Damen, Botinnen der Königin der Nacht, in unwegsamer Waldgegend einem Schlangenungeheuer entkommen. Seine Lebensretterinnen schenken ihm die goldene Flöte und seinem Weggenossen Papageno ein silbernes Glockenspiel; Instrumente, welche Schutz vor Ungemach gewähren. Ferner zeigen sie Tamino das Bildnis Paminas, der Tochter der Nachtkönigin. Das Schicksal schlägt zu, er hat die Frau seines Lebens gesehen, jedoch noch nicht gefunden. Die Nachtkönigin selbst beschwört ihn, Pamina aus Sarastros Reich zurückzuholen, in das sie entführt wurde. Auf diese Beschwörungsszene, magischer Höhepunkt der Oper, konzentrieren sich viele Schauszenen im Mozartmuseum. Man kann sich nicht sattsehen. Von Diorama zu Diorama öffnet sich der Nachthimmel, durch Wolkenschwaden schwebt auf silberner Mondsichel die sternenbestickte Königin hernieder. Tamino und Pamina werden die auferlegten Prüfungen bestehen und hohen Menschentums teilhaftig werden. Beide, Hand in Hand, passieren den »Raum der verlorenen Schritte«, schreiten durch Feuergeprassel, Windgeheul, Wasserstürze. Plötzlich befinden sie sich in räumlichem Glanz. Der Chor der Priester jubelt:

Triumph! Triumph! Du edles Paar!
Besieget hast du die Gefahr!
Der Isis Weihe ist nun dein!
Kommt, tretet in den Tempel ein!

Aufführung der »Zauberflöte« im Marionettentheater: Papageno.

Auch Papageno darf, trotz unzulänglichen Prüfungsverhaltens, die ihm von Sarastro zugeführte Papagena freien. 1949 verwandelte sich die Bühne in der Salzburger Felsenreitschule im Finale der Oper in eine Sonne über dem Halbmond. Andere Finalszenen zeigen das Innere eines ägyptischen Tempels der Gottheiten Isis und Osiris. Tamino und Pamina sind endgültig aufgenommen. Mächtig ertönt das Tag/Nacht-Motiv:

Sarastro:	Die Strahlen der Sonne vertreiben die Nacht,
	Zernichten der Heuchler erschlichene Macht.
Chor der Priester:	Heil sei euch Geweihten!
	Ihr dranget durch Nacht.
	Dank sei dir, Osiris,
	Dank dir, Isis, gebracht!
	Es siegte die Stärke
	Und krönet zum Lohn
	Die Schönheit und Weisheit
	Mit ewiger Kron'!

Und jetzt nichts wie hinaus aus dem Mozartmuseum und hinein ins **Mozart-Café** in der Getreidegasse. Der vordere Raumteil ist mit gepolsterten Sitzgelegenheiten und Touristen gefüllt. Doch dahinter, auf Korbgeflechtstühlen, sitzen einheimische Gäste. Es sind Schachspieler und Zeitungsleser. Beides keine Betätigungen, die laut ausgeübt werden. Dahin zieht es mich. Vielleicht sitzt dann jener Alte am Fenster, der mit sich selbst Karten spielte. Oder es findet ein Literaturabend statt. André Heller, Dieter Hildebrandt, Gert Jonke und viele andere lasen hier. Nach einer ausgedehnten Verschnaufpause zahle ich. Der Kellner, der einem Bilderbuch österreichischer Kulturgeschichte zur Zier gereichen würde, fügt beim Abschied betont »Auf Wiedersehen« hinzu. Ja, ich komme wieder. Im nächsten Jahr werde ich mich unter die Zeitungsleser mischen.

Mozart-Wohnhaus, Mozarteum, Zauberflötenhäuschen und Mozart-Denkmal

Wer Mozarts Geburtshaus sah, wird auch seine spätere Bleibe in Salzburg kennenlernen wollen. Dazu spaziert man, wenn man von der Getreidegasse kommt, über die Staatsbrücke der Salzach zur Neustadt hinein. Der Makartplatz, an sich ein Kleinod der Stadt, wird vom Verkehr schier erdrückt. Nirgendwo so sehr wie hier wünscht man sich, daß der Boden sich auftun würde und alle Blechwanzen in der Versenkung verschwänden. Der Platz wird optisch von Fischer von Erlachs Dreifaltigkeitskirche, die 1702 eingeweiht wurde, und dem 1892 errichteten Landestheater der Architekten Hermann Helmer und Ferdinand Fellner beherrscht. Dann erst nimmt der Blick das **Wohnhaus Mozarts**, sogenannte Tanzmeisterhaus, Makartplatz Nr. 8, wahr, in das Vater Leopold Mozart mit den Seinen einzog, um der Enge der Getreidegassen-Unterkunft zu entfliehen. In der neuen Acht-Zimmer-Wohnung schrieb Wolfgang Mozart in den Jahren 1773 bis 1780 über 150 Musikwerke. Den Namen »Tanzmeisterhaus« erhielt das Gebäude nach dem Tanzmeister Johann Pastier aus Carcassonne, der nicht nur Tanzunterricht gab, sondern auch Anstandsregeln und höfisches Zeremoniell einbleute. Im Tanzmeistersaal wurde geübt; es fanden aber auch öffentliche Festlichkeiten statt. Auch die Mozarts nutzten den Saal zum Festefeiern. 1944 wurde das Haus durch Bombentreffer schwer beschädigt und in der Nachkriegszeit banausisch verschandelt. 1981 entstand im erhalten gebliebenen Saal ein Museum mit Gegenständen aus Wolfgang Mozarts letzten Wohnjahren in Salzburg. Konzerte für einen intimen Zuhörerkreis finden statt. Doch eines Tages wird, nach dem Willen der Stiftung Mozarteum, das schon für so viele Zwecke mißbrauchte Haus in voller originaler Anmut zu besichtigen sein. Geht man dann durch die Räume, wird man auch daran denken, daß Vater Leopold Mozart hier in großer Einsamkeit starb. Sicher umkreisten seine Gedanken bis zur Todesstunde seinen Sohn. Öfter als einmal wird er dessen Brief vom 4. April 1787 gelesen haben, der ihn acht Wochen vor seinem Ableben erreichte. Beim Lesen der Zeilen könnte er um den Sohn gefürchtet haben, wie der Sohn um ihn. Wolfgangs Brief an den Vater lautet: »Diesen Augenblick höre ich eine Nachricht, die mich sehr niederschlägt, um so mehr, als ich aus Ihren letzten Briefen vermuten konnte, daß Sie sich gottlob recht wohl befinden. Nun höre ich aber, daß Sie wirklich krank seien! Wie sehnlich ich einer tröstenden Nachricht von Ihnen entgegensehe, brauche ich Ihnen doch wohl nicht zu sagen; und ich hoffe es auch gewiß, obwohl ich es mir zur Gewohnheit gemacht habe, mir immer in allen Dingen das Schlimmste vorzustellen. Da der Tod (genau zu nehmen) der wahre Endzweck unseres Lebens ist, so habe ich mich seit ein paar Jahren mit diesem wahren, besten Freunde des Menschen so bekannt gemacht, daß sein Bild nicht allein nichts Schreckendes mehr für mich hat, sondern recht viel Beruhigendes und Tröstendes! Und ich danke meinem Gott, daß er mir das Glück vergönnt, mir die Gelegenheit (Sie verstehen mich) zu verschaffen, ihn als den Schlüssel zu unserer wahren Glückseligkeit kennen zu lernen. Ich lege mich nie zu Bette ohne zu bedenken, daß ich vielleicht (so jung als ich bin) den anderen Tag nicht mehr sein werde – und es wird kein Mensch von allen, die mich kennen, sagen können, daß ich im Umgang mürrisch oder traurig wäre – und für diese Glückseligkeit danke ich alle Tage meinem Schöpfer und wünsche sie vom Herzen jedem meiner Mitmenschen.«

Noch viereinhalb Jahre währte die Lebensspanne Mozarts. Er starb in Wien, in der Nacht vom 4. zum 5. Dezember, fünf

Minuten vor ein Uhr früh, mitten in der Arbeit an dem von Graf Walsegg bestellten Requiem. Er war bis zum achten Takt des Lacrimosa gekommen. Aus! Etwas bleibt in einem Künstlerleben immer unvollendet.

Vom Makartplatz ist es nur ein Katzensprung zur Schwarzstraße am Mirabellgarten. Im Gebäude Nr. 26 ist die Internationale Stiftung **Mozarteum** etabliert. 1910 bis 1914 wurde diese würdige Pflegestätte des Mozartschen Erbes von dem Münchner Architekten Richard Berndl errichtet. Der Bau ist mit Elementen des ornamentalen Jugendstils verziert. Die beiden Bronzefiguren in den Fassadennischen verkörpern die geistliche und weltliche Musik, auf dem Dach tummeln sich vier Putti als formgewordene Grundtempi der Tonkunst. Außer den für das Konservatorium bestimmten Schulräumen enthält das Mozarteum eine Bibliothek und den Großen Konzertsaal mit der herrlichen, nach den Erbauern benannten Rieger-Orgel. Alljährlich finden sich hier Musikliebhaber aus aller Welt zu den »Mozartwochen« ein. Kaum einer der Gäste wird versäumen, das im Basteigarten des Mozarteums aufgestellte **Zauberflötenhäuschen** aufzusuchen. Das winzige Holzhaus stand ursprünglich in Wien, im Freihof des Theaters an der Wieden. 1875 wurde es der Stadt Salzburg geschenkt. Mozart soll in Wien in dieser Hütte die »Zauberflöte« komponiert haben; eine Idee Schikaneders, der den Komponisten in seiner unmittelbaren Nähe wissen wollte. Aber das dürfte bereits zum Mythos gehören, der sich nach Mozarts Tod entfaltete.

Mythos! Sage und Dichtung von Göttern, Helden und Naturgeistern eines Volkes; Legendenbildung! Ich wandere an der Salzach entlang bis zum Mozartsteg, überquere die gewölbte Brücke und lande auf dem Mozartplatz. Hoch ragt das überlebensgroße **Mozart-Denkmal** empor. 1842 wurde es aufgestellt. Kühlen Gesichtsausdrucks, streng in der Haltung, schaut der Komponist über den zu allen Tageszeiten belebten Platz. Der Münchner Ludwig Schwanthaler schuf Mozart als vergöttlichten Heros der Musik, als in Bronze erstarrte Legende. Mozart, schon längere Zeit leidend, hatte seinen baldigen Tod erahnt. Mit der Hypersensibilität des unheilbar Erkrankten, glaubte er, in einem von Graf Walsegg geschickten Besucher den Tod zu erkennen, der ihn beauftragte, seine eigene Abschiedsmesse

Mozart-Denkmal
von Ludwig Schwanthaler aus dem Jahr 1842
auf dem Mozartplatz.

zu komponieren, eben jenes unvollendet gebliebene Requiem. »Gewiß, man hat mir Gift gegeben«, soll er laut Aussage seiner Frau Constanze vor seinem Ableben geäußert haben. Damit war die Vergiftungs-, mithin die Ermordungsfama geboren. Aloys Greither schreibt dazu: »Die jüngste Medizingeschichte hat sich bemüht, Licht in Mozarts Todeskrankheit zu bringen (...). Es ist nicht länger zweifelhaft, daß Mozart an einer Nierenkrankheit starb. Sie hatte wohl chronischen Charakter und ließe sich als Folge häufiger, zum Teil unausgeheilter Infekte seiner auf Konzertreisen verbrachten Jugendjahre zwanglos erklären.« Zu Constanzes Verhalten nach dem Tod des Gatten führt Greither aus: »Constanze hat erst viel später – annähernd – begriffen, wer ihr erster Mann eigentlich war. Ihrem Schuldgefühl kam das Gerücht der Vergiftung ganz gelegen, das sie, wie so vieles andere, in den Mozart-Mythos eingebaut hat. In den fünf Jahrzehnten, die sie Mozart überlebte, hat sie nicht nur Briefe vernichtet, sondern auch ihr oder ihrer Familie Abträgliches, auch Freimaurerisches, unterschlagen und so aktiv zur Entstehung eines gefälschten Mozart-Bildes beigetragen, das sie selber in ein gutes Licht stellen sollte.«

Pech hat er gehabt in der Wahl seiner Ehefrau. Siebzehn Jahre nach Mozarts Tod begab sich Constanze auf den Sankt Marxer Friedhof in Wien und suchte das Grab des Verstorbenen. Entrüstet mußte sie feststellen, daß das Grab ihres Gatten beim besten Willen nicht zu finden war. Diese Möglichkeit hätte sie – Erinnerungsvermögen vorausgesetzt – in Erwägung ziehen müssen, denn am Tage nach der Todesnacht war der Leichnam Mozarts aus der Wiener Wohnung Rauhensteingasse Nr. 970 abgeholt und um fünfzehn Uhr vor der Kreuzkapelle bei Sankt Stefan eingesegnet worden. Der Leichenzug nahm dann den Weg zum Friedhof Sankt Marx. Bis zum Stubentor wurde Mozart von den wenigen Trauergästen begleitet. Da es regnete und überdies Nebel einfiel, verließen sie ihn hier. Allein trugen die Sargträger den Toten weiter und senkten ihn in die »allgemeine Grube«, ein Schachtgrab, das später »aufgelassen«, also ausgehoben und weiterverwendet wurde.

Die Planstätte 179 wurde anno 1855 »mit größter Wahrscheinlichkeit« als Grab Mozarts erkannt. Ein Säulenstumpf erhebt sich, ein Putto drückt die Fackel aus.

Wenn man das Grab nicht kennt, in dem er Ruh' erworben,
Wen, Freunde, ängstet das? Ist er doch nicht gestorben!
Er lebt in aller Herzen, aller Sinn
und schreitet jetzt durch uns're Reihen hin.

Deshalb dem Lebenden, der sich am Dasein freute,
Ihm sei kein leblos Totenopfer heute.
Hebt auf das Glas, das Mut und Frohsinn gibt,
Und sprecht, es leerend, wie er's selbst geliebt:

Dem großen Meister in dem Reich der Töne,
Der nie zu wenig tat und nie zu viel,
Der stets erreicht, nie überschritt sein Ziel,
Das mit ihm eins und einig war: das Schöne!

Franz Grillparzer verfaßte zur 50. Wiederkehr des Todestages
Wolfgang Amadeus Mozarts die zitierte Totenehrung. Jahr um
Jahr aber ertönt am Vorabend seines Lebensendes sein »unvoll-
endetes Requiem« in der Salzburger Stiftskirche Sankt Peter.
Sunt lacrimae rerum: die Dinge haben ihre Tränen.

Der Niedergang
des barocken Salzburg

*Fürsterzbischof
Hieronymus Graf von Colloredo*

In der zweiten Hälfte des 18. Jahrhunderts hegten die Salzburger noch die Erwartung, daß alles, was sie liebten und genossen, im großen und ganzen so erhalten bleiben würde, wie es war: die farbenprächtigen Kirchenfeste, die burlesken volkstümlichen Veranstaltungen, kurzum die pralle Lebensüppigkeit ihrer Stadt, die Frommes mit weltlicher Sinnenfreude zu vereinen verstand. Aber die ersten Anzeichen durchgreifender Veränderungen mehrten sich. Zur Bestürzung der einheimischen Bevölkerung wurde anno 1772 HIERONYMUS GRAF VON COLLOREDO (1772-1803) zum Fürsterzbischof von Salzburg gekürt. Ihm ging der Ruf voraus, ein Aufklärungseiferer zu sein. Aufgeschreckt notierte Felix Adauctus Haslberger in seiner »Salzburger Chronik« des gleichen Jahres den Aufschrei einer strenggläubigen Kirchenbesucherin: »Jetzt haben wir die Geißel Gottes!«

Dies stellte sich als übertriebene Furcht heraus. Hieronymus von Colloredo erwies sich als ein zwar etwas trockener, jedoch hervorragender Verwaltungsfürst. Durch äußerste Sparsamkeit brachte er die verwahrloste Finanzverwaltung des Erzbistums in Ordnung, verbesserte Schulwesen und Armenpflege. Zugleich aber wurde er Vorbote einer Wende, die Salzburg der barockfröhlichen Glorie beraubte. Die notwendige Sparsamkeit Colloredos kam dem Geiz sehr nahe. Er knauserte beim Aufwand der Hofhaltung, er schränkte die kostspieligen Prozessionen und andere prunkvolle Aufzüge ein. Er verging sich an den traditionellen folkloristischen Schaustellungen, indem er sie abschaffte. Er scheute sich nicht, das Tragen von Gamsbärten und Spielhahnfedern zu verbieten. Das ging zu weit. Die Salzburger grollten. Viele mögen sich mit dem Gedanken getröstet haben, daß die Stadt schon manchen sonderlichen Fürsterzbischof überlebt hatte, denn nicht jedem Landesherrn war eine lange Regierungszeit beschieden gewesen. Gestorben waren sie alle. Soviel stand fest. Doch Colloredo blieb Fürsterzbischof für drei Jahrzehnte.

Hieronymus Graf von Colloredo
Fürsterzbischof von Salzburg (1772–1803).
Zeitgenössisches Portrait von Franz Michael Greiter,
Salzburger Museum Carolino Augusteum.

Was die Salzburger jedoch noch stärker in Verwirrung stürzen sollte als die Neuerungen des Bischofs, waren Nachrichten, die vom Westen her über den Rhein in die Stadt gelangten: Revolution! Völliger Umsturz alles Bekannten, Gewohnten, Geschätzten! Noch wähnte man sich sicher vor den rasenden Franzosen; man meinte, der Kaiser, die deutschen Fürsten, das wehrhafte Preußen böten genug Schutz. Zum Entsetzen der Bürger Salzburgs trafen unablässig weitere Katastrophenmeldungen ein. König Ludwig XVI. von Frankreich war durch eine Teufelsmaschine, Guillotine genannt, enthauptet worden; auf gleiche Weise verschied seine Frau Marie Antoinette, Tochter der hochverehrten Kaiserin Maria Theresia. Was waren die Franzosen für Menschen? Zu den in ihrem eigenen Land begangenen Ungeheuerlichkeiten kamen die Untaten der französischen Armeen. Sie siegten über die ruhmreichen österreichischen Heere. Das Entsetzen verwandelte sich in Abscheu, als man von Massenmorden durch Füsilladen (Erschießungen) und Noyaden (Ertränkungen) erfuhr, von der Tötung zahlloser Priester, vom Erstürmen und Schließen der Kirchen in Frankreich, weil das Christentum abgeschafft werden sollte. In der Pariser Kathedrale Notre-Dame war dem Kult der Vernunft gehuldigt worden. Ein Stöhnen schallte durch das Salzburger Land: »Satanswerk«! Nein, es war Menschenwerk!

Unaufhaltsam rückten derweil die französischen Armeen vor. Die Salzburger konnten sich nicht an selbsterlebte Kriegsnöte erinnern; sogar im Dreißigjährigen Krieg waren ihnen durch glückliche Fügung dessen Übel erspart geblieben. Doch nun kamen die revolutionären Angreifer bedrohlich nahe. Der französische General Moreau hatte die Österreicher beim bayerischen Hohenlinden am 3. Dezember 1800 geschlagen; die Franzosen waren über den Inn gelangt. Damit endete die vertrauensvolle Zuversicht der Salzburger, von der Kriegsfurie verschont zu bleiben. »Der Erzbischof glaubte jetzt mit Sicherheit in seiner Residenz nicht länger verweilen zu können, und bequemte sich daher endlich zur Abreise, welche er bis auf den letzten Augenblick zu verschieben beschlossen hatte (...). Mit Thränen in den Augen, und mit sichtbarer Vorempfindung des seinem

Lande bevorstehenden Elendes, beurlaubte er sich von den Abgeordneten des bürgerlichen Stadtrathes, als sie ihm Morgens an diesem bittern Tage der Scheidung ihre Aufwartung machten. In der That war es ein rührender Anblick, einen alten Fürsten aus seiner Residenz, die er schon gegen 30 Jahre als Herrscher bewohnt hatte, in der Gestalt eines Flüchtlings ausziehen zu sehen«, schrieb ein Zeitgenosse, Judas Thaddäus Zauner, in seinen 1801 und 1802 erschienenen »Beyträgen zur Geschichte des Aufenthaltes der Franzosen im Salzburgischem und in den angränzenden Gegenden«. Mit der Flucht des Fürsterzbischofs schwand nicht wenigen Salzburgern der Glaube an das pastorale Verantwortungsbewußtsein ihrer Erzbischöfe.

Die weiteren Berichte Zauners zur Franzosenherrschaft im Salzburger Land entbehren jeglicher Sentimentalität: »Der 14. December (der dritte Sonntag im Advent) war für Salzburg der angstvollste Tag; denn an demselben erhob sich zwischen den Österreichern und Franzosen an ihrer ganzen Linie, vom Untersberge an bis gegen Laufen, beynahe vor den Thoren der Stadt ein hartnäckiges Gefecht, welches mit dem Anbruche des Tages begann, und bis nach 5 Uhr Nachts mit abwechselndem Glücke fortgesetzet wurde (…). Man zitterte schon vor Beschießung und Plünderung der Stadt (…). Der Anblick der vielen verwundeten und halbtodten Soldaten, welche aus dem Schlachtfelde in die Stadt hereingeschleppet und in die St.-Sebastians-Kirche gebracht wurden, erregte Grauen und Mitleiden, und zeigte den friedlichen Salzburgern den Krieg, den sie bisher nur aus Zeitungen kannten, in seiner ganzen Abscheulichkeit.« Es überrascht eigentlich nicht, daß in der Bischofsstadt die Stimmung der Bevölkerung beim Näherrücken der Franzosen sehr gegensätzlich war. Die einen hofften in den Franzosen ihre Retter und die Stifter einer besseren Ordnung der Dinge zu finden, andere hingegen hielten sie für Unmenschen und »leibhaftige Teufel«. Viele mögen insgeheim erwartet haben, vom hohen Abgabendruck befreit zu werden, während andere das Verbot der Religionsausübung fürchteten. Als die Franzosen dann in Salzburg einmarschierten, wurden die Einwohner mit einem Aufruf des Brigade-Generals Franz Durutte überrascht:

»Seyd ohne Furcht! diese Augenblicke der Verwirrung sind vorüber. Der Sieg führt die Franzosen in eure Ringmauern.

Seyd versichert, daß die Soldaten einer Nation, welche – über ihre unversöhnlichen Feinde triumphierend – ihnen unaufhörlich den Oelzweig des Friedens darbietet, euch niemals in euren friedlichen Wohnungen in Furcht und Schrecken zu versetzen gedenken.

Verhaltet euch daher stille und ohne Besorgnisse. Euer Eigenthum, eure Gebräuche, so wie eure religiösen Meinungen werden unverletzt gelassen werden. Die Besatzung welche innerhalb euern Mauern ist, wird die Ordnung erhalten. Die Grundsätze der Billigkeit des Oberbefehlshabers Moreau sind euch bekannt. Der erste Befehl, welchen er mir bey Übertragung des Kommando dieses Platzes ertheilt hat, war, für eure Sicherheit zu wachen. Ich werde ihn genau befolgen. (Salzburg, den 16. Decembr. 1800) F. Durutte.«

Diese propagandistischen, psychologisch ungemein geschickten Phrasen wurden durch die Wirklichkeit ad absurdum geführt. Dieses Phänomen ist nicht neu, demonstriert aber die Unmöglichkeit der christlichen Forderung, seine Feinde zu lieben. Zeitzeugen berichteten von empörenden, gräßlichen Szenen, die sich in der Nacht vom 15. auf den 16. Dezember in und außerhalb der Stadt ereignet hatten. Die von Nässe und Kälte zermürbte siegreiche französische Armee hielt sich an der Salzburger Bevölkerung schadlos. Sie plünderte und mißhandelte die völlig überraschten Bürger und setzte Häuser und Scheunen in Brand. Keiner erkannte die französische Armee und ihre vielgerühmte Disziplin wieder. Sie glich einer skrupellosen, unbändigen Räuberhorde.

Die Franzosen blieben bis in den Monat April des Jahres 1801. In diesen vier Fremdherrschaftsmonaten verarmte das Land durch ungeheuerlich hohe, erpreßte Kontributionen. Unmittelbar nach dem Einzug ließ die französische Generalität aus öffentlichen Bibliotheken, Kunstkabinetten und Galerien wertvolle Schriften, Bücher und Gemälde abtransportieren. Es handelte sich um Kostbarkeiten, die für würdig befunden worden waren »in den ohnehin vollgepfropften Nationalhallen zu Paris als Siegeszeichen zu prangen«, wie ein Zeitzeuge bitter formulierte. Doch das Schlimmste stand den Salzburgern noch bevor. Durch Betreiben Napoleons wurde mit Reichsdeputationshauptschluß von 1803 das geistliche Fürstentum Salzburg verweltlich und seiner staatlichen Selbständigkeit enthoben. Wie irgendeine beliebige Handelsware wurde das einstige Erzbistum zunächst Österreich, dann Bayern und 1816 wiederum – und zwar endgültig – Österreich zugeschlagen. Damit – so Paumgartner – »sank die stolze kleine Residenzstadt mit einem Schlage zum traurigen Provinznest herab. Der Lebensnerv kultureller Weiterentwicklung aus eigener Kraft war abgeschnitten.«

Salzburg im Dornröschenschlaf

Bereits wenige Jahre nach dem französischen Intermezzo erlebten Reisende ein gänzlich verändertes, stilles, ungepflegtes Salzburg, auf dessen Plätzen Gras und Unkraut wucherten. Gleich Mehltau spann sich Resignation über Stadt und Land. Die Besucher, von der damals modernen romantischen Naturschwärmerei gepackt, priesen emphatisch die Salzburger Landschaft, doch die einst von jedermann als sehenswert gelobte Stadt wurde nur beiläufig wahrgenommen. Bettina von Arnims Reisebericht vom 26. Mai 1810, den sie an Goethe schrieb, gibt diese schwärmerische Stimmung wieder: »Von Salzburg muß ich Dir noch erzählen. Die letzte Station, vorher Laufen (…); es ging in einen fröhlichen Abend über, die Thäler breiteten sich rechts und links, als wären sie das eigentliche Reich, das unendliche gelobte Land. Langsam wie Geister hob sich hie und da ein Berg, und sank allmählich in seinem blitzenden Schneemantel wieder unter. Mit der Nacht waren wir in Salzburg, es war schauerlich die glattgesprengten Felsen himmelhoch über den Häusern hervorragen zu sehen, die wie ein Erdhimmel über der Stadt schwebten im Sternenlicht, – und die Laternen, die da all mit den Leutlein durch die Straßen fackelten, und endlich die vier Hörner, die schmetternd vom Kirchturm den Abendsegen bliesen, da tönte alles Gestein und gab das Lied vielfältig zurück. Die Nacht hatte in dieser Fremde ihren Zaubermantel über uns geworfen, wir wußten nicht wie das war, daß alles sich beugte und wankte, das ganze Firmament schien zu athmen, ich war über alles glücklich. (…) Nicht einen, aber hundert Berge sieht man von der Wurzel bis zum Haupt ganz frei, von keinem Gegenstand bedeckt, es jauchzt und triumphiert ewig da oben, die Gewitter schweben wie Raubvögel zwischen den Klüften, verdunkeln einen Augenblick mit ihren breiten Fittigen die Sonne, das geht so schnell und doch so ernst, es war auch alles begeistert. In den kühnsten Sprüngen, von den Bergen herab bis zu den Seen ließ sich der Übermuth aus, tausend Gaukeleien wurden in's Steingerüst gerufen, so verlebten wir wie die Priesterschaft der Ceres, bei Brod, Milch und Honig ein paar schöne Tage.«

Den einheimischen Salzburgern war solche Überschwenglichkeit fremd. Sie begegneten den Durchreisenden, vor allem den Malern und Schriftstellern, mit Vorsicht. Bloße Landschaftslobhudeleien brachten den Salzburgern keinen Pfennig, keine Festlichkeiten, also keinerlei Gewinn. Mit Wehmut gedachten sie der fürstlichen Hofleute, die zu prassen verstanden hatten, Quelle der Freude gewesen waren. Mit der Zeit gelang es den Salzburgern, sich mit dem gebotenen, bescheidenen Leben abzufinden, die unbehagliche Behaglichkeit zu genießen. Man aß und trank qualitätvoll, feierte Familienfeste. Auf die Dauer aber konnte man sich damit nicht abfinden. Die Salzburger hätten keine Salzburger sein dürfen, wenn sie sich nicht sehr bald und nachdrücklich ihrer Theaterleidenschaft erinnert hätten. Wenn es schon keine Fürsterzbischöfe, keine phantasiebeflügelnden Mätressen, keine neuen Nacktskulpturen mehr gab, dann mußte das Theater, sinnverzauberndes Spektakel schlechthin, den ehemaligen Glanz, die Tollheit, die Quirligkeit zurückzubringen imstande sein. Jeder sollte mitspielen: Gastwirt und Gast, Fiaker und Roß, Diva und Dirigent, Star und Statist. Doch nicht nur Mensch und Vierbeiner sollten am Trubel beteiligt sein. Nein, mitwirken mußten auch der Dom, die Felsengemäuer, die Festung und die Schlösser, die Gärten und die Kirchturmglocken und alle Gassen mit ihrer übermächtigen Vergangenheit. War man denn blind gewesen für das, was die Misere übriggelassen hatte? Die Lebensfreude jauchzte aus jedem Mauerstein! Warum hatte das niemand bemerkt? Zupacken mußte man! Anfangen! Und so geschah es. Die »Festspielstadt« wurde gleich Dornröschen wachgeküßt. Bevor wir uns ihr zuwenden, schlendern wir erst ein wenig durch die Gassen, die allesamt der Festspiele szenisches Umfeld bilden.

Kreuz und quer
durch Salzburgs Gassen

Die Neustadt
am rechten Salzach-Ufer

Weil am rechten Ufer der Salzach gelegen, wenn man flußab-
wärts schaut, wird die Neustadt auch »Rechtsstadt« genannt.
Einen anderen Bezug als den der Seitenbestimmung, auch eine
weltanschauliche »Rechtslage«, wird keiner in die Beziehung
hineingeheimnissen wollen. Die Neustadt, am Fuße des Kapuzinerbergs sich ausdehnend, ist nicht weniger reizvoll als ihre
Schwester am anderen Salzach-Ufer. Ihre imponierenden Bauten und ihre Anlagen – Schloß und Park Mirabell, Wolf Dietrichs von Raitenau Mausoleum, Mozarteum und Makartplatz –
wurden bereits vorgestellt. Aber auch ihre engen Bürgergassen,
vielleicht etwas melancholischer anmutend als die der linksseiti-
gen Stadt, lohnt es zu durchstreifen.

Platzl, Steingasse und
Schloß Arenberg

Für den Fremden ist es am einfachsten, am **Platzl** bei der Staatsbrücke zu beginnen, wo am Haus Nr. 3 ein Porträt des Paracelsus an den prominenten Bewohner erinnert. Die **Steingasse**, die
sich, zwischen Kapuzinerberg und Salzach eingezwängt, male-
risch dahinschlängelt, benutzten schon die Römer als Verbin-
dungsweg ins Gebirge. Hafner, Färber, Töpfer und Gerber sie-
delten sich an und errichteten hier ihre Werkstätten. Das Fär-
berhaus Nr. 18 fällt durch ein Marmorportal ins Auge; am Haus
Nr. 19 rätselt man über die Bedeutung eingeschnitzter, seltsamer Zeichen. Das Innere Steintor oder Johannestor, von dem
die Gasse ihren Namen erhielt, wurde 1634 unter Erzbischof
Paris Lodron anstelle eines nicht mehr benötigten Bollwerks
errichtet. Das Hafnerhaus Nr. 67 weist den Schutzpatron dieses
Gewerbezweiges, den heiligen Sebastian, auf. Das Ende der
Steingasse ist am »Engelwirtbrunnen«, einem Wandbrunnen

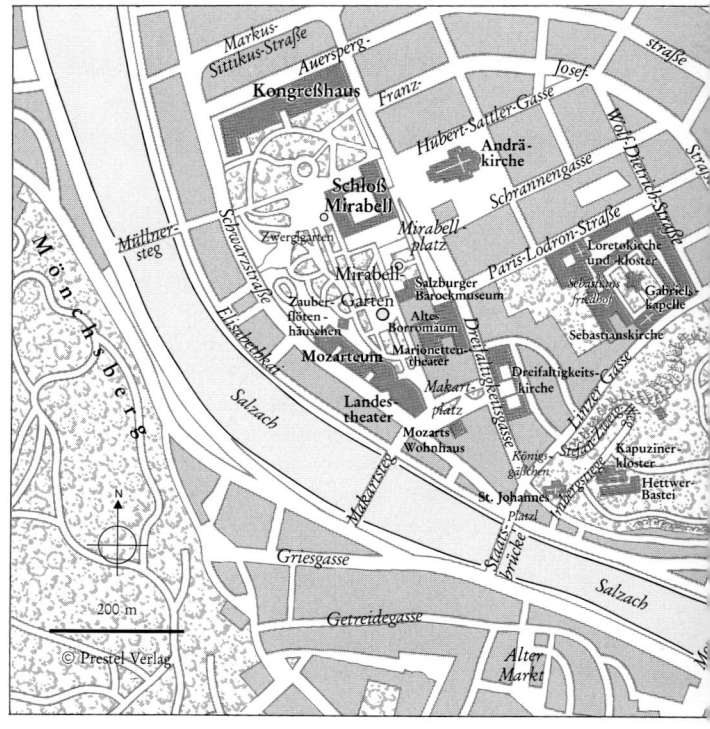

mit Löwe und Einhorn zu erkennen. Ginge man weiter, würde man das Wohn- und Arbeitsgebiet der Zünfte verlassen und zu Schloß Arenberg gelangen. Alle Wege Salzburgs scheinen als Endpunkt ein Schloß, Kloster oder eine Kirche zu haben – dieser Verdacht drängt sich zwangsläufig auf. In **Schloß Arenberg** lebte in den Jahren 1912 bis 1922 der Dichter, Philosoph, Dramaturg und Essayist Hermann Bahr, einer der Hauptinitiatoren der Festspiele. Eine Gedenktafel erinnert daran. Das Schloß auf

Franziski-
Schlößl

K a p u z i n e r b e r g

Bayer-

asserstraße

hamerstraße

Haup/straße

Schallmooser

Paulingerstraße

Blumenstein-
straße

teingasse

Imbergstraße

iselakai

Arenbergstraße

Schloß Arenberg:
Max-Reinhardt-
Forschungs- und
Gedenkstätte

Eisenheim-
straße

dem Bürglstein wurde 1861 errichtet; ein Vorgängerbau war
durch Brand zerstört worden. 1931 ging das gesamte Anwesen,
nachdem die Mitglieder des Hauses von Arenberg der Salzach
den Rücken gekehrt hatten, in den Besitz der Stadt und der
Salzburger Sparkasse über. Die *Max-Reinhardt-Forschungs- und
Gedenkstätte*, die auch das Archiv der Festspiele beheimatet, wurde ins Leben gerufen. Ausstellungen werden während der Festspielzeit gezeigt und künden von der Forschungstätigkeit.

Abguß des Sebastianreliefs
von Hans Konrad Asper (um 1615) vom ehemaligen
Linzer Tor; heute an der Außenfront
der Sebastianskirche in der
Linzer Gasse.

Linzer Gasse,
Stefan-Zweig-Weg, Imbergstiege
und Königsgäßchen

Vom Platzl gehe ich hinauf in die **Linzer Gasse**, das – trotz ihrer vielen eiligen Passanten – merkwürdig einsam wirkende Gegenstück zur berühmten und vornehmeren Getreidegasse der jenseitigen Salzach-Stadt. Man muß sich Zeit nehmen, um ihre Eigenart würdigen zu können. Manche ihrer Häuser stammen aus der Mitte des 14.Jahrhunderts. Verwitterte Mauerfresken verraten die Liebe ihrer einstigen Bewohner zum Dekor. In der »Engel-Apotheke« im Haus Nr.3 arbeitete einst Georg Trakl als Praktikant, und dort beschaffte er sich möglicherweise auch die Opiate, denen er so jung zum Opfer fiel. Haus Nr.13 ziert ein Metzgerspruch: »Viel herb und hart, ist Metzger-Art, Der feinste Mann, ohn ihn nicht leben kann.« Linzer Gasse 14 bietet den Einstieg zu einem traumhaften Aufstieg. Ein hohes Rustikaportal mit dem Bildnis des heiligen Franziskus, 1617 von Markus Sittikus errichtet, gibt den steilen Weg auf den 638 Meter hohen Kapuzinerberg frei. Sechs zwischen 1736 und 1744 geschaffene Passionsstationen säumen ihn. Den Abschluß bildet die steinerne Kreuzigungsgruppe von Franz Hitzl (1780). Mancher legt eine Blume, einen Strauß nieder.

Ist man bis zum Waldrand emporgeklommen, sieht man das **Paschingerschlößl**, von 1918 bis 1938 Bleibe des Dichters STEFAN ZWEIG. Nach ihm ist auch der Aufstiegsweg benannt. Erschütternd seine Abschiedsnotiz von 1942: »An Salzburg, der Stadt, wo das Haus stand, in dem ich zwanzig Jahre gearbeitet, fuhr ich vorbei, ohne auch nur an der Bahnstation auszusteigen. Ich hätte zwar vom Waggonfenster aus mein Haus am Hügel sehen können mit all den Erinnerungen abgelebter Jahre. Aber ich blickte nicht hin. Wozu auch? – Ich würde es doch nie wieder bewohnen. Und in dem Augenblick, wo der Zug über die Grenze rollte, wußte ich wie der Urvater Lot der Bibel, daß alles hinter mir Staub und Asche war, zu bitterem Salz erstarrte Vergangenheit.«

Das auf weitem Plateau gelegene, gelbe **Kapuzinerkloster** ließ Fürsterzbischof Wolf Dietrich von Raitenau unter Einbeziehung eines Teils der ehemaligen Stadtbefestigung, des sogenannten »Trompetenschlößls«, 1599 bis 1602 errichten. Die **Klosterkirche** ist, wie es die Regeln des Ordens erheischen, schlicht ausgestattet. Ein dreiteiliger Hochaltar, der auf strenge Weise das Presbyterium vom Betchor trennt, zeigt im Mittelbild die »Geburt Christi«. Die spätgotische geschnitzte *Holztür* mit zwölf Heiligenreliefs, wie eines der Spruchbänder ausweist, 1450 entstanden, stammt aus dem Dom.

Spaziergänger, die den Aufstieg bis hierher ohne Atemnot schafften, sollten sich die **Hettwer-Bastei** unterhalb des Klosters nicht entgehen lassen. Die sogenannte *Kanzel* ermöglicht einen atemberaubenden Ausblick über die Altstadt.

Von hier oben kann man auch sehen, was es mit den berühmten *Grabendächern* auf sich hat, die schon Hermann Bahr aufgefallen waren: »Was jeden Gast, der von Norden kommt, gar so verwundert: man sieht kein Dach. Der Meister Rudolf Alt hat Salzburg oft gemalt, vom alten Gasthaus ›Zum Stein‹, wo er gern oben im letzten Stock saß. Der hat das auch stark gespürt: eine Stadt ohne Dach! Nirgends ein Giebel, alles horizontal geschlossen, das Dach hinter einer Wand, die ein letztes Geschoß vortäuscht, versteckt.« Die über den Dachfirst gezogene Mauer, die das Haus von unten dachlos erscheinen läßt, diente dem Brandschutz. Um einen besseren Abfluß des Schmelz- und Regenwassers zu ermöglichen, wurden mehrere kleine Satteldächer quer zur Fassade gestellt, die jene interessante Dachfaltung mit den dazwischenliegenden Abwasser-»Gräben« ergeben, die so typisch für Salzburg sind.

Wir folgen dem Weg, der uns in die **Imbergstiege** führt. »Imberg« war der ursprüngliche Name für den Kapuzinerberg. Er blieb in der Imbergstiege erhalten. Und wieder verweilt man recht nachdenklich vor einer Gedenktafel am Haus Nr. 427. Am 11. Dezember 1792 wurde hinter dessen stillen Fenstern JOSEPH MOHR, der der Christenheit den Text zu dem Weihnachtslied »Stille Nacht, Heilige Nacht« bescherte, geboren, und zwar als uneheliches Kind der Strickerin Anna Schoiberin, Tochter des Salzamtsschreibers aus Hallein. Vater des Knaben war der Soldat Joseph Mohr, der jedoch, da er fahnenflüchtig war, außer Reichweite blieb. Ledigen Frauen, die ein Kind gebaren, wurde damals ob ihres Sündenfalls eine Geldbuße auferlegt. Unabhängig davon mußte das Kind selbstverständlich getauft werden und einen Paten haben. Dazu stellte sich die Frage, wer sich zur Patenschaft bereit fände. In diesem Falle war es der in Amt und Würden ergraute Salzburger Scharfrichter und Henker Franz Joseph Wohlmuth, der sich der unbemittelten Strickerin und ihres Sohnes erbarmte. Bei der Taufe ließ er sich jedoch durch eine Bürgersfrau vertreten. Wahrscheinlich wußte Wohlmuth nur zu gut, daß Scharfrichter in Kirchen, dazu noch am Taufbecken, nicht gern gesehen, vielerorts nicht einmal geduldet wurden. Sie zählten zu den Leuten mit »unehrlichen« Berufen, worunter auch die Bader, Abdecker und Kastrateure fielen. Da nützte es wenig, daß Wohlmuth als junger Scharfrichter »sein Meisterstück mit dem Schwerdt« absolviert hatte, indem er einen zum Tode verurteilten Banditen fachgerecht köpfte.

Durch einen Schwibbogen mit Kruzifix führt die Imbergstiege zur kleinen Barockkirche **Sankt Johann**, deren Orgel der junge Mozart oft gespielt haben soll. Eng schmiegt sich das bis ins 14. Jahrhundert zurückgehende Gotteshaus an den felsigen Hang des Kapuzinerbergs. 1681 wurde es unter Erzbischof Max Gandolf (1668-1687) neu errichtet.

Zurück führt der Weg über die Steingasse zum Platzl und wieder hinauf in die Linzer Gasse. Von dort lohnt sich ein kurzer Blick in das Königsgäßchen, das nach links von der Linzer Gasse abzweigt.

Das Gewerbe des ehemals im nadelöhrengen **Königsgäßchen** ansässigen »Nachtkönigs« gehörte zu den notwendigen, aber diskreditierten Berufen. »Nachtkönig« hieß er deshalb, weil er nachts die Schwindgruben und Kloakenkanäle säuberte, eine Tätigkeit, die Teufelsgestank verbreitete.

Mich aber zieht es in die Niederungen der Neustadt zurück. Ich möchte noch zwei Kirchen besuchen. Dazu wähle ich den Weg über die Linzer Gasse und den Sebastiansfriedhof. Wolf Dietrich von Raitenaus Mausoleum geistert aus sattem Grün. Vor dem Paracelsus-Grabmal spielen Kinder mit Murmeln.

Folgende Doppelseite: Dreifaltigkeitskirche,
Blick auf die Mittelachse der zurückgewölbten Fassade des Barock-
Architekten Johann Bernhard Fischer von Erlach.

Loretokirche und -kloster, Dreifaltigkeitskirche

An der Paris-Lodron-Straße liegt die 1648 vollendete kleine barocke Loretokirche. Fürsterzbischof Paris Lodron ließ **Loretokirche** und **-kloster** für die Klarissinnen bauen, die im Dreißigjährigen Krieg vor den Schweden geflohen waren und sich in Salzburg angesiedelt hatten. Die Kirche wurde über einem ungewöhnlichen Grundriß errichtet: An das von drei Kapellen umgebene Langhaus schließt sich der als runder Zentralraum gebildete Chor an. Auf dem rechten Seitenaltar schimmert eine prächtig gewandete Elfenbeinfigur, das »*Gnadenreiche Loretokindl*« oder »Salzburger Kindl«. Doch – betrüblich zuzugeben – nicht seinetwegen suche ich bei jedem Salzburg-Aufenthalt die Loretokirche auf. Ich verweile in dieser »Blumenkirche« des Duftes wegen. Alle Altäre sind mit frischen Blumengirlanden umwunden. Nelken, Lilien, Astern, Alpenveilchen! Ein paradiesisches Wehen durchströmt den Raum. Man kann es nicht anders ausdrücken.

PVLCHRITVDo ANTIQVA
MIRABILI NOVITATE
RESTITVTA.

CVM SVBEST REVERENDISSIMO
DOMINO · DOMINO
LEOPOLDO
ANTONIO ELEVTHERIO,
ARCHIEPISCOPO,
 et Sac. Rom. Imp.
PRINCIPE SALISBVRGENSI
Sedis Apostolicae Legato Nato,
Germaniae Primate,
ET ANTIQVISSIMA FAMILIA COMITVM
DE FIRMIAN &c. &c.

Bevor ich die Neustadt verlasse, um mich der gegenüberliegenden Salzach-Seite zuzuwenden, steht ein weiterer Kirchenbesuch auf dem Programm: die am Makartplatz gelegene **Dreifaltigkeitskirche**, die man über die Paris-Lodron-Straße und Dreifaltigkeitsgasse erreicht. Die als Klosterkirche mit angrenzenden Konviktsgebäuden angelegte Kirche zählt zu den großartigsten Schöpfungen des bedeutenden Barock-Architekten FISCHER VON ERLACH und ist gleichzeitig dessen erster Kirchenbau in Salzburg. Daß der Bau, der sich von 1694 bis 1702 hinzog, unter Erzbischof Johann Ernst von Thun als Zentrum einer zweiflügeligen Klosteranlage mit anschließenden Konviktgebäuden konzipiert war, erkennt man heute nicht mehr sofort, da – im Zuge zweier Restaurierungen im 18.Jahrhundert und nach dem großen Brand im frühen 19.Jahrhundert – bauliche Veränderungen eintraten. Die Türme wurden erhöht, wodurch die Kirchenfassade – die eingezogene Kirchenfront verbindet die Seitenfronten palastartig miteinander – eine größere Eigenständigkeit gewann. Freilich ging dadurch auch einiges von der harmonischen Gesamtwirkung verloren, die durch die starke Betonung der Horizontalen erreicht wurde. Als räumliches Grundmotiv für seinen interessanten Kirchenbau, bei dem er sich nachhaltig von Francesco Borrominis Fassade von Santa Agnese in Rom beeinflussen ließ, wählte Fischer von Erlach das Oval, wie sich im Grundriß zeigt: Die konkav zurückgewölbte Fassade wird durch die vorgewölbten Eingangsstufen zum vollen Queroval ergänzt und durch die im Gegensinn dazu anlaufende längsovale Tambourkuppel wieder aufgegriffen. Diese wird von einem griechischen Kreuz überlagert, das aus Vorhalle, Altarraum und Seitenkapellen gebildet wird. Im *Inneren* umfängt den Besucher Klarheit und nüchterne Eleganz. Die durch die hohen Fenster einflutende Helligkeit setzt das *Kuppelfresko* »Krönung Mariae« ins richtige Licht: Es wurde um 1700 von JOHANN MICHAEL ROTTMAYR geschaffen und fügt sich harmonisch in das architektonische Konzept Fischers von Erlach. Aus diesem Grunde wurde der Maler später bei der Ausstattung mehrerer Gebäude des Architekten hinzugezogen. Der ehemalige barocke Hochaltar, 1699 bis 1702 von Andreas Götzinger nach einem Entwurf Fischers von Erlach geschaffen, konnte nach einem Brand und Umgestaltungen nur in Grundzügen rekonstruiert

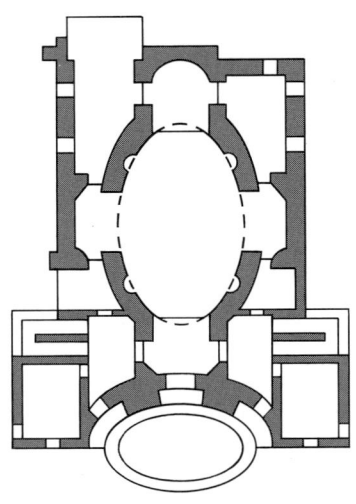

*Grundriß der
Dreifaltigkeitskirche.*

werden, wobei man sich an eine in den fünfziger Jahren aufgefundene Entwurfszeichnung anlehnte. Allein die »Dreifaltigkeits«-Gruppe war von ihm erhalten geblieben. Aus der ursprünglichen Ausstattung der Kirche stammen auch die beiden Bilderrahmen haltenden Engel auf den zwei Seitenaltären (1700-1702), die ebenfalls italienischen Einfluß aufweisen. Ihr Schöpfer Michael Bernhard Mandl übernahm das Motiv von Gian Lorenzo Bernini und trug damit zum Siegeszug des italienischen Barock in Architektur und Skulptur nördlich der Alpen bei. Aus der Kühle der Kirche tritt man wieder auf den sonnendurchwärmten Makartplatz.

Für diesmal: Auf Wiedersehen, wonnevolle Stadt rechts der Salzach! Vom gegenüberliegenden Ufer lockt abenteuerliches Gassengewirr.

Über den Waagplatz zur Judengasse und zum Rathausplatz

Ältester Platz Salzburgs ist der **Waagplatz**, Zentrum der bürgerlichen Siedlung, die sich seit ihren Entstehungszeiten unmittelbar an den fürsterzbischöflichen Stadtbereich anschloß. Jedesmal, wenn ich auf dem Waagplatz stehe und die Augen über die jahrhundertealten Häuserzeilen streifen lasse, fällt der Blick aus mir wohlbekanntem Grund auf ein Zunftzeichen, ein Gastwirtsschild des Hauses Waagplatz Nr. 2. Auf rotem, goldumränderten Grund zeigt es zwei goldene »K«. Und K + K nennt sich die stadtbekannte Klause, die listig »kaiserlich-königliche« Assoziationen weckt. Realiter stehen die beiden Buchstaben für die schlichten bürgerlichen Namen der Inhaber. Ob kaiserlich-königlich oder gut bürgerlich – entscheidend bleibt, daß man sich in dem mächtigen Gemäuer aus dem 12. Jahrhundert mit seiner urgemütlichen Atmosphäre wohl fühlt. Das Haus Waagplatz Nr. 4 birgt ein frühmittelalterliches Baudenkmal, den **Romanischen Keller**. Säulen aus Mönchsberg-Konglomerat tragen das Gewölbe. Dieser Keller ist die übriggebliebene Restanlage der einstigen Kaiserpfalz zu Salzburg, die Friedrich I. Barbarossa 1167 errichtete, und dient heute Veranstaltungen mit historischem Ambiente. Im Haus Waagplatz Nr. 1 a, dem sogenannten »Schaffnerhaus«, wurde am 3. Februar 1887 der Dichter Georg Trakl als viertes Kind des Eisenwarenhändlers Tobias Trakl und seiner Frau Maria geboren. Im ersten Stock ist heute die **Trakl-Gedächtnisstätte** eingerichtet. Das kleine Museum birgt Handschriften, Typoskripte und Familienphotos. Eigenartigerweise beschwört der im Hof erhaltene Ziehbrunnen die häusliche Atmosphäre des Dichters ergreifender herauf als sein Selbstporträt und die Porträtbüste. Eher »enfant terrible«, als strahlender Dichter rieb sich Trakl auf zwischen wohlbehütetem Elternhaus und frühkindlicher Opposition; Depressionen, Unverständnis seiner Umwelt und traumatische Erlebnisse als Sanitäter im Ersten Weltkrieg trieben ihn in die Abhängigkeit von Drogen, die er sich als gelernter Apotheker leicht beschaffen konnte und

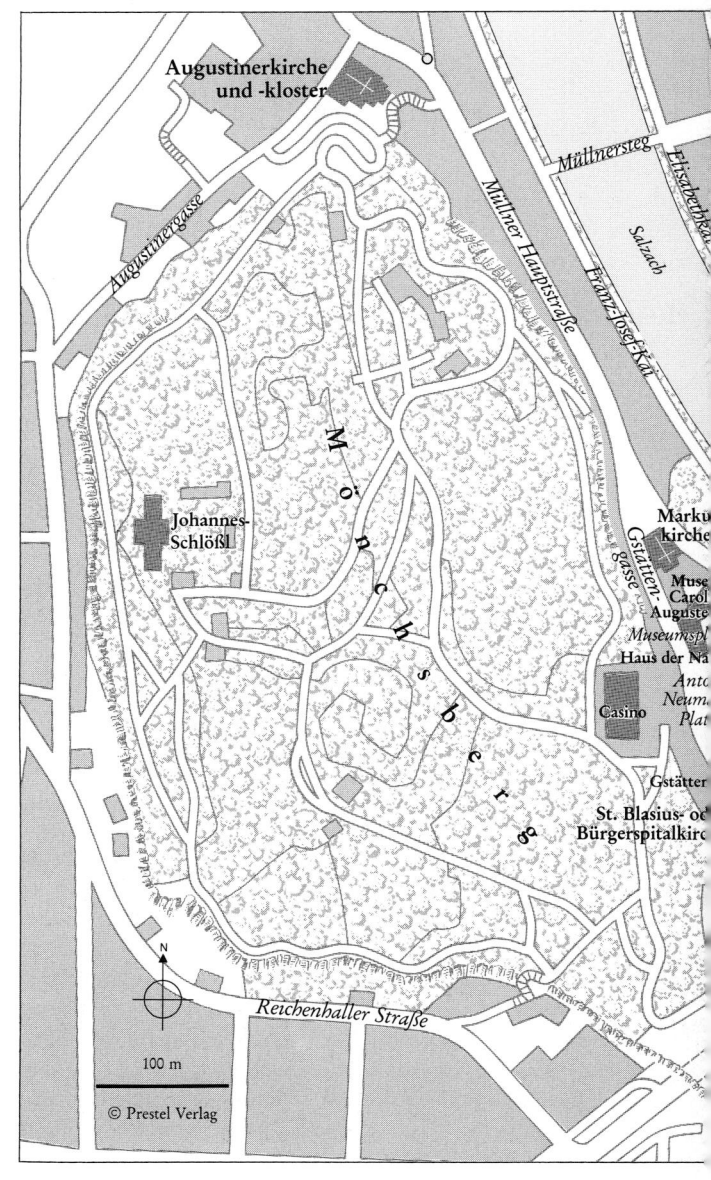

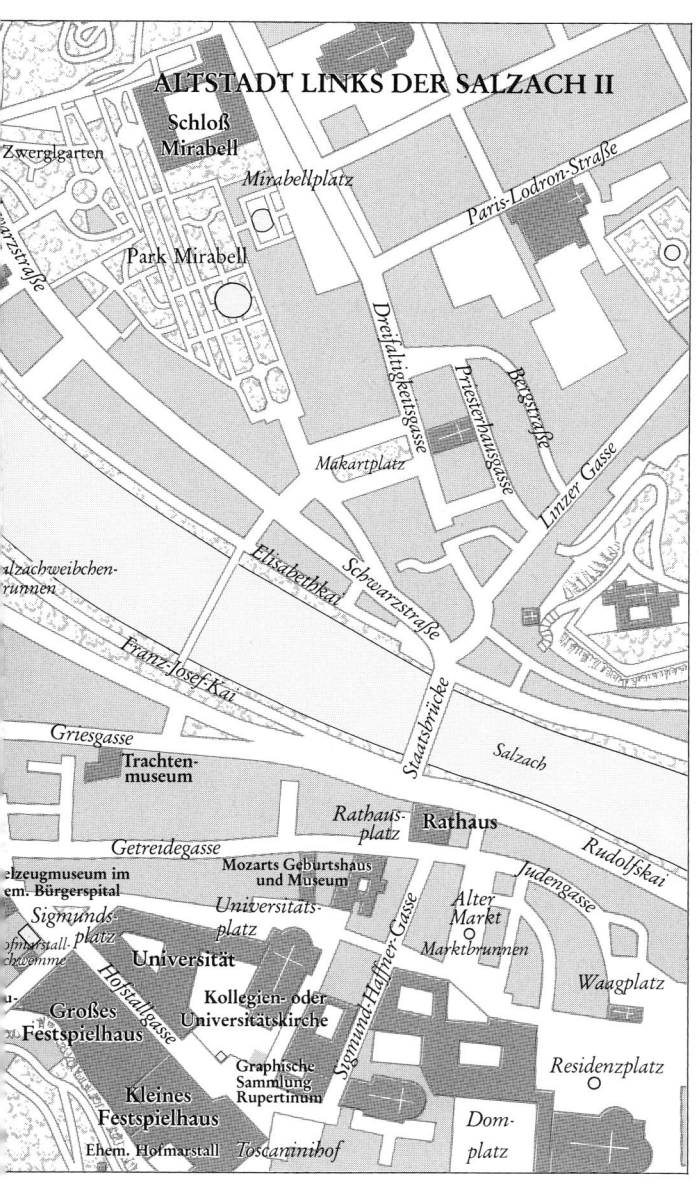

ALTSTADT LINKS DER SALZACH II

Zwerglgarten

Schloß Mirabell

Mirabellplatz

Paris-Lodron-Straße

...arzstraße

Park Mirabell

Dreifaltigkeitsgasse

Priesterhausgasse

Bergstraße

Linzer Gasse

Makartplatz

...alzachweibchen-
...runnen

Elisabethkai

Schwarzstraße

Franz-Josef-Kai

Griesgasse

Staatsbrücke

Salzach

Trachten-
museum

Rathaus-
platz

Rathaus

Getreidegasse

Rudolfskai

...elzeugmuseum im
...em. Bürgerspital

Mozarts Geburtshaus
und Museum

Judengasse

Sigmunds-
platz

Universitäts-
platz

Alter
Markt

...ofmarstall-
...schwemme

Universität

Sigmund-Haffner-Gasse

Marktbrunnen

Waagplatz

...u-

Hofstallgasse

Kollegien- oder
Universitätskirche

Großes
Festspielhaus

Graphische
Sammlung
Rupertinum

Residenzplatz

Kleines
Festspielhaus

Ehem. Hofmarstall

Toscaninihof

Dom-
platz

denen er im Alter von nur 27 Jahren zum Opfer fiel. Er starb
1914 in Galizien. Hof und Ziehbrunnen rufen Georg Trakls
Gedicht »Kindheit« aus der Sammlung »Sebastian im Traum«
in Erinnerung, in dem seine innere Zerrissenheit anklingt:

> Voll Früchten der Hollunder; ruhig wohnte die Kindheit
> In blauer Höhle. Über vergangenen Pfad,
> Wo nun bräunlich das wilde Gras saust,
> Sinnt das stille Geäst; das Rauschen des Laubs.
>
> Ein gleiches, wenn das blaue Wasser im Felsen tönt.
> Sanft ist der Amsel Klage. Ein Hirt
> Folgt sprachlos der Sonne, die vom herbstlichen Hügel rollt.
>
> Ein blauer Augenblick ist nur mehr Seele.
> Am Waldsaum zeigt sich ein scheues Wild und friedlich
> Ruhn im Grund die alten Glocken und finsteren Weiler.
>
> Frömmer kennst du den Sinn der dunklen Jahre,
> Kühle und Herbst in einsamen Zimmern;
> Und in heiliger Bläue läuten leuchtende Schritte fort.
>
> Leise klirrt ein offenes Fenster; zu Tränen
> Rührt der Anblick des verfallenen Friedhofs am Hügel,
> Erinnerung an erzählte Legenden;
>   doch manchmal erhellt sich die Seele,
> Wenn sie frohe Menschen denkt, dunkelgoldene Frühlingstage.

Die hohen, schattenwerfenden Gebäude der langen, schmalen
Judengasse wissen um die Schicksale jener Menschen, die von
ihrer Mitwelt als andersartig empfunden wurden. Die im mittelalterlichen Salzburg lebenden Juden mußten den »gehörnten
Hut« tragen, um sich von den Christen zu unterscheiden. Anno
1348 grassierte die Pest in der Stadt; prompt wurden die Juden
der Brunnenvergiftung bezichtigt. 1404 hätten sie sich angeblich
durch räuberische Handlanger Hostien aus der Müllner Kirche
beschafft. Beide Unterstellungen zeitigten Pogrome: Die jüdi-
sche Bevölkerung wurde niedergemetzelt oder verjagt und ausgewiesen. Nichts erinnert mehr an die ehemalige Synagoge,
die dort stand, wo sich heute die Gaststätte »Höllbräu« befindet (…). Ich gehe weiter, vorbei am Haus Nr. 3 mit seiner schönen
Jugendstil-Fassade. Im Gasthaus »Zum Mohren«, Judengasse 9,

verkehrte Familie Mozart, und im Haus Nr. 8 nächtigte Franz
Schubert am 8. August 1825. Heute hocken in der Gasse Pflastermaler, Musikanten lehnen an den Mauern, Blumenverkäufer
bieten Sträuße an. Geschäftsleute stehen vor ihren Läden, deko-
rieren Fenster, tauschen Neuigkeiten aus. Eine von friedlicher
Stimmung erfüllte Gasse. Sie führt – über den Alten Markt und
den Rathausplatz – in gerader Linie zur **Getreidegasse**.

Augenfälliger können die Unterschiede zwischen zwei be-
nachbarten Gassenzügen nicht sein als die zwischen Juden- und
Getreidegasse. Wer die Hoffnung, gar den Wunsch hegt, in
Salzburg auf Bekannte aus Deutschland oder einem anderen
Heimatland zu stoßen, der muß die Getreidegasse auf- und abwandern. Er kann sicher sein, in kurzer Zeit geschieht es. Im
argen Gewühl drängt sich jemand dem Schlendernden entgegen. Plötzlich wird er jubelnd umarmt – unter lebhafter Anteil-
nahme der Passanten. Wen Begrüßungsspontaneität nicht so
recht mitzureißen vermag, wird auf Flucht sinnen. Fluchtwege
bieten die einzigartigen *Durchhäuser,* ihre Innenhöfe, Laubengänge, die allesamt Märchenbehausungen nachgestaltet sein
könnten. Die Durchgänge der Häuser mit geraden Zahlen führen zum Griesviertel an der Salzach; diejenigen der Häuser mit
ungeraden Nummern münden auf den Universitätsplatz. Die
leicht gebogene Gasse beginnt mit den weitläufigen Durchhäu-
sern am **Rathausplatz**. Man geht, sofern man von der Salzach
heraufkommt, direkt auf das Haus Nr. 1 zu. Das Nummern-
schild, weißer Grund mit rotem Rand und schwarzer Ziffer, ist
nicht zu übersehen. Von dieser Stelle aus überschaut man fast
die gesamte Gasse. Zwei Reaktionen sind möglich: ein Blick –
und wegrennen. Oder: sekundenlang verharren – um sie dann
stundenlang zu durchstreifen. Bei letzterem Entschluß darf man
sich weder vom Krach stören lassen noch das Geruchsgebräu aus
Zimt, Schokolade, Marinade, Fisch, Bratwürsten, Knoblauch als
Belästigung empfinden. Das »Bad in der Menge« muß in Kauf
genommen werden. Bei Entzückensschreien wie: »Ach guck
doch mal« – »Very nice« – »Huch, da wird's dunkel« zuckt man
nur das erste Mal zusammen. Gewöhnung setzt ein.

Am Rathausplatz passiert man das *Rathaus* und kann nicht
umhin, sich zu wundern, wie bescheiden es sich im Vergleich zur
bischöflichen Prachtentfaltung der Residenz und des Doms aus-

macht. Aber die Bürgerschaft hatte wohl nicht viel zu vermelden in der Stadt der Kirchenfürsten. So hat, wie schon erzählt, Erzbischof Leonhard von Keutschach die Ratsmitglieder und den Bürgermeister ausgeschaltet, indem er sie bei einem Mahl überwältigen und gefangensetzen ließ und sie so zwang, auf die Rechte des »Großen Ratsbriefs« zu verzichten. Das heutige barocke Gebäude, errichtet 1616 bis 1618, ist der Nachfolgebau des seit Beginn des 15.Jahrhunderts als Rathaus genutzten gotischen »Khenzlturmes«. Ein zierliches Glockentürmchen mit Mondphasenuhr von 1618 wurde auf den breiten Unterbau des Uhrturms gesetzt. Hans Walburger, einer der führenden lokalen Bildhauer seiner Zeit, schuf 1616 die Nischenfigur über dem Portal, eine Personifikation der »Gerechtigkeit« mit den Attributen Schwert und Waage. Erst bei einer Umgestaltung in der zweiten Hälfte des 18.Jahrhunderts erhielten die Fenster ihre reich stuckierten Einfassungen.

Noch stehe ich am Eingang der **Getreidegasse**. Mit Getreide hat ihr Name nichts zu tun. 1150 wurde sie »Trabgasse« genannt, das von »trabig« (schnell, rührig) kommen soll. Im Laufe der Zeit wurde daraus Trav- und Traidgasse und schließlich »Getreidegasse«. Ihr ältestes erhaltenes Haus Nr. 21 stammt aus dem Jahr 1258. Es folgen zeitabläufig die Häuser 18, 20, 22 von 1286 und Haus Nr. 39 von 1407. Die Dächer sämtlicher Häuser bleiben dem Blick verborgen, denn sie haben samt und sonders die typischen aus Feuerschutzgründen entwickelten »Grabendächer«. Noch heute kann man über sie von Haus zu Haus gelangen. »Aus der Brandzone kommen Sie immer raus«, versicherte mir der Rezeptionschef des Hotels »Elefant« in der Sigmund-Haffner-Gasse/Nähe Getreidegasse, als ich zum fünften Stock des verwinkelten Hauses hinaufstieg. Er machte mich auf die eiserne Tür aufmerksam, die zum Dachgestühl führt. Um 23.00 Uhr war sie jedoch verschlossen. Trost vermittelten die dicken Mauern, die Marmorstufen und die Tatsache, daß der »Elefant« schon Gästehaus eines längst in geweihter Erde ruhenden Kirchenfürsten gewesen war. »Nie passierte etwas ...«

Blick in die Getreidegasse mit Rathausturm im Hintergrund.

Ich schlendere in die von funkelnden Zunftschildern überhangene Getreidegasse hinein. Sie zeigen Posthörner, Kringel, Räder, Reben und Weintrauben. Alte, kunstvoll gestaltete hängen neben Neuschöpfungen von plumper Machart. Das Gewerbezeichen des *Sternbräu* ist nach wie vor das schönste. Vor lauter Gold läßt sich zunächst nichts erkennen. Doch bald trennt das Auge Stern von Kugeln, Krone und roten Baldachin vom Rankengewirr der Halterung. Haus Nr. 3 von 1750 weist über dem Portal einen Strahlenkranz auf, in dem ein Auge schimmert. Lettern verkünden den frommen Wunsch: »Gottes Auge schütz' dies Haus und was da gehet ein und aus.« Ich betrete die Durchhaus-Passage. Das Gewölbe liegt in dämmerigem Licht. Eine Walrippe ist an der Decke befestigt, an der Rippe hängt ein kleiner, getrockneter Hai. Vor rund zweihundert Jahren schätzten Apotheken und Drogerien, vorzüglich deren Kundschaft, solcherlei Exotika. Das war nicht verwunderlich, denn es handelte sich um Zeugnisse ferner Länder, aus denen Arznei- und Genußmittel bezogen wurden. Ein paar Meter weiter öffnet sich in der Passage ein von Sonne überfluteter Innenhof. Winzige Läden, ehemals Handwerkerbetriebe, füllen ihn aus. Rosa Geranien hängen von den Arkaden der Stockwerke herunter. Eine Madonna mit dem Knaben schaut von der Wand. Die Zeit löscht aus. Gelächter schallt von der Getreidegasse und von der anderen Seite, vom Universitätsplatz, zum Hof herein. Da man die Straßengänger in ihrer modernen Kleidung nicht sieht, bleibt es gleich, ob wir das Jahr 1750 oder 1991 schreiben. Wir könnten uns auch im Jahr 1860 befinden. »In diesem Hause arbeitete der deutsche Sozialistenführer August Bebel als Drechslergehilfe«, heißt es auf einer Tafel über einem Mauerbogen. Das muß in einem der Winzigläden gewesen sein. Lebkuchenherzen sind derzeit zu kaufen, Konfekt, die unvermeidlichen »Mozartkugeln«, Gewürzsträußchen. Einen größeren Laden unterhalten die Nachfolger des »Lebzelters und Wachsziehers Franz Weber«. Es gibt Taufkerzen mit Lebensskala: »Auf Wunsch gravieren wir Namen und Datum ein.« Hochzeitskerzen zeigen verwobene Ringe; für das Ende eines Lebens sind »Geweihte Grabkerzen« erhältlich.

In ihrer Eigenschaft als Geschäftsstraße wäre es müßig, die Getreidegasse aufzusuchen. Juwelen, Antiquitäten, Trachten-

kleidung und wunderschöne Kunstblumen gibt es auch in den
ruhigeren Straßen Salzburgs in großer Auswahl. In ihrer Eigenschaft als der Nachwelt begreifbares Stimmungsbild, als Ver-
mittlerin der sozialen und emotionalen Geschichte ihrer einst-
maligen Anwohner ist die Getreidegasse jedoch unersetzlich.
Der Hochadel wohnte nicht gern in der »Bürgerstadt«, zu der
die röhrenartige Gasse gehörte. Bürgersinn aber schreckte davor
zurück, erworbenes Vermögen nach außen zur Schau zu stellen.
Daher gibt es kein Privathaus in der Stadt, das sich von den
anderen Häusern wesentlich unterscheiden würde, es sei denn
durch kleine bauliche Details. Man demonstrierte Reichtum
vornehmlich im Inneren seines Hauses, statt ihn nach außen hin
vor anderen zur Schau zu tragen. Das erkärt die Innenschönheit
der *Durchhäuser:* Brüstungen, Stützpfeiler, Treppen aus rötli-
chem Untersberger Marmor; schmiedeeiserne Türen, Geländer,
Kandelaber zieren die Bauten bis ins oberste Stockwerk. Dieser
Aufwand war möglich durch einen bemerkenswerten Rechts-
grundsatz, nämlich das »Salzburger Stockwerkseigentum«. Die
auf gemeinsamer Grundfläche, unter »gemeinsamer Dachung«
befindlichen »Böden« (Stockwerke) konnten einzeln erworben,
verkauft und vererbt werden – eine Vorwegnahme unseres heutigen Eigentumswohnungsbaus. Wie schon geschildert, wurde
Wolfgang Amadeus Mozart im gelben Haus Nr. 9 geboren.
Wieder wimmelt es vor dem Eingang von Besuchern.

So oft man die Gasse auch entlangspaziert, stets bleibt Neues
zu entdecken. Die *Bürgerliche Appoteggen* wird bereits 1419 in
Chroniken erwähnt. Haus Nr. 29 von 1739 hat die kostbarste
Innenausstattung und das *Zezihaus* ein bestechendes Rokoko-
Portal. Nicht besichtigen muß man das Fischgeschäft mit Nord-
see-Delikatessen, die Speiseeisgrotte, Grillwürste und McDo-
nalds Hamburger. Dies ist das Zentrum magenhebender Gerü-
che. Um ihnen zu entweichen, trete ich in einen kahlen, grauen
Hof. Eine steile Steintreppe führt zu einer Tür empor. Über der
Treppe hängt eine leuchtend rote, goldbefranste Seidenlampe.
Sie bewegt sich im Luftzug. Eine uralte Chinesin wässert Geranien. Es riecht auch hier intensiv würzig. »Peking-Ente«, murmele ich. Blicke nach links. Zwischen schier erdrückenden Mauern ist die Holzschnitzerei Moroder ansässig. Vergoldete Ma-
donnen, Heiligenfiguren, barocke Pausbackenengel. Asien und

Europa auf engstem Raum! Sie bilden nicht etwa Harmonie, vielmehr entsteht durch die Nähe eine auf Unvereinbarkeit beruhende Faszination. Im »Sternbräu« unternehme ich den Versuch, zu Mittag zu essen. Gastgarten und Säle erwarten den Hungrigen. Nur mit Glück wird er Platz finden. Die Qualität von Eßbarem in der Getreidegasse entspricht – wie sollte es in dieser Wirbelzone anders sein – einer Gemischtwarenhandlung mit Ausverkaufsgütern. Erst nachdem man mit der Bedienung beziehungsweise mit dem Verkäufer ein Vertrauensverhältnis hergestellt hat, weiß man, ob man das Genossene überleben wird. Die Serviererin im »Sternbräu« erweist sich als Wesen mit Humor. »Wie wär's mit Ochsenfleisch?«, frage ich. Die Berufserfahrene sieht mich wehmütig an. In ihrer Stimme schwingt Erbarmen. »Sie werden doch keinen Ochsen essen wollen. Die haben ein langes Leben.« Wir einigen uns auf soeben gegarten Leberkäs. Während der nächsten Tage aß ich im »Goldenen Hirsch«, dezentes Luxushotel und Restaurant der Getreidegasse. Was soll man über ein vorbildlich geführtes Haus sagen? Am besten gar nichts.

Am Mönchsberg:

Sankt Blasius und ehemaliges Bürgerspital

Vom Beginn der Getreidegasse an wandert man der Mönchsbergwand entgegen, die sich am Ende des Straßenzugs in die Höhe türmt. Als Endpunkt wirkend, steht dort die an den Berg gedrängte Bürgerspitalkirche **Sankt Blasius**. Die im 14. Jahrhundert gebaute Kirche – die älteste Hallenkirche im süddeutschen und westösterreichischen Raum – geht auf eine Vorgängerkapelle aus dem 12. Jahrhundert zu Ehren des Admonter Klosterheiligen Sankt Blasius zurück. Ähnlich den Kirchen der Bettelorden begnügt sich der äußerst schlichte Bau mit einem Dachreiter anstelle eines Turms. Ursprünglich hatte die Kirche eine doppelte Funktion als Gotteshaus und kirchliche Pflegeanstalt mit zeitweiliger Nutzung als Herberge. Zur Unterbringung von Kranken des Armenasyls wurde im 15. Jahrhundert die westliche Empore eingerichtet. Im Inneren der Kirche zeugt der strenge klassizistische *Hochaltar* (Entwurf für den Altaraufbau: Louis Grenier 1785, Kreuzigungsgruppe von Franz Hitzl) vom eigenwilligen Geschmack des aufgeklärten Erzbischofs Hieronymus von Colloredo. Dieser wandte sich nicht nur gegen Prunk und Prozessionen, sondern auch gegen aufwendige Kirchenausstattungen und ließ die originale Ausstattung der Blasiuskirche größtenteils ersetzen. Der Dreikönigsaltar mit dem von Paul Troger gemalten *Altarbild* (1746) im südlichen Seitenschiff hebt sich in seiner spätbarocken Formensprache davon ab. Ein sehr ungewöhnliches Schmuckstück mittelalterlichen Kunsthandwerks ist das um das Jahr 1480 geschaffene *Heilige Grab*, das links vom Hochaltar zu sehen ist, ein gotischer Sakramentsschrein in Form einer Kirche.

Rechts von der Kirche erhebt sich das Gstättentor. Links schließt sich das ehemalige **Bürgerspital** an, das 1327 von Erzbischof Friedrich III. von Leipnitz (1315-1338) errichtet wurde. Über fünf Jahrhunderte beherbergte diese Einrichtung Kranke, Pfründner und die Armen Salzburgs. Zwar hatten sie ein Dach über dem Kopf, im Winter stand eine Wärmestube zur Verfügung, und für tägliche Nahrung war gesorgt – aber sonst? Laut Hausordnung aus dem Jahr 1595 durften die Einwohner wegen Brandgefahr in ihren eiskalten Felsenzellen keine Kerzen entzünden; die Betten Schwerkranker befanden sich hinter einem Verschlag. Die Teilnahme an Gottesdiensten und Begräbnissen war Pflicht. Es hat sich stets als Elend erwiesen, alt, krank und arm zu sein. Heute sind in dem baulichen Prachtstück die Ausstellungs- und Schauräume des *Museums Carolino Augusteum* untergebracht, das die »große Vergangenheit« des Fürsterzbistums Salzburg wachhält und ein *Spielzeugmuseum* mit vierzigtausend Exponaten aus der Sammlung Hugo und Gabriele Folk beheimatet. Durch eine Torfahrt gelangt man in den Hof des Bürgerspitals. Überwältigt von der wunderbaren Renaissance-Architektur bleibt man wie angewurzelt auf dem Pflaster stehen. Ein sonnenblumengelber dreistöckiger Arkadentrakt, der 1556 bis 1562 entstanden ist, klebt an der Bergwand; alle Pfründnerzellen wurden in den Felsen gehauen, von dem eine angenehme Kühle herabweht. Ich kann mich von der Ecke Bürgerspital–Getreidegasse und der Kirche Sankt Blasius nicht verabschieden, ohne noch einmal unter das Gstättentor zu treten. Die **Gstättengasse** beginnt hier und zieht sich am Mönchsberg entlang bis zum Klausentor. Besonderheit der Gasse sind die an oder in den Felsen gebauten Häuser. Sie rufen den Bergsturz vom 16. Juli 1669 ins Gedächtnis, jenen Tag, an dem zwei Kirchen, dreizehn Häuser und mehr als zweihundert Personen von den herunterschlagenden Steinmassen verschüttet beziehungsweise getötet wurden. Seit dieser Zeit werden die Felsenwände in jedem Frühjahr von »Bergputzern« auf lockere Steine, geborstene Baumwurzeln, auf Risse und Sprünge in der Bergwand untersucht. Die Bergputzer lassen sich an Seilen, gewissermaßen zwischen Himmel und Erde hangelnd, Meter um Meter an den Felsenwänden hinabgleiten.

Zum **Neutor** oder Siegmundstor bin ich unterwegs. Man sollte es gesehen haben, denn es ist weniger ein Tor als vielmehr der Eintritt zu einem Tunnel, der spitzbogenförmig durch den Mönchsberg führt. Das Tunnelmonstrum ist 123 Meter lang und zwölf Meter breit und steigt stadtauswärts leicht an, um eine Brechung des Lichts zu erreichen. Die Kosten des Durchbruchs erreichten die stattliche Höhe von rund 5565 Gulden. Verwirklicher des schon früher einmal erwogenen technischen Wahnsinnsprojekts war Fürsterzbischof Siegmund III. Graf von Schrattenbach (1753-1771). Warum bedurfte es plötzlich dieses Tunnels durch den Mönchsberg? Weil Schrattenbachs Bauvorhaben im jenseits der Mönchsbergwand gelegenen heutigen Stadtteil Riedenburg nicht schnell genug voranging. Sein Hofkanzler von Möll soll unbedacht geäußert haben: »Wenn Eure hochfürstlichen Gnaden ein Loch in den Mönchsberg brechen lassen, geht es rascher.« Gesagt, getan. Am 14. Mai 1764 wurde unter der Leitung des Ingenieurs Elias von Geyer von beiden Seiten gleichzeitig der Durchstich eröffnet. Am 26. Juni 1766 stand Schrattenbach begeistert vor dem »Neuen Tor«. Schön war es geworden. Die Gestaltung der beiden Portale durch Wolfgang und Johann Baptist Hagenauer (1767) hatte allerdings das Achtfache der Kosten des Durchbruchs erfordert. Bewegten Herzens, so wollen wir annehmen, verharrte Schrattenbach vor der zur Altstadt blickenden Portalfront. Er sah sein Bildnismedaillon mit der auf das Lukasevangelium anspielenden Inschrift: TE SAXA LOQUUNTUR (»Die Felsen preisen dich«). Unvorstellbar, daß sein Auge trocken blieb. Seelische Erschütterung aber

Heiliger Georg und heiliger Christophorus, Holz, vergoldet,
Salzburger Museum Carolino Augusteum, Mitte 18. Jahrhundert.

muß ihn erfaßt haben, als er das zum Stadtteil Riedenburg gewandte Portal in Augenschein nahm. Es wird von dem Burgunderkönig und Namenspatron des Bauherrn, dem heiligen Sigismund, bekrönt, der auf einem Sockel über dem Schrattenbachwappen steht. Brennende Kugeln flankieren in etwas befremdlicher Weise den heiligen König. In der Rundbogennische las Schrattenbach: »Dem allgütigen, allmächtigen Gott, dem heiligen Märtyrer Sigismund, dem öffentlichen Wohl, der Bequemlichkeit, der Zier Siegmunds, Erzbischofs von Salzburg, aus des Heiligen Römischen Reiches Grafengeschlecht derer von Schrattenbach, ewigem Angedenken. Wolfgang Hagenauer Architekt.« Des ewigen Gedenkens der Salzburger darf Schrattenbach sicher sein: Der Tunnel ist wirklich der kürzeste und bequemste Weg nach Riedenburg.

Auf den Mönchsbergfelsen

Durch die Hofstallgasse, an den Festspielhäusern vorbei, erreicht man den versteckt liegenden **Toscaninihof**. Über ihn ist zu berichten, daß hier Theaterkulissen ausgepackt oder aufgeladen werden und daß im Mönchsbergfelsen, der den Hof wohltuend beschattet, der Lift zum Pressezentrum steckt. Jeder, der dort zu tun hat, muß diesen Lift benutzen oder über eine himmelschreiend steile Treppe den Berg erklimmen. »Über die Treppe würde ich heute nicht gehen, sie liegt in der prallen Sonne; viel zu heiß um die Mittagszeit«, warnt mich ein Arbeiter, der hinter griechischer Säulenkulisse hervorlugt. Bleibt also nur dieser Felsenkäfiglift. Ich trete in die Bergnische. Weit und breit kein Mensch. Die Tür zum Lift öffnet sich. Niemand steigt aus. Ein Blick ins Leere belehrt mich, daß ich niemals allein diese Zelle betreten, Knöpfe drücken und durch den Felsen gondeln werde. Unversehens naht Hilfe in Gestalt eines jungen Mädchens im Trachtengewand. Prospekte will sie abliefern. Den Lift hat sie noch nie benutzt. »Wir werden schon oben ankommen«, tröstet sie zuversichtlich. Wir steigen ein. Sie

Blick in die Herrengasse, ehemaliger Sitz der Domherren.

drückt den mit »Pressezentrum« gekennzeichneten Knopf. Die Türen schließen sich, das Gehäuse setzt sich in Bewegung. Kaum spürbar ruckelt es gemächlich in die Höhe. Es dauert lange, sehr lange. Die hübsche Trachtenträgerin wird unruhig. Ich bin es schon längst. »Irgendwann muß das Ding doch mal halten«, meint sie beklommen. Dieser Hoffnung schließe ich mich inständig an. Das Gehäuse tut uns den Gefallen. Sekunden verstreichen, dann gleiten die Türen auf. Blendende Helle umfängt uns. Sichtlich erleichtert atmen wir auf. »Schauen Sie, so hoch sind wir!« Sie weist in die Tiefe, wo Salzburgs Dächer in der glühenden Sonne schimmern. Wir verabreden, uns wieder vor dem Lift zu treffen, aufeinander zu warten, »denn allein fahre ich nicht runter«, beteuert sie. Das ist mir aus dem Herzen gesprochen. Und so machten wir es. Ein kleines Intermezzo, das für Salzburgs Umgang mit Fremden spricht.

Vom Rupertinum durch Bierjodlgasse, Herrengasse und Kaigasse

Am Max-Reinhardt-Platz besticht ein langgestrecktes, helles Gebäude durch Eleganz. In diesem Bauwerk, das 1633 unter Fürsterzbischof Paris Lodron als »Collegium Rupertinum« errichtet wurde, einem ehemaligen Zöglingsheim für Priester und Beamte, ist die Graphische Sammlung **Rupertinum** untergebracht. Dem Liebhaber der österreichischen Kunst des 20. Jahrhunderts schlägt das Herz höher. Schon die Fassadengestaltung mit Keramikfliesen von Friedensreich Hundertwasser macht neugierig auf die Sammlung, deren Grundstein der 1903 geborene Salzburger Galerist Friedrich Welz, Mitbegründer der »Internationalen Sommerakademie«, legte. Er vermachte dem neugegründeten Museum seine Privatkollektion mit den Schwerpunkten »Kunst der Jahrhundertwende«, daneben Werke des Expressionismus, der »Neuen Sachlichkeit« sowie der Kunst nach 1945. So kann der interessierte Besucher nach Herzenslust vor Kunstwerken von Kokoschka, Kirchner, Nolde, Kubin, Schiele, Dix und vielen anderen schwelgen. Innerhalb der »Modernen Galerie« findet er plastische Objekte, Collagen, Photographien, darüber hinaus wird der Bestand von über siebentausend Graphiken der klassischen Moderne, der das gesamte druckgraphische Werk Kokoschkas einschließt, in regelmäßigen Ausstellungen gezeigt. Ein guter Kaffee wird dem Besucher des Rupertinum nicht verwehrt. Sehr wichtig, insonderheit in Museen, die sich der Moderne verpflichtet fühlen. Denn man weiß ja nie, wann der Erschöpfungsgrad einen wiederbelebenden Schluck erforderlich macht.

Auf vertrauten Schlängelwegen biege ich hinter dem Friedhof Sankt Peter in die **Bierjodlgasse** ein. Damit kein Irrtum entsteht: in genannter Gasse wird weder auffällig viel Bier getrunken noch unentwegt gejodelt. Fast möchte man sagen, leider ist nie und nimmer das von jedem Fremden insgeheim erwartete Jodeln zu hören. Den Namen schuf vermutlich der Volksmund, der aus dem Besitzer eines Hauses, der vielleicht Jakob hieß, Brauer oder Bierzapfer war, den »Bier-Jodl« machte. »Jodl« steht im Salzburgischen für Jakob, worauf Wilhelm Weitgruber in seinem »Spaziergängebuch« mit vor Mißverständnissen warnender Deutlichkeit hinweist. Schließlich verläuft die Gasse in Friedhofsnähe, und an solchem Ort wird unter Kulturmenschen nicht gejodelt. Über die Entstehung des Namens zeigte sich 1885 auch F. V. Zillner besorgt: »Ein neuerer, nicht gar glücklich gewählter Name. Das Samersche, vor 1404 gestiftete Kaplanhaus (ad animas fidelium), 1682 verkauft, heißt 1775 Bierjodlhaus; nach demselben wurde der westliche Teil der Herrenoder Hundsgasse bis zum Nonnberg- oder Festungsweg seit Anfang dieses Jahrhunderts allmählich Bierjodlgasse genannt.« Gut, wir wissen nun, daß in der von harmonischer Ruhe erfüllten Gasse Zecherei und Trillerlust kein Zuhause finden. Wie aber ist es damit in der angrenzenden **Herrengasse** bestellt? Um es kurz zu machen, dort wird nicht nur gezecht, getrillert, dort wird weitergehenden Begehrlichkeiten des Lebens Spielraum eingeräumt, und zwar seit Jahrhunderten. In früher Zeit hieß die Herrengasse »Hundsgasse«, weil sich in ihr ein Hundepalais befand, in dem die fürsterzbischöflichen Vierbeiner gehegt, gepflegt und gefüttert wurden. Trotzdem kläfften sie tagsüber erbärmlich und jaulten nachts den Mond an. Eines Tages verstummten sie plötzlich. Über ihren Verbleib wurde nichts Näheres bekannt. Als Nachfolgename der Hundsgasse kam die »Pfaffengasse« in Umlauf, eine Bezeichnung, deren diskriminirender Anflug nicht zu überhören ist. Im 17.Jahrhundert – endlich und wahrscheinlich für immer – wurde die »Herrengasse« aus der Taufe gehoben, denn nun hatten die Domherren von dem malerischen Straßenzug Besitz ergriffen, hatten ihre Häuser bezogen, von denen aus sie auf dem kürzesten Weg – nämlich über den Kapitelplatz und schwupp, rein in den Dom – zum Dienst antraten. Außer Hunden und Domherren wohnten jedoch von jeher die »gelüstigen Fräulein« in der anheimelnden Gasse. Es war ihr durch Gewohnheitsrecht angestammtes Revier. Niemandem, weder Teufel, Stadtvätern noch Domherren, würde es gelingen, sie schnöde zu vertreiben. Es stellte sich heraus, daß dies gar nicht in der Absicht der Stadtbeamten und Domherren lag. Natürlich empörte man sich gelegentlich und einhellig über die unsolide Nachbarschaft, aber das hieß doch nicht, daß man die Fräulein aus vertrauter Bleibe jagen wollte. Auch war wohl nichts dagegen einzuwenden, beim Durchwandeln der Gasse den Tageszeitengruß zu entbieten. Bescheiden hockten die Schönen auf den Stufen ihrer Häuser, lächelten ehrerbietig aus winzigen Fenstern. Christenmenschen unter Christen waren es. Nun, die Domherren fanden eines Tages anderweitige Unterkunft, die Fräulein jedoch blieben. »Eros-Center« liest man als Hinweis, und es drängt sich die Frage auf, ob die heutigen Besucher der »gelüstigen Fräulein« nicht phantasieärmer sind als die damaligen, die keinen Wegweiser benötigten. Der aus dem Mittelalter erhaltene Gassenschlauch bestrickt durch Originalität. Er ist mit grellfarbigen, altersgebeugten Winzighäusern bestückt, die, etwas schräg, gegen den Felsen gekippt stehen. Am frühen Morgen ist die Gasse totenstill. Katzen streifen über das Pflaster. Ungestört entdeckt man Einzelheiten. Ein kleiner Marmorkopf schaut von einer Hauswand; am Gasthaus »Weißes Kreuz« fesselt ein Marien-Medaillon. Größten Reiz der Gasse bilden die seit einiger Zeit angesiedelten Trödelläden und Künstlerwerkstätten. Eine Kunstschlosserei, eine Töpferei, eine Goldschmiede und eine Metallbilder-Werkstätte verlocken zum Eintritt.

Die Herrengasse verlassend, biege ich in die **Kaigasse** ein. Alle Salzburger lernen in der Schule, daß sie in vielen Straßen ihrer Heimatstadt auf einstigem römischen Siedlungsboden, auf Gebäuderesten herumtrampeln. Das Hotel »Kasererbräu« in

der Kaigasse steht auf einem Tempel, der der griechischen Ge-
sundheitsgöttin Hygieia geweiht war. Eine bei Grabungen ge-
fundene Marmortafel, ausgerechnet im Treppenhaus der Fi-
nanzamts-Vollstreckungsstelle Kaigasse 21/23 angebracht, läßt
uns an der ungewöhnlichen, aber verständlichen Verherrlichung
eines Römers, Bürgermeister des unter Kaiser Claudius zur römischen Provinz erhobenen Juvavum, teilnehmen:»Des Marcus
Haterius Summus, Sohn des Lucius, aus dem Steueramtsbezirk
Claudia, Gemeinderat der Stadt Juvavum und Bürgermeister!
Die Stadtbevölkerung ihrem besten Mitbürger wegen der Ver-
billigung der Lebensmittelpreise.« Die mit geraden Hausnum-
mern versehene Seite der Kaigasse wird von palastartigen Gebäuden begrenzt. Es sind ehemalige Kanonikalhöfe. Im *Haus
Nr. 8*, dem späteren »Salmansweilerhof«, ließ PARACELSUS im
Gasthaus »Zum Weißen Roß« am 21.September 1541, drei Tage vor seinem Tod, sein Testament aufsetzen. Zwei Häuser weiter, im ehemaligen *Lichtensteinschen Kanonikalhof*, einem typischen Palastbau aus dem frühen 17.Jahrhundert mit Rundbo-
genportal, erinnert im Hof der 1957 von Toni Schneider-Manzell geschaffene *Trakl-Brunnen* an den Dichter, der nur wenige
Schritte entfernt am Waagplatz aufwuchs. Einheimische Spötter
nennen die Bronzefigur in Anspielung auf die heute im Gebäude
untergebrachte Finanzbehörde den »Unbekannten Steuerzah-
ler«. Beim ehemaligen *Rentmeisterstöckl* mit seiner schmalen Fassade, dem Haus Nr. 16 am Ende der Zeile, lohnt sich ein Blick in
den schönen Arkadenhof aus dem Beginn des 16.Jahrhunderts.

Gegenüber reihen sich Bürgerhäuser. Im Haus Kaigasse Nr.9
von anno 1365 sind in der »Weißen Taube« Familien als Gäste
willkommen. Das Hotel fällt durch eine kunstvolle schmiedeeiserne Tür ins Auge. Vorsicht Stufen! In diese Herberge steigt
man hinab und dann zum Logiertrakt hinauf.

Der Universitätsplatz
mit Grünmarkt, Kollegienkirche
und Universität

Selbst der religiös Desinteressierte wird bemerken, daß sich ihm in Salzburg allerorten eine Kirche in den Weg stellt. Gemessen an der Anzahl der Gotteshäuser müssen die Salzburger besonders fromm sein. Da man aber keinem Menschen, schon gar nicht einer ganzen Bevölkerung ins Herz schauen kann, darf mit gebührender Vorsicht davon ausgegangen werden, daß die Salzburger, wenn sie schon nicht pausenlos den Worten der Schrift lauschen wollen, so doch aus Liebe zur Kunst ihre Kirchen schätzen und darin verweilen. Diesen Kunstgenuß teilen sie mit unzähligen Fremden. Deshalb darf im Kreis der bisher geschilderten Gotteshäuser eine Kirche unter keinen Umständen fehlen. Es ist die Kollegien- oder Universitätskirche. Mittels Stadtplan suchen muß man sie nicht. Man steht plötzlich, nichtsahnend aus einer Passage, einer Gasse tretend, direkt auf dem **Universitätsplatz**. Genau das aber glaubt man nicht. Ein farbenfrohes Durcheinander verwirrt das Auge. Alt und jung drängt sich vor Blumen-, Obst-, Gemüseständen. Den vegetabilischen Wohlgerüchen sind Düfte von Wurst, Speck und Käsesorten beigemischt. Wer könnte widerstehen, sich zu den Käufern und Händlern zu gesellen! Um die bunte Pracht des Salzburger **Grünmarktes**, der hier stattfindet, genießerisch überblicken zu können, betritt der Fremdling Stufen. Sie irritieren ihn. Einfache Häuserstufen sind das nicht. Er wendet sich um, blickt in die Höhe. Mag sein, daß er seufzt. In Salzburg ist monumentaler Architektur nicht zu entkommen. Hoch in den Himmel reckt sich die barocke Fassadenfront der **Kollegienkirche**. Mit dem Bau dieses Gotteshauses beauftragte Fürsterzbischof Johann Ernst Graf von Thun (1687-1709) im Jahr 1694 JOHANN BERNHARD FISCHER VON ERLACH; 1707 wurde die Kirche geweiht. Die Aufgabe des Architekten, auf dem vorgesehenen Platz innerhalb des Häusergewirrs einen Bau aufzuführen, der mit dem Dom konkurrieren, ihn aber nicht übertrumpfen sollte, war in der Tat nicht gerade einfach. Es entstand Salzburgs eigenartigste Kirche, als reifstes Werk Fischers von Erlach gerühmt, die stilbildend für die barocke Sakralarchitektur des süddeutschen

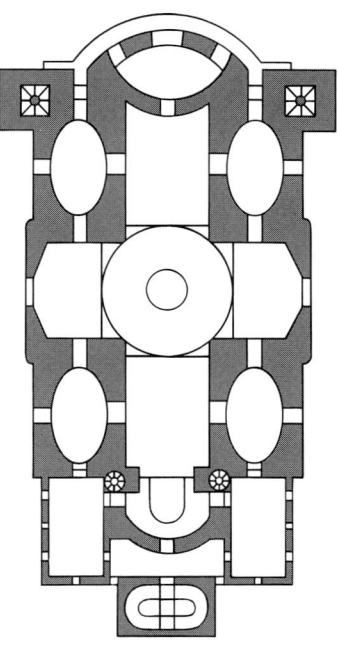

Grundriß
des mächtigen Kreuzkuppelbaus
der Kollegienkirche.

Raumes wurde. Die Kollegienkirche sollte sinn- und augenfällig den hohen Rang katholischer Wissenschaft, zugleich Glorie und Geltungsanspruch der verhältnismäßig jungen Universität repräsentieren.

Den von keiner Kunstführer-Lektüre beeinflußten Betrachter packt Erstaunen ob der *Schauseite* des Gotteshauses. Entgegen herkömmlicher Bauweise wölbt sich der Mittelteil im Halbrund vor. Die zu beiden Seiten emporstrebenden Türme verursachen Unbehagen. Statt – wie bei jeder ordentlichen Kirche – über den Mittelbau hinauszuragen enden diese Sonderlinge in balkonartigen Turmhelmen, die mit zierlichen Flechtwerkbalustraden versehen sind. Auf den Balustradensockeln sind die von Michael

Bernhard Mandl geschaffenen Skulpturen der Evangelisten und Kirchenväter postiert. Der Mittelbau der Kollegienkirche zeigt über ungewöhnlich angeordneten Tür- und Fensterbögen, die – wie die der Türme – den Blick nach oben lenken und damit die vertikale Wirkung des Baus verstärken, das Wappen des Erbauers. Darüber schwebt, hoch auf dem diademartigen Giebelaufsatz, die Gestalt der Maria Immaculata auf einer Mondsichel. Nun erst weiß der Besucher ohne Kunstführer, daß er vor einer Kirche steht. Das *Innere* des Gotteshauses, das ikonographische Programm, bildet eine Verherrlichung der Immaculata Conceptio, der Unbefleckten Empfängnis Mariä. Bei deren Verehrung wie auch in der theologischen Auseinandersetzung um deren Anerkennung hatte die Salzburger Universität zur damaligen Zeit eine bedeutende Stellung eingenommen.

Wer die Kollegienkirche, Fischers von Erlach Meisterwerk, betritt, fühlt sich in der ungeheuren Weite verloren; nach und nach bannt ihn die fremdartige Aura. Der Innenraum des mächtigen Kreuzkuppelbaus ist von einer unerwarteten Höhe und Steilheit. Kolossale Pilaster beginnen erst hoch über dem Boden, so daß man sich noch in der Sockelzone bewegt. Klare, durchgeistigte Strenge bestimmt den weiß getünchten Raum, einer Universitätskirche ganz angemessen. Nur im Chorabschluß bricht ein visionäres Element herein, in Gestalt der von einer Wolkenglorie umgebenen Immaculata, die durch das Fenster von hinten eine zusätzliche – natürliche – Lichtgloriole erhält. Von Fischer von Erlach selbst entworfen, wurde die Stuckdekoration 1706 und 1707 von Paolo d'Allio und Diego Francesco Carlone ausgeführt.

Jedem Besucher stockt der Schritt vor dem Hochaltar, dessen Ausgestaltung das alttestamentliche Bibelwort »Die Weisheit hat sich ein Haus gebaut und sich sieben Säulen ausgehauen« (Sprüche Salomos 9, 1) zugrunde lag.

Der *Altaraufsatz* von Josef Anton Pfaffinger nach einem Entwurf Johann Klebers wird dementsprechend von einem Halbrund aus sieben Säulen gebildet. Er ersetzte 1740 den vom Ar-

Kollegienkirche, Rückseite des barocken Kirchenbaus von Johann Bernhard Fischer von Erlach.

chitekten selbst entworfenen Hochaltartabernakel, der die archi-
tektonischen Formen des Salomonischen Tempels typologisch
zu einer Tempietto-Form verband.

Die Gemälde der Seitenaltäre – Darstellungen aus dem Leben
der beiden Schutzheiligen der Universität, Sankt Benedikt und
Karl Barromäus – wurden von Johann Michael Rottmayr 1721
und 1722 geschaffen, die Skulpturen wieder von Pfaffinger.

In der Kollegienkirche wurde im Jahr 1922 *Das Salzburger
Große Welttheater* (nach Calderón de la Barca) Hugo von Hofmannsthals uraufgeführt. Bernhard Paumgartner verzeichnete
nicht ganz ohne Spott eine gewisse Diskrepanz zwischen Inhalt
des Stücks und äußerem Rahmen: »Merkwürdigerweise ließ
man die Figuren dieses barocken, nach Calderón gearbeiteten
Stückes, umgeben von der Fischerschen Bauwelt, in einem gotischen Bühnenrahmen agieren. Nicht ein einziger von unzähligen Zuschauern und Kritikern hat sich damals über diese gran-
diose stilistische Inkonsequenz beklagt.«

An die Kollegienkirche schließt sich westlich in Trapezform
das »Studiengebäude« an, die zwischen 1618 und 1652 errichtete alte **Universität**. Im ersten Stock befindet sich noch immer die
großräumige, imponierende AULA ACADEMICA. Bis 1776 fanden
in ihr die Aufführungen des Hochschultheaters statt.

Lange hatte man Salzburg die Gründung einer Universität
verweigert. Fürsterzbischof Markus Sittikus von Hohenems
mußte sich anno 1617 noch mit einem Gymnasium begnügen.
Erst seinem Nachfolger, Fürsterzbischof Paris Graf Lodron, gelang es, von Kaiser und Papst die erforderlichen Privilegien zur
Universitätsgründung in den Jahren 1623 und 1625 zu erhalten.
Mit dem »Kanonischen Recht« begann der Studienbetrieb; es
folgte die »Philosophie«. Im 17. und 18. Jahrhundert konnte
sich die Universität eines hervorragenden Rufs und beträchtlichen Zulaufs rühmen. So übertrafen beispielsweise im Jahr 1725
mit 46 Theologen, 323 Juristen und mehr als 330 Philosophen
die Hörerzahlen die der meisten deutschen und französischen
Universitäten.

Etwas benommen kehrt man zum Grünmarkt zurück. Es duf-
ten Rosen, Birnen, Karotten; es riecht nach Wurst, Speck, Käse.
Das ewig Irdische hat den kunst- und wissensbeflissenen Kirch-
gänger wieder.

Durch die Sigmund-Haffner-Gasse
zum Alten Markt

Den Weg zum Alten Markt kann man über die **Sigmund-Haff-ner-Gasse** wählen, die nach jenem reichen Kaufmann und Bürgermeister benannt wurde, dessen Tochter Mozart zur Verlobung die sogenannte »Haffner-Serenade« widmete. Im Haus Nr. 6 mit der Fassade aus dem frühen 19. Jahrhundert und seinem 1741 datierten Rokoko-Portal begegnen wir noch einmal Salome Alt, der Geliebten Wolf Dietrichs von Raitenau, die vermutlich dort wohnte, bevor der Erzbischof das Schloß Mirabell für sie errichten ließ. Das Haus Nr. 10 mit einem Arkadenhof des 16. Jahrhunderts besitzt einen Durchgang zum Universitätsplatz, den sogenannten »Ritzerbogen« aus dem Jahr 1626. Der prächtige Arkadenhof des Nebengebäudes Nr. 14 stammt ebenfalls aus der Mitte des 16. Jahrhunderts, die Fassade – gleich den meisten Häusern der Gasse – aus der Zeit um 1800. Im **Langenhof** – benannt nach dem Besitzer des Vorgängerbaus, Kardinal Matthäus Lang –, einem Palais, das Fürsterzbischof Max Gandolf Graf von Kuenburg (1668-1687) im Jahr 1670 für seine Familie errichten ließ, heute die Hausnummer 16, streckt sich in einer Wandnische der Haupteinfahrt ein mächtiger Löwe aus dem frühen 13. Jahrhundert aus. Er soll aus dem abgerissenen romanischen Münster geborgen worden sein und muß – wie Spuren auf seinem Rücken zeigen – ursprünglich eine Säule getragen haben. Eine Tafel, auf die er die Pranken stützt, erläutert: »Diese Plastik wurde unter der Obsorge des Bruders Bertram geschnitten«, und äußert den Wunsch: »möge sie Dir, o Gott, gefallen, dann vereinige diesen mit den Seligen.« Aus herzergreifend schwermütigen Augen schaut der Löwe den Betrachter an. Seine Mähne besteht aus stilisierten Locken. Er ist so schön, daß die Fliegen in der Torfahrt nicht wagen, sich auf seinem Rücken niederzulassen. Und doch hat er einen Konkurrenten, der noch schöner ist. Ihn besuche ich bei jedem Salzburgaufenthalt. Auch diesmal. Doch das hat noch ein wenig Zeit.

Der **Alte Markt** lädt durch seine Weite immer aufs Neue zum Verweilen ein. Zum Rendez-vous-Platz aber machen ihn der Florianibrunnen, die Alte Hofapotheke und das Café Tomaselli. Wer sich vor einem dieser markanten Punkte verabredet, kann

nicht verfehlt werden. Der **Florianibrunnen**, die Mitte des Platzes einnehmend, zeigt die Figur des Schutzpatrons gegen Feuers-
brünste. Ob er auch vor Herzensbränden schützt, bleibt angesichts der unter seinen Augen busselnden Jungliebespaare frag-
lich. 1734 wurde die Statue von Josef Anton Pfaffinger vollendet.
Das filigrane Brunnenbecken-Gitter wurde von einem älteren
Brunnen aus dem Jahr 1585 übernommen. Keinem Menschen
fällt das auf. Hingegen sticht das originale Rokoko-Inventar der
Alten Hofapotheke jedem ins Auge. 1949 begeisterte sich Guy
Mollat du Jourdin über das »vielleicht köstlichste und merkwür-
digste aller kleinen Geschäfte in Salzburg«. Diese ehemalige
Apotheke der Fürsterzbischöfe geht auf Wolf Dietrich von Raitenau zurück. Sie wurde im 18. Jahrhundert restauriert und bewahrt mit ihrer Ausstattung noch heute die Atmosphäre dieser
Epoche nahezu unverändert: tiefgrüne Holzvertäfelungen, die
mit rosafarbenen Mustern verziert sind, geschwungene Kom-
moden aus rötlichbraunem Holz mit zahllosen Schubladen und
Porzellangefäße mit altertümlichen Aufschriften. Lange wird
durch die Fensterscheiben die Pracht bestaunt. Zwei nimmer-
müde Gucker aus Übersee diskutieren allen Ernstes, ob sie die
komplette Einrichtung käuflich erwerben könnten. Ihr Salzburger Begleiter rät ihnen von der bloßen Fragestellung ab. Im
kronleuchterglitzernden **Café Tomaselli** kann man stundenlang
allein an einem Tisch sitzen. Voraussetzung für diesen Genuß
inmitten nußbrauner Täfelung und süßer Tortendüfte ist eine
Zeitung, in die man konstant die Nase steckt. Das »Tomaselli«
wurde 1703 gegründet. Unvorstellbar, daß hier ein Kellner nicht
in Schwarz mit Schlips oder Schleife, eine Serviererin nicht mit
Spitzenschürze von Marmortisch zu Marmortisch eilt. Wer das
Tomaselli schätzt, wird auch das Café Fürst in der **Brodgasse**
nicht missen wollen. 1890 betätigte sich Konditormeister Paul
Fürst als Erzeuger der »Original Salzburger Mozartkugeln«.
Ausschließlich die Kugeln in Blau und Silber gelten als Fürst-
Original. Die Gaumenköstlichkeit basiert auf einem grünen Pi-
stazienmarzipankern, umhüllt von Nougat und Schokolade.

Vorhergehende Doppelseite: Blick in das Netzgewölbe des spätgotischen
Hallenchors der Franziskanerkirche.

Die Franziskanerkirche zu
Unserer Lieben Frau

Es ist soweit, es zieht mich zum schönsten Löwen in der für mich schönsten Kirche Salzburgs, einem seiner stilgeschichtlich interessantesten Gebäude. Das ist die Franziskanerkirche. Nie versäume ich, vor dem Betreten des Gotteshauses durch das Westportal, einen Blick auf die in Bodennähe sichtbare Schwurhand zu werfen, Kennzeichen einer Asylkirche, die jedem Verfolgten Zuflucht und Schutz bot. Auch diese Kirche hatte einen der Muttergottes geweihten Vorgängerbau, der bei der Brand-

Grundriß
der Franziskanerkirche mit der auffälligen Gliederung
in Langhaus und Chor.

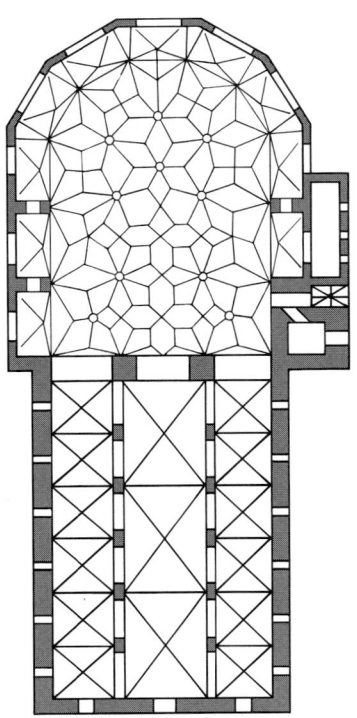

schatzung der Stadt anno 1167 durch die Beauftragten Kaiser
Friedrichs I. Barbarossa in Flammen aufging. Von dem 1223
erfolgten Neubau blieb bis heute das spätromanische Langhaus
erhalten. Die in den weiteren Jahrhunderten erfolgten An- und
Umbauten verleihen dem Gotteshaus seine unverwechselbare
Eigenart. 1670 verkürzte Erzbischof Max Gandolf den gotischen
Helm des zwischen 1486 und 1498 errichteten Turmes, der die
Domtürme nicht überragen sollte. Die neugotischen Helme
wurden im 19.Jahrhundert aufgesetzt. Das romanische *Südpor-
tal*, um die Wende vom 12. zum 13.Jahrhundert entstanden,
zeigt Christus zwischen Petrus und dem Lokalheiligen Rupert
im Tympanon, doch um die geheimnisvolle Lichtwirkung am
besten zu erleben, betritt man die Kirche durch ihr *Westportal*.
Mystischer Hell-Dunkel-Kontrast umwebt den Besucher im **Inneren**. Aus der auf geheimnisvolle Weise schützend wirkenden
Schwärze des Langhauses tritt man der blendenden Helle des
gotischen *Chors* entgegen, der ab 1408 als Meisterwerk des
Franz von Burghausen und seines Schülers Stephan Krumenau-
er entstand. Nur um zwei flache Stufen ist der Altarraum erhöht,
fünf kühn emporstrebende, freistehende Rundpfeiler tragen zusammen mit vierzehn Halb- beziehungsweise Dreiviertelrund-
diensten das leichte Netzgewölbe, das sich wie ein lichterfülltes
Himmelszelt über den Chor spannt. Überraschend gut harmo-
niert der als eigenständige Architektur wirkende hochbarocke
Hochaltar von JOHANN BERNHARD FISCHER VON ERLACH und
läßt den unersetzlichen Verlust des ursprünglichen Altars von
Michael Pacher beinahe vergessen. Entstanden 1709, wird der
Altar Fischers von Erlach von den zwei Schreinwächtern, den
Heiligen Florian und Georg, flankiert. Der als Gnadenfigur ver-
ehrten Marienfigur Pachers bietet er einen würdigen Rahmen;
das Jesuskind wurde um 1890 von Josef Piger hinzugefügt. Ich
nähere mich der schlichten *Marmorkanzel*. Da steht er, der
Schöne, jener Löwe aus dem 12.Jahrhundert. Er ist Bestandteil
der Kanzelstiege, lugt traumverloren um sie herum. Schlank ist
er, schmal, ringellockig. In seinen erwartungsvollen Augen sind
die Mythen von Jahrhunderten gespeichert. Ein unter ihm kau-
ernder Unhold versucht, ihn durch Schwertstich zu töten. Ver-
geblich, dieser Löwe ist unsterblich. Ich streichle seine Locken,
kraule die Stirn. Kühlen Marmor berühre ich. Sollte der Löwe

jemals aus der Franziskanerkirche verschwunden sein, dann muß
man nicht lange suchen, braucht nicht die Interpol zu bemühen.
Er steht, sorgsam gehütet, an meinem Schreibtisch, denn er ging
mit mir mit. Ging mit? Einfach so? Selbstverständlich. Eine
lange Traumreise brachten er und ich hinter uns.

Ich nähere mich dem Ende dieses Buches. Bis zum Schluß aufge-
spart, bleibt noch übrig, eine außerordentliche Geschichte zu
berichten. Wir hörten vom Niedergang der barocken Salzach-
Stadt, vom kulturellen Verfall. Nun gilt es, die Auferstehung
Salzburgs zu schildern: den Werdegang der Festspielstadt. Deren Urheber, Anreger und Anstifter waren – das wußten sie sehr
genau – zur Traumfabrikation verpflichtet. Die Nachfolger blieben es in gleicher Weise.

Der »unsterbliche« Löwe, Franziskanerkirche,
Detail des Kanzelfußes.

Die Festspielstadt

Eine Stadt im Darstellungsfieber

Und wieder stirbt Herr Jedermann! Alljährlich – seit nunmehr über siebzig Jahren – freut sich Salzburg samt seinen aus aller Welt herbeigeströmten Gästen auf das »Sterben des reichen Mannes«. Dem Aufführungsreigen wird entgegengefiebert. Wir wollen es dem Dichter Hugo von Hofmannsthal danken, der uns durch seine deutschsprachige Fassung ein Narkotikum mit Dauerlust schenkte. Man kann sagen: Wer nicht einmal in seinem Dasein den Jedermann vor dem Salzburger Dom sterben sah, hat nicht gelebt. Und wenn, selten genug, eine Neuinszenierung angekündigt ist, verursacht die Erwartungshaltung Zähneklappern und Nervenflattern. So war es auch 1990.

Doch nicht nur »Jedermann« fordert zur Masseneinwanderung nach Salzburg auf. Man müßte sich vervielfachen können, um in den optimalen und ausgiebigen Genuß des Sommerfestspiel-Spektakels zu gelangen.

Von Ende Juli bis Ende August finden an verschiedenen Schauplätzen über dreihundert Darbietungen statt, Marionettentheater und Stadtkinosaal nicht mitgerechnet. Der Gast, der von Kirchenkonzerten zu Mozart-Motetten, von »Don Giovanni« zum »Mädl aus der Vorstadt« oder einer anderen Veranstaltung taumelt, möchte zwischendurch der Ruhe pflegen. Da können ihm Überraschungen blühen. Als ich mein Zimmer in einem Vier-Sterne-Hotel im Herzen der Altstadt betrat, blieb mir die Spucke weg. Im Baderaum gab es weder Heißwasser noch Licht. Ich bat die charmante Empfangsdame, Abhilfe zu schaffen; was die Beleuchtung beträfe, wäre ich notfalls mit einem Talglicht zufrieden. Das Charmebündel versicherte: »Kein Problem. Für unsere Gäste tun wir alles. Wenn Sie abends zurückkommen, läuft heißes Wasser und die Birne ist eingeschraubt.« Es stimmte. Sie hatte kein Wort zuviel versprochen.

Nicht nur vom reichlichen Essen und Trinken und von der Kunst (in dieser Reihenfolge) lebt der Mensch zur Salzburger

Festspielzeit. Tratsch und Klatsch kommen als Gewürz hinzu. Wer hockt heuer im »Tomaselli«? Wer diniert im »Goldenen Hirsch«, im »Winkler«? Wer lästert über alles und jeden im »K + K«? Jeder lästert. Jeder übertrumpft den anderen mit Neuigkeiten aus der Gerüchte- und Besserwisserküche. Mit einem Gebräu von Informationen die Ohren prall gefüllt, begibt sich der Besucher zum Ort des Spielgeschehens, zur Stätte der moralischen Aufrüstung. Gnadenlos glüht die Sonne auf bekleidete und wenig bekleidete Bummler. Unablässig entsteigen den Reisebussen Touristen, füllen die Gassen und Plätze. Zum Schutz gegen die Hitze decken Taschentücher, manche mit zierlichen Zipfeln verknotet, die Köpfe gestandener Shortsträger. Umgehängte Fotoapparate erfüllen den Zweck der Oberbekleidung. Scharen weiblicher Wesen flanieren in miederartigen Gebilden, grelle Stoffbahnen geben dicke und dünne Oberschenkel frei. Inmitten der wimmelnden Touristenschwärme tauchen Festspielbesucher auf. Sie sind an der Schönheit und an der Würde ihres Ausdrucks zu erkennen. Daß sie gebührend bestaunt werden, dessen dürfen sie sicher sein. Eine tragisch blickende, vom Busen bis zu den Zehen in schwarze Spitze gehüllte Kassandra wandelt über den Residenzplatz dem Meerrösser-Brunnen zu. Nichts liegt ihr ferner, als – wie ehemals in Troja – nunmehr den Untergang Salzburgs zu prophezeien. Sie taucht die Finger ins kühle Naß. Düster lächelt sie. Zwei Damen schlendern zum Café »Glockenspiel« hinüber. Ungewollten Blickfang bilden ihre Schleppröcke, die über kapitale Roßäpfel schleifen. Die Stadtoberen sollten es sich angelegen sein lassen, ihren Gästen beiderlei Geschlechts die ständige Anwesenheit von Fiakern in Salzburg plakativ vor Augen zu stellen. »Verdammter Mist!«, flucht verhalten einer aus der Adonissippe, dessen Lackschuh sich soeben in die Hinterlassenschaft eines Kutschgauls gesenkt hat. Nach und nach verdrängt Gesellschaftskleidung die Shorts und Shirts. In dichten Reihen steht man beim Einlaß zum Domhof. Die Duftnoten wohlbekannter Parfums locken Bienen und Wespen an. Das Fuchteln mit Programmheften ist tunlichst zu unterlassen. Die Biester verstehen das falsch. Endlich tritt man unter die Dombögen und dann in den Hof.

Man sitzt auf Holzbänken, die terrassenartig um die riesige Mariensäule montiert sind. Maria und vier allegorische Figuren –

Engel, Ecclesia, Weisheit und Teufel – beobachten das Treiben
im gespenstisch lautlosen Domhof. Meine Nachbarin zur Linken, in wallender lila Seide, nestelt ein zitronenfarbenes Son-
nenhütchen aus der Tasche und stülpt es auf die von Samtbän-
dern gehaltene Frisur. Andere spannen Schirme auf. »Die werden sich beliebt machen«, knurrt mein Nachbar zur Rechten.
Die lila Fee zeigt sich besorgt. »Haben Sie keine Haube, keinen
Schal bei sich?« Ich verneine. Doch sie weiß Trost. »In einer
halben Stunde ist die Sonne weg. Max Reinhardt hatte das exakt
einkalkuliert. Er brauchte Schatten auf der Bühne. Der ›Jedermann‹ ist nämlich ein Nachtstück.« Diesem Gedanken hatte ich
gerade nachgehangen.

In der Neuinszenierung von 1990 führte Gernot Friedel Regie. Sie wurde mit gemischten Gefühlen aufgenommen, doch
zählt sie fraglos zu den unvergessen bleibenden Inszenierungen,
die Salzburg bisher erlebte. Für die Rollenbesetzung wählte
Gernot Friedel folgendes Ensemble:

DIE STIMME DES HERRN	*Die Stimme von Ewald Balser*
DER TOD	*Erich Schellow*
JEDERMANN	*Helmut Lohner*
JEDERMANNS MUTTER	*Agnes Fink*
JEDERMANNS GUTER GESELL	*August Schmölzer*
DER HAUSVOGT	*Thomas Frey*
DER KOCH	*Gerhard Paul*
EIN ARMER NACHBAR	*Joachim Bißmeier*
EIN SCHULDKNECHT	*Hans Peter Hallwachs*
DES SCHULDKNECHTS WEIB	*Bettina Redlich*
BUHLSCHAFT	*Sunnyi Melles*
DICKER VETTER	*Heinz Schubert*
DÜNNER VETTER	*Florian Liewehr*
MAMMON	*Hans Christian Rudolph*
GUTE WERKE	*Christine Ostermayer*
GLAUBE	*Elisabeth Orth*
TEUFEL	*Ekkehard Schall*
KNECHT	*Robert Grass*
DER SPIELANSAGER	*Georg Schuchter*
EIN KNECHT	*Helmut Schneider*

Historisch gewandete Fanfarenbläser, auf den Balustraden der
Dombögen postiert, kündigen den Beginn des Sterbe- und Auf-
erstehungsdramas an. Der Spielansager stürmt auf die Bühne:
»Jetzt habt allesamt Achtung, Leut …« Nachdem er endet,
schwingt ein Mark und Bein erschütternder Musikstoß über den
Platz. Bänglich zieht man den Kopf ein. Nein, es ist nicht das
»Geschrey« des »Salzburger Stiers«, jenes Orgelwerks, das seit
1502 hoch von der Festung Hohensalzburg dreimal täglich ein
greuliches Gebrumm über die Stadt tönen läßt. Was wir im
Domhof hören, dient der Vorbereitung auf die »Stimme des
Herrn«, der seinen Zorn ob der verrotteten Menschheit dem
Premierenpublikum kundtut. Dem Tod wird befohlen, dem
Lüstling Jedermann die letzte Stunde anzuzeigen. Er wird sich
des Auftrags in nobler Manier und mit geradezu zum Sterben
verführender Stimme entledigen. Danach naht, gespannt erwartet, Jedermann. Lässig aus den Publikumsreihen tretend, setzt er
den Fuß auf die die Welt bedeutenden Bretter. Der Atem von
Hunderten setzt aus.

Ein Dandy, Playboy, ein Blender im modischen Habit unserer
Zeit agiert – und macht nicht wenige im Publikum zu verständ-
nisinnigen Mitverschworenen. Reich ist Jedermann, und arm
sind seine Zuschauer gewiß nicht. Aber, so will mir dünken,
dieser Jedermann versteht im Wesensgrund nicht allzu viel von
Geld. Bei der Auseinandersetzung mit dem »Armen Nachbarn«
und dem »Schuldknecht« exaltiert er sich. »Sachlich bleiben«,
möchte man ihm zurufen, denn sachlich hat er recht. Wer will
schon sein Vermögen an Arme verteilen? Was ist das für eine
Zumutung! »Nee, nee, nee«, nörgelt auch mein Nachbar und
läßt Ankerketten am Handgelenk klimpern. Wesentlich milder
ist die Reaktion bei Jedermanns Busserlabschied von seiner Mutter, die, wie so viele Mütter, im ungeeigneten Augenblick den
Sohn zu sittlichem Lebenswandel ermahnt. Ungeeigneter Augenblick deshalb, weil die »Buhlschaft« mit Gefolge sich zur nächtlichen Maskerade einfindet. Spürbare Unruhe breitet sich aus,
als sie den feurigroten Umhang fallen läßt. Die gedankenverwir-
rende Sekunde verstreicht; die Schöne steckt in einem Prachtge-
wand. Kalkweiß ist ihr Gesicht geschminkt, strohgelb die Lok-
kenmähne. Geradewegs aus der Herrengasse, aus den Häusern
der »gelüstigen Fräulein«, könnte sie hergewandelt sein. Jede

Körperwendung, ihre an klirrende Eiswürfel erinnernde Stimme verrät, daß sie den finanziellen Background ihres Liebhabers zu schätzen weiß. In Kürze wird sie, angesichts des bei der Festtafel harrenden Todes, den sterbenden Jedermann mit einem einprägsamen Panikschrei fluchtartig verlassen. Auch Jedermanns Gäste, phantastisch zum Mummenschanz ausstaffierte Schickeria, machen sich aus dem Staub. Er bleibt allein. Einen Wegbegleiter für die »letzte Reis'« findet er bekanntlich nicht. Selbst der meterhoch aus dem Tresor emporwachsende, markenbutter-goldene Mammon lacht ihn ob dieses Ansinnens aus. Des Geldes Hampelmann sei Jedermann gewesen, donnert er über den Platz. Das geht an die Nieren. Hampelmänner? Auch wir, die wir Salzburgs Kassen füllen? Jawohl! Der Teufel giftet es uns in die Ohren. Keinen Augenblick läßt er den Zuschauern Hoffnung, dermaleinst nicht von ihm geholt zu werden.

Vorerst aber wird er sich den Jedermann holen. Der hat zwischenzeitlich schlecht und recht mit einer weißen Dame, dem »Glauben«, gerungen. Sogar das Vaterunser kam ihm über die Lippen. Eine Schar Tauben suchte erschreckt das Weite. Aber dieser elende Teufel gibt einfach nicht auf. Anzuschauen ist er wie ein in Blutwurstsud gestolperter Metzgergeselle. Er pirscht sich an Jedermanns Nothelferinnen, die Damen »Gute Werke« und »Glaube« heran. Unzweideutig hält er sie für recht sonderbare, wenn nicht gar schräge Vögel. Eine Ansicht, die er mit zahlreichen der illustren Anwesenden teilen dürfte. Daß die Damen ihn hartnäckig hindern, Jedermann beim Wickel zu packen, kränkt und ergrimmt ihn. Schließlich hat er Rechtsbewußtsein. Infolgedessen pocht er auf sein Recht, den lange erwarteten Wüstling dem Höllenpfuhl einzuverleiben. Es gelingt nicht. Erlöstes Seufzen, als mit den einsetzenden Engelstimmen feststeht, daß Jedermann in himmlische Gefilde eingegliedert wurde.

Späte Nachtzeit war es geworden. Sekt perlte. Kiwibowle wurde kredenzt. Salzburg schwelgte in Festspielzeitstimmung. »Gut war der Lohner! Die Angst vor dem Tod, die konnt' ich ihm nachfühlen.« – »Er war mehr als gut, wissen S', innerlich zerrissen war er.« – »Wem sagen Sie das!« – »Die Buhlschaft sprach oft undeutlich.« – »Aber die Taille!« – »Ich muß den Eindruck jetzt abschütteln, sonst schlafe ich schlecht.« – »Zum Wohl!« Zum Wohl – bis zum nächsten Jahr!

Die lange Tradition der Festspiele –
Felsentheater, Felsenreitschule und Heckentheater

Trotz leuchtend blauen Himmels, trotz erfrischenden Luftzugs könnten Umweltbesorgte wähnen, daß die traditionsreichen Mauern spezifische Wirkstoffe absondern, die zu Rauschzuständen führen. Welcher Festspielbesucher hat es nicht schon gespürt, daß er, kaum angekommen, sich leichtfüßig werden fühlt. Eine Heiterkeitswelle erfaßt ihn. Sollte er seinem Wesen nach ein amusischer Mensch sein, drängte es ihn dennoch zu Konzerten, in Theateraufführungen. Pikiert stellt er fest, daß die Einheimischen keineswegs den halbverklärten, suchenden Blick ihrer Gäste zur Schau tragen. Das ist eine reine Vorsichtsmaßnahme, denn die Salzburger bewahren schreckenerregende Geschehnisse in Erinnerung. Ihre Vorfahren waren im 16. Jahrhundert von einer jeder Vernunft abholden Theaterwut erfaßt worden. Im Bergwerksort Hallein vermochten Zechenarbeiter und Salzach-Schiffer ihren musischen Drang nicht einzudämmen. In den Winterwochen versuchten sie sich als Schauspieler, Sänger, Musiker. Noch im fernsten Gebirgsdorf waren die Bauern süchtig nach weltlichen und geistlichen Spielen. Hans Sachs, dichtender Schuhmachermeister aus Nürnberg, war 1515 als Gast hochwillkommen. Viele neue Spielstücke brachte er mit. In der Stadt Salzburg verfielen die Schulmeister samt ihren Schülern dem Darstellungsfieber. Im Rathaussaal agierten Eleven der Domschule und von Sankt Peter in lateinischen und deutschen Stücken. Unter FÜRSTERZBISCHOF PARIS VON LODRON erreichte das Laientheater der Universität im 17. Jahrhundert hohe künstlerische Qualität. Vom theatralischen Element infiziert, verfaßten Rhetorikprofessoren Schauspiele; Lehrkräfte und Studenten probten vereint. Sie rackerten wie Profis. Musikalische Einlagen und Chöre waren plötzlich unerläßlich; Bühnenbilder und Kostüme wurden geschaffen. Psychische Raffinesse war diesen Theaterbesessenen bereits nicht mehr abzusprechen. Das weniger gebildete Publikum lockten sie in ernste Barock-Dramen, denen sie heitere, sogar parodistische Zwischenarbietungen hinzufügten. Ins Ohr gehende Musiken komponierten Michael Haydn und Leopold Mozart für dieses Salzburger Universitätstheater. Volk und Erzbischöfe lebten ja inmitten einer Architektur, die von theatralischen Elementen überbordete und zu Theatralik stimulierte.

Der Theaterbegeisterung des Volkes konnten und wollten die Erzbischöfe nicht nachstehen. Im Gegenteil, ihre Lust auf glänzend ausgestattete Aufführungen, in denen berühmte Künstler brillierten, wuchs schneller als die Rose im Ziergarten. So konnte es geschehen, daß die fürsterzbischöflichen Förderer persönlich in die Theaterpraxis eingriffen. MARKUS SITTIKUS VON HOHENEMS wurde unversehens zum mahnenden Beispiel für so manchen Sittenbeobachter, der da fand, daß die Liebe zum Theater mit der Würde eines Kirchenfürsten nicht vereinbar sei. Der Bruder des Markus Sittikus, Kaspar Graf von Hohenems, äußerte unwillig: »... viele reden übel von dem großen Geld so ungespart welschen Musikanten, Comedianten und dergleichen Leuten angehenkt wird, und wenn sie nit selbst kommen, sogar beschickt werden, und daß eine fürstliche Person wider ihre Reputation selbst große Zeit mit Preparierung solcher Comedien unter diesem Gesindel zubringen«.

Der heute landauf und landab bekannte Natursteinbruch im Hellbrunner Gelände inspirierte Markus Sittikus zu dem von ihm errichteten Stein- oder **Felsentheater**. In dieser ältesten Freilichtbühne im deutschsprachigen Raum fanden unter seiner Ägide die ersten Aufführungen italienischer Opern nördlich der Alpen statt. Nicht weniger als die Schau entzückte die Akustik. Domenico Ghisberti notierte begeistert am 28. August 1670: »Das Felsentheater ist zur Hälfte von der Natur gebildet, zum Teil von Menschenhand kunstvoll aus dem Felsen gehauen und es ist schwer zu entscheiden, welchem von den beiden Künstlern der Vorrang gebührt. (...) Zwei Felsen von riesigen Ausmaßen, von Gras und Blumen überwachsen, rahmen die Vorderbühne ein, eine Anpflanzung von Bäumen dient zur Aufnahme des Orchesters. Diese Bühne wählt zu ihrem Himmel den wirklichen und ihr Licht nimmt sie unmittelbar von der Sonne. Auf diesem Theater wurde nun heute die Zaubermacht der Musik an den Schicksalen des Orpheus dargestellt.«

Aber nicht nur Markus Sittikus, sondern auch FÜRSTERZBISCHOF PARIS LODRON bot seinen Gästen im Hellbrunner Felsentheater Besonderheiten an; guter Sitte entsprechend, vornehmlich religiöse Stücke, die aber andererseits die Sinne erfreuen sollten.

Außer dem Felsentheater, das zur Sensation geworden war, gab es in Salzburg die mindestens ebenso theatralisch-eindrucksvolle Steilwand des Mönchsbergs. Diese ließ FÜRSTERZBISCHOF JOHANN ERNST GRAF VON THUN (1687-1709) nicht schlafen. War diese Wand nicht der ideale Platz für die Schaffung einer neuen Spielstätte, einer Arena mit weiten Arkadenläufen, die unumgänglicherweise in die Steinwand geschlagen werden mußten? In dieser **Felsenreitschule** könnten Reit- und Kampfspiele, Tierhetzen stattfinden. Es ist nicht abwegig, daß Johann Ernst der alten Römer gedachte. Wo Römer gelebt hatten, gab es Arenen. Man durfte sich getrost an ihnen ein Beispiel nehmen. Wie die Römer würden auch die Salzburger der Hatz von Bären, Wölfen, Löwen zujubeln, dessen war sich der Erzbischof gewiß. Daß der Löwe erstens betagt und zweitens importiert worden war, dürfte dem Jubel keinen Abbruch tun. Mag sein, daß sich vor seinen Augen eine Vision entwickelte: Sanftmütig umherblickend, schleicht ein in Ehren gealterter Löwe zur Mönchsberg-Arena herein. Von der anderen Seite nähert sich der ebenfalls betagte Gladiator. Die zwei Veteranen beäugen sich. In stiller Übereinstimmung gelangen sie zu dem Entschluß, kein Blut sehen zu wollen. Daraufhin trottet der Leu in den sicheren Zwinger zurück. Dem Gladiator widerfährt die Ehre, zur Bischofsloge gebeten zu werden. Tosender Beifall der Salzburger. Des Fürsterzbischofs Lider schlossen sich vor dieser inneren Zukunftsschau. Der Bau der Felsenreitschule war mithin beschlossene Sache.

1693 wurde der ehemalige Steinbruch zu einer Sommerreitschule umgestaltet. Für den Entwurf zeichnete vermutlich Fischer von Erlach verantwortlich, der sich von den Arkadenhöfen deutscher Schlösser des 16. Jahrhunderts anregen ließ. Max Reinhardt adaptierte die Bühne 1926 mit einer Goldoni-Inszenierung für die Salzburger Festspiele.

Von 1710 bis 1718 entstand in Salzburg eine weitere Freilichtbühne: Das **Heckentheater** westlich des Hauptparks im Bastionsgarten des Schlosses Mirabell. Berühmter Experte für die Anlage von Heckentheatern war Mathias Diesl aus Paris. Aus den als Kulissen zugeschnittenen Hecken erschienen die Spieler in wunderbaren Kostümen. Alte Stiche vermitteln einen Eindruck von diesen Auftritten. Für das zum Lachen aufgelegte

Publikum trat eine Theaterfigur in den Vordergrund: Es war der
»Hanswurst« oder »Wurstel«, von Josef Stranitzky in Wien erfunden, der in der Tracht und mit dem Gehabe eines biederen
salzburgischen Bauern auftrat. Doch bald prasselte hintersinni-
ger Spott auf die zeitgenössische Gesellschaft nieder. Die
Schlitzohrigkeit dieser Figur belustigte auch jene, die offenkundig lächerlich gemacht wurden. Vielleicht erkannte manch einer
sein Ebenbild.

Dem Theaterrausch folgte eine durch den Regierungsantritt
FÜRSTERZBISCHOF HIERONYMUS' GRAF VON COLLOREDO ver-
ursachte dramatisch zu nennende Ernüchterung. Aus Sparsamkeit und aus aufklärerischen Beweggründen beendete er die
Opernvorstellungen in der Residenz. Die Aufführungen des
Universitätstheaters, die in Colloredos Augen »wahrer Gottes-
verehrung zuwiderliefen«, wurden 1776 verboten. Im Sinne der
Aufklärung wollte er für alle Bevölkerungsschichen ein Theater
moralischer Erziehung. Daß solches zwar sittlich erhebend, aber
erwiesenermaßen abschreckend langweilig ist, interessierte den
Sachverwalter des Bistums, den Hüter öffentlichen Anstandes
nicht. Für die Moral streckte der sonst als Geizhals verschriene
Colloredo sage und schreibe zehntausend Gulden vor, mit de-
nen das alte Ballhaus zum Theater umgebaut werden konnte.
Eine erzbischöfliche Theaterkommission hatte die Auswahl der
Stücke in dem neuen »Hoftheater« zu überwachen. Die Verfü-
gungen Colloredos wurden hingenommen. Ohnehin hatten die
Salzburger, bedingt durch die Zeitläufte – Franzoseneinfall und
Säkularisierung des Erzbistums –, ihre Theaterwut ausgetobt ...

*Wappen
des Bauherrn der
Felsenreitschule.*

*Johann Ernst
Graf Thun-Hohenstein,
1693.*

Von der ersten Idee
bis zur Gründung der Festspiele
Die Wiederentdeckung Mozarts

Erst um die Wende der dreißiger und vierziger Jahre des
19. Jahrhunderts traten dankenswerterweise Ruhestörer in Erscheinung. In der lokalen und überregionalen Presse war zu
lesen, für Salzburg werde ein Mozart-Denkmal gewünscht. Dafür sollte gespendet werden. Eine Gruppe tatendurstiger Musik-
enthusiasten hatte sich zu den Inseraten aufgeschwungen, um
Salzburg aus der Lethargie in die Welt der Künste zurückzufüh-
ren. Ein vortrefflicher Einfall, denn in ganz Europa gab es Menschen, die Mozarts Musik liebten. Die Spenden flossen reichlich.
Zu gleicher Zeit wurde, fast unauffällig, von dem Advokaten
Franz von Hilleprandt das Institut »Dommusikverein und Mozarteum« gegründet, das die musikliebenden Kräfte der Stadt
sammeln sollte. Am 4. September 1842 kam es zur Einweihung
des von Ludwig Schwanthaler entworfenen *Mozart-Denkmals*.
Baff waren die Salzburger. Niemals sollte die Frage verstum-
men, ob dieser Mozart wirklich Mozart sei. Doch im September
1842 wurde die harsche Kritik in den Wellen der Festesfreude
ertränkt. Würdig begann die Denkmalseinweihung mit der Mozartschen c-moll-Messe im Dom. Am nächsten Tag lichterte ein
Fackelzug ums Denkmal. Pferderennen, Scheibenschießen und
Ausflüge in die Umgebung rundeten das Programm ab. Wenn
Salzburg endlich wieder feierte, dann geschah das gründlich.
Die Denkmalsanreger durften sich beglückwünschen. Doch sie
hatten die Rechnung ohne die Salzburger Bürger gemacht, die
nunmehr überzeugt waren, für den genialen Sohn ihrer Stadt
genug Geld ausgegeben zu haben. Deprimierend früh wurde ein
Umstand deutlich, der zum Dauerdilemma der Salzburger Festspiele werden sollte: Das künstlerische Wollen und die zur Verfügung stehenden Geldmittel waren nicht deckungsgleich unter
einen Schirm zu bringen. Um diese Misere zu bewältigen, gab es
nach profunder Theatererfahrung zwei Wege: entweder ließ
man Dilettanten mitwirken, die unbezahlt, einzig der Kunst wegen, bereitwillig mit von der Partie waren. In der Regel drängten
sich hierzu Gesangsvereine, Volkschöre, Kindergruppen. Die

zweite Möglichkeit bestand darin, prominente Künstler zu enga-
gieren, und das ging – und geht bis heute – ins Geld. Salzburg
probierte beide Möglichkeiten aus. Die Landeshauptstadt müsse
die Provinzstadt abstreifen, resümierte auch der aus Wien nach
Salzburg übergesiedelte Finanzrat Freiherr Carl von Sterneck
und ließ den Worten Taten folgen. 1870 gründete er die »Internationale Stiftung Mozarteum«, die weltweit Künstler und
Mozartverehrer ansprechen sollte. Sieben Jahre später war das
Vorhaben gelungen, die Wiener Philharmoniker und Wiener
Opernkräfte für Salzburg zu gewinnen.

Der Durchbruch zu künstlerischer Anerkennung weiten Aus-
maßes ereignete sich im Jahr 1887. Mit zwei Aufführungen gedachte Salzburg der Uraufführung des »Don Giovanni« in Prag
anno 1777. Gefeierte Mitglieder der Wiener Hofoper brillierten; Hans Richter dirigierte. Sinngemäß ließ er verlautbaren,
daß Salzburg sich aufraffen und ständige Mozartfeste einführen
möge. Er nannte das Beispiel Bayreuth, wo die 1876 gegründeten Richard-Wagner-Festspiele sich wachsenden Zustroms er-
freuten. Der Vorschlag senkte sich ins Gemüt der Salzburger.
Mozartliebhaber und Mozart-Desinteressierte gerieten bei der
Erwähnung Bayreuths aus dem Häuschen. Jawohl, ein Festspielhaus sollte entstehen! Und wo? Auf dem Mönchsberg, denn man
mußte »davon absehen, dasselbe in die Mitte der Stadt zu placie-
ren, wo das lärmende Treiben der Alltagswelt, das Wagengeras-
sel oder der schrille Pfiff der Locomotive ins Innere des Theaters dringen und störend wirken müßten«, hieß es in einer 1890
veröffentlichten Schrift des rasch zusammengeschusterten Ak-
tions-Comitées, das die Architekten Ferdinand Fellner und Hermann Helmer beauftragte, ein Festspielhaus für den Mönchsberg zu entwerfen, für das Platz für 1500 Zuschauer, ein Orche-
sterraum für 80 Musiker und eine geräumige Bühne geplant war.
Zum Haupteingang sollte eine Freitreppe führen, unter der die
Wagen vorfahren könnten. Das Gebäude selbst, eine Renaissance-
Imitation mit barocken Anklängen, sollte mit Statuen geschmückt sein und 350000 Gulden kosten, wovon 270000 Gulden zur Finanzierung der Aufführungen bereitgestellt werden
sollten. Die Gesamtsumme hoffte man durch den Verkauf von
Patronatsscheinen im Wert von 600000 Gulden aufbringen zu
können. Dazu wurde eine Gesellschaft gegründet, deren Statu-

ten – vorschnell – sogar schon die Verteilung des künftigen Gewinns regelten. Doch die Summe kam nicht zusammen, und die Pläne und der große Elan verliefen ebenso wie das Projekt selbst im Sande.

Die Errichtung eines Festspielhauses ließ also auf sich warten, die Pläne wurden zwar nicht gänzlich aufgegeben, jedoch modifiziert. So ist es nach Josef Kaut »bezeichnend, daß der 1917 gegründete Verein den Titel ›Salzburger Festspielhaus-Gemeinde‹ wählte. Als Vereinszweck wurde in den Statuten ›die Erbauung eines Salzburger Festspielhauses und die nicht auf Gewinn berechnete Veranstaltung von Festspielen‹ angeführt.« Aber wie bekannt, kam es doch zuerst zur Gründung der Festspiele, bevor man sich an den Bau der Festspielhäuser machte.

Max Reinhardt betritt
die Bühne

Hiermit wären wir bei Max Goldmann alias Max Reinhardt angelangt. Drei Stimmen seiner Zeitgenossen mögen ihn vorstellen. Hugo von Hofmannsthal, der eigentliche »Vater« des »Jedermann«, bezeichnete ihn 1923 als »vollkommenen Visionär der Bühne; und er weiß, daß es in einem Traum oder einer Vision nichts Gleichgültiges und Nebensächliches gibt; dies ist die große Stärke seiner Inszenierungen: nichts, auch nicht das Geringste, ist in ihnen mit geringerer Aufmerksamkeit und mit einem geringeren Aufwand von Phantasie und Kraft behandelt, als womit andere Regisseure das behandeln, was sie für die Hauptsache halten.« Gerhart Hauptmann stand Max Reinhardt nach eigenen Worten »als Regisseur am nächsten. Er ist der Lehrmeister der meisten heutigen Regisseure von Bedeutung. Sein künstlerisches Schaffen, seine Reife hat eine Höhe erreicht, die ihn weit über sich hinausgewachsen erscheinen läßt. Auf seinem Gebiet ist er ein Genie, wie es ganz selten geboren wird.« Und Heinrich Mann äußert sich enthusiastisch über Reinhardts Inszenierungen auch »politischer« Stücke: »Man weiß, er hat das Theater revolutioniert ... Wo hat stärker, direkter als im Büchner-Reinhardtschen ›Woyzeck‹ das stumme Menschenleid geklagt und angeklagt? Die Konventsszene in

›Dantons Tod‹, wer mußte man sein, um sie zu machen? Die
bürgerlichen Komödien von Sternheim – der sozial gerichtete
Brahm hätte sie wahrscheinlich noch verworfen; sie zeigen von
dem Aufstand gegen eine Klasse das neuere Gesicht. Wer Sternheim wagte, war Reinhardt.«

Max Reinhardt wurde am 9. September 1873 in Baden bei
Wien geboren. Er war der Erstgeborene von sieben Kindern der
Eheleute Wilhelm und Rosa Goldmann. Der Familientradition
entsprechend, sollte er Kaufmann werden. Eine Banklehre
dünkte den Eltern für ihn geeignet. Wie so viele Eltern täusch-
ten sie sich über Werden und Wollen, über die Lebensbestim-
mung ihres Kindes. Aufwühlende Erlebnisse bedeuteten für den
heranwachsenden Jungen die Theateraufführungen, die er be-
suchte. Auf der Galerie des Burgtheaters drängte er sich zwischen andere junge Leute. Später notierte er: »Ich hatte keine
Bekannten unter ihnen und es wurde überhaupt wenig gesprochen. Es war viel zu aufregend. Es war ein Kampf ums Dasein.
Aber sobald es dunkel wurde und der Vorhang aufging, schmolzen
wir zu einer geheimnisvollen Einheit zusammen (…). Plötzlich
verzogen sich 250 Gesichter zu einem Lächeln, dann lief ein
Kichern durch die Reihen und plötzlich brach ein schallendes
Lachen aus wie ein Sturm. Man wurde willenlos mitgerissen und
freute sich, daß alle anderen ebenso besoffen von Heiterkeit
waren. Dann wurde es allmählich ruhig, immer stiller. Die
Schauspieler … hörten jede Regung, wie wir die ihren hörten.
Sie warteten, bis wir uns beruhigt hatten. Einige wollten weiter
lachen, brachen aber erschrocken ab. Es wurde ernst. Hunderte
beugten sich nach links, wo jemand auftrat. Das Paar auf der
Bühne sah ihn nicht. Wir waren im Geheimnis. Herzklopfen.
Atem im Rhythmus. Zwei Ensembles: Das Ensemble der Schauspieler und das Ensemble der Zuschauer.«

Dies Zusammenwirken zwischen Darsteller und Zuschauer
erkannt zu haben, sollte das Geheimnis von Reinhardts Regie,
seines Erfolgs werden. Begierig, als Schauspieler durchs Leben
zu gehen, lernte er Rollentexte und setzte durch, daß er Schau-
spielunterricht nehmen durfte. Es gelang ihm, auf Privatbühnen
aufzutreten. Sein erstes Engagement bekam er an einem Wiener
Vorstadttheater in Rudolfsheim. Hier geschah ein Wunder: Der
Theatermanager Otto Brahm, designierter Direktor des Deut-

Max Reinhardt, ca. 1925.

schen Theaters in Berlin, zufällig auf der Durchreise, sah Max und verpflichtete ihn für den Herbst 1894 an sein Haus. Für die Überbrückungszeit nahm der junge Schauspieler ein Engagement am Salzburger Stadttheater an. Auch das sollte schicksalbestimmend sein. Er mietete ein Zimmer im »Gasthof zum Stein« an der Salzach. Es ist heutzutage kaum mehr vorstellbar, was der Zwanzigjährige für geringe Gage leisten mußte. Nicht weniger als 49 Rollen hatte er in der sechsmonatigen Spielzeit zu übernehmen. Interessanterweise spielte er nicht etwa jugendliche Liebhaber, sondern alte Männer. Das aber setzte einen künstlerischen Entwicklungsgrad voraus, der die menschliche Reife des späteren Regisseurs bereits vorwegnahm. Um diese Zeit hatte er schon längst den Nachnamen Reinhardt angenommen, der 1904 amtlich bestätigt wurde. Der »alte Reinhard« aus Theodor Storms »Immensee«, einer Lieblingsnovelle des jungen Max, gilt als Vorbild der Namensänderung. Berlin und Salzburg waren die Städte seines kometenhaften Aufstiegs.

Die Geburt der Salzburger Festspiele –
Max Reinhardt und Leopoldskron

Am 22. August 1920 wurden die so oft totgesagten, weil als undurchführbar geltenden Salzburger Festspiele mit Max Reinhardts »Jedermann«-Inszenierung eröffnet. Die – so der Himmel und die Finanzlage mitspielen – immerwährenden Festspielzeiten begannen. Aber ein Festspielhaus – vergleichbar der Konkurrenzstadt Bayreuth – hatte Salzburg immer noch nicht. Dafür schuf Reinhardt in seinem Privatsitz Schloß Leopoldskron ein theatralisches Zauberreich. Es war – wie sollte es anders sein – von Klatsch und Tratsch umwittert. Anlaß dazu hatte der Erwerb des Schlosses im Weltkriegsjahr 1918 geboten. Als »Neureicher«, »Kriegsgewinnler« wurde Reinhardt von bösen Zungen beschimpft. Das Gerede war zwar Unfug, aber der Neid entzieht sich stets logischer Betrachtungsweise. Reinhardt, von Schönheit sein Leben lang hingerissen, ging ohne jegliches schlechte Gewissen daran, den entleerten barocken Schloßbau nach seinen Vorstellungen kostbar einzurichten. Der Park wurde im Barock-Stil erweitert; ein Freilichttheater mit Spalierwänden als Kulissen entstand. Im Jahr 1923 ging im Marmorsaal des Schlosses vor dem großen Kamin Molières »Der eingebildete Kranke« in Szene. Das herrschaftliche Ambiente des Schlosses, das Stück selbst und die Zuschauer schlossen sich dabei zu jener harmonischen Einheit zusammen, die Reinhardts Inszenierungen charakterisierten.

Die einzige Aufführung auf der Parkfreilichtbühne ereignete sich am 26. August 1931. In prominenter Besetzung ließ Reinhardt Shakespeares »Was ihr wollt« spielen. Eine Schilderung dieses Festes liefert Auguste Adler, Reinhardts langjährige Mitarbeiterin: »Der Auftakt zu dem Abend der Premiere war der Traum einer Sommernacht. An den großen Barocklaternen des Schlosses vorbei zogen die geladenen Zuschauer, auf Pfaden, die, von flackernden Windlichtern gesäumt, zur großen Wiese führten, wo grüne Lampions, in Bodennähe von Stäbchen getragen, die Wege zwischen den Kanälen wiesen. Laternen folgten dem leichtgeschwungenen Bogen kleiner Brücken. (...) Dann brach das Gewitter los. Die Zuschauer blieben in strömendem Regen auf ihren Plätzen, verließen sie erst, als sie dazu aufge-

fordert wurden und nachdem Moissi – verfrüht – sein Regen-
lied, (…) der Regen, der regnet jeglichen Tag' vollendet hatte.
Im schützenden Schloß erwarteten flammende Kaminfeuer die
Gäste, die, aus aller Welt gekommen, sich zu den einheimischen
Freunden gesellten. Sie standen im Kerzenlicht des Marmorsaa-
les, das sich so warm im alten Glas der hohen Fenster und in den
Marmorfliesen spiegelte. Im Venezianischen Zimmer fiel etwas
von Ridottoglanz auf diese heutigen Menschen.

Reinhardt beobachtete beglückt das Gelingen dieses Abends,
der verwirklichte, worauf es ihm ankam: das Lebendigwerden
dieses köstlichen alten Hauses.«

1937 endete dieser Wirklichkeit gewordene Schloßtraum Max
Reinhardts. Es endeten alle seine Träume. Er mußte Deutschland verlassen. Am 31. Dezember 1943 starb er in New York an
den Folgen eines Hundebisses.

Das Kleine und das Große
Festspielhaus

Und noch immer hatten die Salzburger kein »Großes Festspiel-
haus«! 1922 wären sie ums Haar Opfer eines phantastischen
Projekts geworden, das »an die viertausendjährigen Bauten im
Reich der Mitte erinnert«, wie ein Kritiker schrieb. Der Bau-
traum-Erzeuger war der Repräsentant des damaligen modernen
»Neuen Bauens«, der Berliner Professor und Architekturpapst
Hans Poelzig. Die Salzburger schritten in einer Aufwallung un-
gebremster Energie zur Tat. Am 19. August 1922 wurde in An-
wesenheit des Bundespräsidenten Dr. Michael Hainisch und des
Erzbischofs Dr. Ignaz Rieder die Grundsteinlegung für das
Neue Festspielhaus vollzogen. Unter den durchweg berühmten
Gästen befanden sich Richard Strauss, Hermann Bahr und Max
Reinhardt mit seiner späteren zweiten Frau Helene Thimig.
Reinhardt äußerte lakonisch: »Das kommt niemals zustande.«
Er behielt recht. In Hellbrunn, auf hügeligem Gelände, sollte der
Palast entstehen. Über Treppen und Terrasssen wäre man zu
exotischen Rundhöfen gelangt, aus denen sich ein Kegelbau wie
ein gigantischer Termitenhaufen erhoben hätte. Einer räumlich
unbegrenzt wirkenden Glitzerhöhle sollte der Festspielraum mit

Oben: Nicht realisierter Entwurf
für das Festspielhaus von Hans Poelzig (1922).

Rechts: Zuschauerraum mit Blick auf die Bühne.

der Bühne gleichen. Eigentlich schade, daß es nicht dazu kam, denkt man beim Betrachten der – vielleicht zur Abschreckung – sorgfältig aufbewahrten Entwürfe-Abbildungen. Heute würde dieser Bau vielleicht ein achtes »Weltwunder« darstellen. Doch die Inflationsflut verhinderte den Weltwunder(alp)traum.

Dem heutigen Festspielbezirks-Besucher, der munter der Hofstallgasse entgegenstrebt, bietet sich eine beruhigend wirkende Langfront dar, die äußerlich nichts Sensationelles erwarten läßt. Trotzdem ist zu empfehlen, sich einer offiziellen Führung anzuvertrauen, denn es gibt viel zu besichtigen: in diesem Langbau sind das Kleine Festspielhaus, das Große Festspielhaus und die ehemalige Felsenreitschule des Fürsterzbischofs Johann Ernst Graf von Thun enthalten.

Das Kleine Festspielhaus wurde 1926 von Clemens Holzmeister erbaut, im Foyer birgt es Fresken von Anton Faistauer aus dem Jahr 1926. Den Plan für den Bau des Großen Festspielhauses faßte man dreißig Jahre später. Clemens Holzmeister verlegte dafür den Bühnenraum in den Mönchsbergfelsen, so daß der alte Hofmarstall als Eingangsfoyer und Pausenhalle erhalten blieb. Das lateinische Distichon, das seine Fassade schmückt, verkündet nicht ohne Pathos: »Der Muse heiliges Haus steht Kunstbegeisterten offen, als Entflammte empor trage uns göttliche Macht.« Seit 1926 dient die alte Sommer- oder Felsenreitschule als Spielstätte, wobei ihre aus dem Mönchsbergfelsen gebrochenen Arkadenreihen den Bühnenhintergrund bilden. Im Zuge eines Umbaus wurde sie in den Jahren 1968 bis 1970 überdacht. Die daneben liegende Winterreitschule mit dem riesigen Deckenfresko eines »Türkenstechens« aus dem Jahr 1690 von Johann Michael Rottmayr und Christoph Lederwasch dient heute als Pausenraum.

Soweit der bautechnische Teil, kommen wir zum Erlebnisteil. Das **Kleine Festspielhaus** umfaßt heute 1327 Plätze. Kleinere Opern und Schauspiele kommen in ihm zur Aufführung. Betritt man das Foyer, ist man versucht, auf den nächsten Stuhl zu sinken. Über die hohen, weiten Wandflächen ziehen sich die Fresken Anton Faistauers. Es geistern Formen und Farben. Symbolische, mythologische, theatralische, realistische Szenen wechseln von Darstellung zu Darstellung und schaffen die große Verbindung: Theater. In nur 26 Arbeitstagen schuf Faistauer sein Meisterwerk, dessen schnelle Ausführung, wie dieser selbst berichtete, »den Vorzug der größeren Unmittelbarkeit und den Reiz des ersten Einfalls hatte«. 1938, während der nationalsozialistischen Ära, mußten die Fresken als »entartete Kunst« entfernt werden. Dem Maler und Restaurator Alberto Susat gelang es, sie fast unversehrt aus der Wand zu lösen und somit zu retten. Nach Ende des Zweiten Weltkriegs wurden sie wieder angebracht. Freskenteile, die nicht abgehoben werden konnten, sind in ihren Umrißzeichnungen angedeutet.

Wie stellt sich Faistauers Werk dem Betrachter dar? Phantastisch! Engel blättern der heiligen Cäcilia die Noten beim Orgelspiel um (göttlicher Ursprung der Musik). Jedermanns Festbankett findet in gespenstischer Weise Ausdruck. Orpheus wandelt unter wilden Tieren, Odysseus wird von den Sirenen bedrängt, des »Rheingolds« Bewacherinnen tauchen aus der Flut (Macht der Musik). Benommen geht man weiter.

In der einstigen Winterreitschule, nunmehr Pausenraum und zugleich Salzburger Stadtsaal, beeindruckt das *Türkenstechen.* Unblutig wird es im Deckenfresko vor Augen gestellt. Reiter versuchen, aufgestellte Türkenmasken zu durchbohren – heroisch-nostalgische Erinnerung an die Siege über die Türken anno 1683 und 1688. Von dem langgestreckten, dunkelgetäfelten Raum führen Treppen zur Tribüne hinauf. Oberhalb eines mächtig emporstrebenden Kamins weisen zwei Wappen auf die Fürsterzbischöfe Guidobald (1654-1668) und Johann Ernst (1687-1709) Grafen von Thun hin. Aus dieser der Reitkunst huldigenden Halle führt der Weg in die sogenannte **Felsenreitschule**, die mit Reiten, Tierhatz und Zirkus gar nichts mehr, mit dem Felsen aber nach wie vor zu tun hat. Schwarzgrau ragt die düstere Mönchsbergwand in die Höhe. Man glaubt, in einem legendären, unterirdischen Palast von Erdgeistern gelandet zu sein, die sich ihre Höhlen in den Felsen hauten. Die Höhlen sind jedoch die berühmten dreigeschossigen Arkaden, welche die unnachahmliche Naturkulisse für große Opern- und Schauspielinszenierungen bilden.

Bei der weiteren Führung durch Foyers, durch Vorräume und Seitenstränge überrascht den Besucher die nicht erwartete Ausdehnung des Festspielbezirks. Der ebenerdige Pausensaal des **Großen Festspielhauses** war einst der Pferdestall des von Fürsterzbischof Wolf Dietrich von Raitenau erbauten Hofmarstalls. Steinmosaiken im Boden, die Pferdeköpfe zeigen, erinnern daran. In allen Räumen ist moderne Kunst vertreten: Rudolf Hoflehners Stahlrelief »Huldigung an Anton Webern«, Oskar Kokoschkas Gobelin »Amor und Psyche«, Wandgemälde von Wolfgang Hutter »Von der Nacht zum Tag« und von Karl Plattner »Salzburg, seine Erbauer und seine Musik«. Als »Goldener Gang« könnte man die Wandelgänge vor dem Zuschauerraum bezeichnen. Diesen Eindruck vermittelt die blattgoldene Decke. Der Zuschauerraum ist als Orgie in Lila komponiert. Rund 2200 lilafarbene Plätze laden zur Verschnaufpause ein. Lange währt die Ruhe nicht. Die Stimme des Festspielhausführers zwingt zur Konzentration auf bauliche Daten: »Die größte Breite der Hauptbühne einschließlich der beiden Seitenbühnen beträgt 78 Meter; die Grundrißfläche der Bühne weist 1550 Quadratmeter auf.« Man erfährt weiter, daß jene glitzernde, wie verkrustetes Eis wirkende Wand, welche die Bühne verbirgt, der eiserne Vorhang ist, eine Stahlschliffschöpfung von Rudolf Hoflehner. Dankbar vernimmt man, daß man nun die Bühne betreten darf. Auf Seitenpfaden, Schleichwegen nicht unähnlich, gelangen wir in die Welt jenseits des eisernen Vorhangs und verfallen ihrer Magie. Wir stolpern durch fertig eingerichtete Kulissen. Dies könnte die schäbige, schrägwandige Bude des Malers Rudolf aus Giacomo Puccinis »La Bohème« sein, wo Rudolf und Mimi in der Dunkelheit den Schlüssel suchen und seine Hand die ihre berührt: »Wie eiskalt ist dies Händchen (...)«. Und hier, die weiße, geschwungene Treppe, die im Nichts zu enden scheint, ist das nicht die Hotelstiege im letzten Akt der Richard-Strauss-Oper »Arabella«? Es fällt nicht schwer, sich vorzustellen, Arabella in Ballrobe käme die Stufen herab, das Glas Wasser in der Hand, und reichte es Mandryka. Mit dieser Geste nähme sie, der Sitte seiner Heimat entsprechend, seinen Heiratsantrag an: »Und du wirst mein Gebieter sein.«

Am Schluß der Führung verläßt man regelrecht bezaubert den Festspielbezirk. Manch einer sinnt darüber nach, ob die kritischen Stimmen, welche die Begleitmusik zu den Bauarbeiten bildeten, gänzlich zu Unrecht ertönten. Es heißt, daß nicht wenige Salzburger über den Umfang, vornehmlich des Großen Festspielhauses, über die enorme Breite der Bühne erschraken.

Monstrosität zerstöre die subtile Wirkung einer Mozart-Aufführung, wurde argumentiert. Auswärtige Polemik mischte mit und unterstellte, das Riesenhaus würde die Salzburger Festspiele völlig verändern. Intimität und harmonisches Beieinandersein von Gästen und Einheimischen gingen verloren. Die Unkenrufe erreichten die Lautstärke eines Froschkonzerts, als ruchbar wurde, man wolle das Große Festspielhaus wahrhaftig mit einer Mozart-Oper eröffnen. Selbst einheimische Dirigenten und Regisseure lehnten dies Ansinnen ab. Die Überbreite der Bühne war ihnen nicht geheuer. Da machte Herbert von Karajan – seit 1956 künstlerischer Leiter der Salzburger Festspiele – den revolutionären Vorschlag, den »Rosenkavalier« von Richard Strauss (Libretto: Hugo von Hofmannsthal) auf die Bühne zu bringen. Das hatte den Salzburgern gerade noch gefehlt. Aber es geschah, wie vorgeschlagen.

Widersprüchliches Genie – Herbert von Karajan und Salzburg

Am 26. Juli 1960 dirigierte Herbert von Karajan die Strauss-Oper der »Rosenkavalier« mit den Wiener Philharmonikern, dem Chor der Wiener Staatsoper und einer traumhaften Prominentenbesetzung der Rollen. Lisa della Casa sang die Marschallin, Hilde Güden die Sophie, den Octavian Sena Jurinac. Bestechende Aufführungen Karajans war das Publikum gewohnt. Doch nun kamen eine sensationelle Optik und das Wunder einer einzigartigen Akustik hinzu. Niemand, den nicht Wonneschauer geschüttelt hätten, als die »Arie des Sängers« erklang: »Di rigori armato (…)«. Keiner, dem sich nicht Seufzer entrangen bei der »Überreichung der silbernen Rose«: »Mir ist die Ehre widerfahren (…)«. Sinnentaumel nach dem Terzett-Finale und dem Schlußduett: »Ist ein Traum, kann nicht wirklich sein (…)«.

Lebenslang blieb Herbert von Karajan Salzburg verbunden. Er war 81 Jahre alt geworden, als er am 16. Juli 1989 – nach einer Herzattacke – in seinem Haus in Anif unweit Salzburgs verstarb. Die Proben zur Verdi-Oper »Ein Maskenball« konnte er nicht mehr abschließen. »In Salzburg wurden die schwarzen Fahnen ausgerollt und aufgehangen, Erzbischof Georg Eder stimmte sich auf die Totenmesse ein, die Wiener Philharmoniker übten für die Trauerfeier am kommenden Sonntag, in den Buch- und Plattenläden lief der Devotionalienhandel an. In der neuen Pariser Bastille-Oper legte Leonhard Bernstein eine Gedenkminute ein. Im Salzburger Festspielhaus wurden in stillem Memoriam die Proben unterbrochen. Auf dem Friedhof in Anif, dem neuesten Wallfahrtsort der Salzburger Touristen, kratzten die ersten Souvenirjäger Erde vom Grab, und aus den Klatsch- und Kulturspalten trieften weltweit die letzten Tränen«, beschrieb Klaus Umbach am 24. Juli 1989 unter dem Titel »Der letzte der germanischen Titanen« im »Spiegel« die Stimmung. In der Presse häuften sich Nachrufe, deren teils hämische, teils ehrlich betroffene Schlagzeilen von »Königsmord und Dirigentenfrieden« (Frankfurter Allgemeine Zeitung), »Erstickt an sich selbst« (Stuttgarter Zeitung) und »Zwischen Maskenball und Bosnawurst« (Stern) über »Der König ist tot« (Bild) bis zu »Das Wunder Karajan« (Guardian) und »L'amour fou de la musique« (Le Monde) vor allem eines klar machten: über Karajan mochte man geteilter Meinung sein, gleichgültig ließ er niemanden.

14   *Mozarts Geburtshaus, Fassade zum Universitätsplatz.*

15   *Hauptfassade des Doms mit Mariensäule der Brüder Johann Baptist und Wolfgang Hagenauer, 1766-1771.*

16   *Szene aus Gernot Friedels Inszenierung des »Jedermann« von 1990 mit Helmut Lohner als Jedermann und Sunnyi Melles als Buhlschaft.*

Aus zwei Würdigungen Herbert von Karajans sei zitiert, die das Meinungsspektrum über eine der unbestreitbar größten und schillerndsten Künstlerpersönlichkeiten unserer Zeit exemplarisch abstecken. Gerhard R. Koch sieht in seinem Artikel »Der Dirigent«, veröffentlicht in der »Frankfurter Allgemeinen Zeitung« vom 18. Juli 1989, »Karajans Größe und Grenzen« »aufeinander bezogen. Als klanglicher Organisator großer Musik und großer Apparate war er oft einzigartig, wußte die Spannungen zwischen Linie, Farbe und Rhythmus so perfekt und intensiv zu vermitteln wie kaum ein anderer.« Doch der Autor spart in seiner Würdigung auch nicht mit Kritik: »Aber es waren auch manchmal eben die Klangwirkungen, die sich verselbständigten, zu Fassadenwirkungen wurden, Musik zum Demonstrationsvehikel machten, nicht zuletzt im Zeichen einer immer pompöseren Medienästhetik. Das Dilemma bleibt, daß Karajan dazu beigetragen hat, Kunst auch in Ware zu verwandeln – und als Kunst trotzdem oft ergreifende Wirkungen zu entfalten. Man kommt um das Rätsel nicht herum: den Widerspruch zwischen dem genial-besessenen Musiker und dem Machtmenschen, High-Society- und Jet-set-Star und Kommerzkapitän.« Na und?, ist man versucht zu fragen, ist das wirklich ein Widerspruch? Gilt denn insgeheim immer noch das kleinkariert-romantische Modell, wonach ein Künstler nichts von Geld verstehen darf und – um unvergessen zu bleiben – tunlichst zu verhungern hat?

Doch hören wir noch eine zweite Stimme. Hanjo Kesting hebt in der Wochenzeitung »Die Zeit« vom 21. Juli 1989 unter dem Titel »Der Herr der Klänge« bei Karajan gerade »das Problematische« als »die Kehrseite des Wunderbaren« hervor. Wie kein anderer habe er »im Bewußtsein der Allgemeinheit die klassische, die ernste Musik verkörpert. Er war der berühmteste aller Dirigenten und wahrscheinlich der berühmteste lebende Künstler überhaupt. Sein Name wurde schon früh zum Markenzeichen, zum Symbol. (...) Karajan war das Symbol des Dirigenten, der Dirigent schlechthin, und sein Name diente der Öffentlichkeit, gerade der nichtmusikalischen, als Synonym für seinen Berufsstand. (...)« Als die kritische Kehrseite seiner Künstlerexistenz, als seine »gleichsam überpersönliche Problematik« sieht Kesting die Tatsache, daß Karajan »zum Inbegriff dirigentischer und musikalischer Allmacht werden [konnte], weil er nicht nur in musikalischen Kategorien dachte, sondern stets auch in solchen von Macht und Wirkung. (…) Karajans Strenge, Unzugänglichkeit, Unnahbarkeit, die bei allem Glanz, aller Ausstrahlung stets zu seinem Persönlichkeitsbild gehörten, waren nun, da ihn ein Lufthauch König Learscher Alterseinsamkeit umgab, menschlicher durchwärmt, und das Nachlassen seiner physischen Kraft, dann zuweilen auch seiner dirigentischen Prägnanz, begriff man, teils mit Schmerz, teils mit Erleichterung, als den Tribut, den auch dieser Heros der Kunst den Grenzen der Menschheit am Ende zollen mußte.«

Finis! Ein Leben mit seiner Geschichte.

Salzburg und seine Festspiele blieben – und werden es voraussichtlich bleiben – die Stätte bewunderter Prominenter. Stärkste Faszination übten zweifellos die »Meister des Taktstockes« aus. Es dirigierten – um nur einige zu nennen – Karl Böhm, Ferenc Fricsay, Wilhelm Furtwängler, Erich Kleiber, Otto Klemperer, Hans Knappertsbusch, Clemens Krauss, Gustav Mahler, Dimitri Mitropoulos, Bernhard Paumgartner, Franz Schalk, Richard Strauss, Arturo Toscanini, Bruno Walter. Der hohen Qualität der Festspielaufführungen vermochten sich selbst amusische Besucher nicht zu entziehen. Um so erstaunlicher, daß aus unerforschlichen Gründen die Festspiele immer wieder ins Kreuzfeuer scharfzüngiger, abwertender Kritik gerieten, ja oft ihr Ende prophezeit wurde. Mit Ironie hatte Bernhard Paumgartner bereits 1964 dazu Stellung genommen: »Hätte sich nur ein kleiner Teil dieser Verkündigung erfüllt, die Festspiele wären nicht nur längst tot, sondern bereits in archäologische Tiefen versunken mit den bedeutenden Leistungen aller derer, die am blühenden Leben dieser Festspiele ihren künstlerischen Anteil hatten.« Mit diesen Worten verlassen wir den Festspielbereich, das Zentrum des fortwährenden ungebrochenen Zaubers.

*Herbert von Karajan bei einer Orchesterprobe
im Großen Festspielhaus.*

Finale an der Salzach

Jeder Aufenthalt, auch der ausgedehnteste, neigt sich einmal dem Ende zu. Es ist mir zur Gewohnheit geworden, am Abend vor der Abreise einen Spaziergang zur Salzach und zurück durch die nächtlichen, wohlvertrauten Gassen der Stadt zu machen. Eine Weile sitze ich am Fluß auf einer Bank in der Nähe des Mozartstegs. Sie steht im Schutz hoher Laubbäume. Über die Dächer Salzburgs, über Kirchen und Türme senkt sich Dämmerung. In dieser Beleuchtung zeigt sich die Salzach bleigrau. Man könnte meinen, ihr Wasser habe alle Häßlichkeiten, Widerwärtigkeiten, allen Unrat der Stadtgeschichte aufgesogen und schwemme selbst die Erinnerung daran eilig hinweg, denn es scheint, als ströme sie schneller ihres Wegs als bei Tage. Noch habe ich das »Granteln« zahlreicher Salzburger im Ohr: ihre Stadt gleiche einem riesigen Museum! Und außerdem: die vielen Touristen mit ihren Autos, die hohen Preise (...)! Bei allem Verständnis für die berechtigte Kritik all derer, die die Nachteile der blühenden Fremdenverkehrsentwicklung hinnehmen müssen, bleibt doch festzuhalten, daß sich das »Museum Salzburg« und seine Festspiele für die Stadt und ihre Bewohner als eine Goldgrube erwiesen haben, die es zu hüten und zu bewahren gilt, nicht zuletzt, um die geschichtsträchtigen Bauten in gewohnter Pracht erhalten zu können – auch für die Salzburger selbst. Denn eines ist sicher: keiner ihrer Nachkommen baut noch einmal ein Schloß Mirabell, ein Hellbrunn, einen Dom. Möglicherweise würden sie Parkplätze mit Seitengrünbepflanzung der Platzverschwendung einer Parkanlage vorziehen. Schlecht zu verkaufen, wie sich zu guter Letzt erweisen würde. Das wäre ihr Schuldanteil an der zukünftigen Stadtgeschichte. Aber soweit muß es ja nicht kommen.

Erste Sterne flimmern zwischen rasch dahinziehendem Federgewölk. Eine schmale Mondsichel schwebt über der Hohensalzburg. Vögel streichen über den Fluß. Tauben lassen sich am Ufer nieder. Ich stehe auf. Wandere über den Mozartsteg zur

Altstadt hinüber. Hunderte von Straßenbummlern sind unterwegs. Lachen und Stimmengeschwirr aus den Restaurants und Weinstuben. Unter hohen Torbögen hie und da ein eng umschlungenes Paar. Ein einsamer Flötenspieler in einem Innenhof. Selbstversunken lehnt er an der Mauer. Der Lichtschein einer Arkadenlampe trifft ihn. Jetzt entdeckt er mich. Nimmt das Instrument von den Lippen. Er lächelt. Ich setze meinen Weg fort. Auf dem Mozartplatz Getümmel von jung und alt. Nachtaufnahmen des bronzenen Musikgenies werden gemacht. Eigentlich begreift man jetzt erst, warum Mozart so seltsam distanziert den Blick schweifen läßt. Ich nähere mich dem »K + K«. Wer sitzt heute drin? Wer lästert, weiß wieder einmal alles besser? Hätte alles besser gemacht? Natürlich kein Platz frei. Aber der charmante Geschäftsführer, »Direktor« heißt es in Österreich, hat den bekannten Ecktisch reserviert. »Einen grünen Veltliner, gnä' Frau?« Ich nicke. Der Tropfen rinnt über die Zunge. Köstlich! »Also ich hätte die ›Konstanze‹ anders gesungen, ganz anders. Vor allem lyrischer«, tönt es vom Nebentisch. Ich blicke zur Seite – und glaube das eben Gehörte hundertprozentig. »Mimimi«, übt die Rednerin ihre Stimme ein. Ihre Tischgefährten zeigen Merkmale der Unruhe. Keine Sorge, zur rechten Sekunde wird ein Schlemmermahl aufgetragen. Es ist gegen Mitternacht, als ich das »K + K« verlasse.

Einzelne Nachtschwärmer streben ihren Zielen zu. Doch bald bin ich so gut wie allein unterwegs. Ab und zu Tritte auf dem Pflaster in einer Nebengasse. Wie fern sich das anhört! Auch merkwürdig verhalten. Im Grunde klingt es, als träte das Schicksal persönlich unter ein Tor, in ein Haus. Vollends verlassen liegt der Domplatz unter dem Sternengeflimmerhimmel. Das Licht der Mondsichel bleicht die Domfassade. Riesengroß wirken die vier Apostel. Sind sie wirklich aus Stein? Um diese Stunde und bei dieser Beleuchtung darf man nicht ohne weiteres davon überzeugt sein, daß Stein auch Stein bleibt. Ein falber Hund streicht über den Platz. Der ist Wirklichkeit, und im lautlosen Lauf nähert er sich mir. Sehr unangenehm. Der Hund beäugt mich. Wenn jetzt doch ein Mensch käme; aber es kommt niemand. »Troll dich«, murmele ich. Und der Hund macht kehrt. Noch einmal sehe ich ihn unter den Dombögen, dann um den Neptunsbrunnen streichen. Dann bin ich ihn los.

Etwas schneller nun gehe ich durch die Kapitelgasse und Kaigasse zum Hotel. Zweimal zweige ich falsch ab, verlaufe mich. Bin plötzlich wieder in der Nähe der Salzach. Tiefschwarz strömt sie dahin. Von hier aus finde ich mich zurecht. Trotzdem: sind das noch die oft durchlaufenen, mir wohlvertrauten Gassen? Nein, sie sind es nicht. Die Nacht, der Mond und die Einsamkeit haben sie verändert. Oder enthüllt! Wie man will. Die Vergangenheit von Jahrhunderten ballt sich auf engstem Raum. Diese gewaltigen hochgetürmten Mauern! Die Tore gleichen Eintritten zu unbekanntem Dahinter. Ein Verbrechen ist genau so vorstellbar wie der vorsichtige, auf Geräuschlosigkeit achtende Schritt eines Liebhabers zu geheimgehaltener Leidenschaft. Salzburg zur Nachtzeit – und allein durch die Gassen ziehen, dann offenbart sich das Fluidum dieser Stadt: der Pulsschlag ihrer Geschichte von Anbeginn an.

Auch dieser Abend, diese Nacht ist morgen schon Geschichte, an der alle Anteil haben, die in Salzburg lebten, leben oder nur Gäste waren.

Ältestes Salzburger Stadtsiegel,
Mitte 13. Jahrhundert.

Salzburg
auf einen Blick

Karten

Pläne

Grundrisse

*Mit Pisotti-Blütenzweigen gerahmter Henkelkrug
im Salzburger Museum Carolino Augusteum*

Zeittafel zur Stadtgeschichte

v. Chr.

Altsteinzeit erste Besiedlung.
(40 000)

Bronzezeit Kupferbergbau.
(1800-1000)

Hallstattzeit Salzgewinnung und -handel.
(1000-450)

Seit dem 5. Jh. Besiedlung durch die Kelten.

1. Jh. keltisches Königreich Noricum.

15. Noricum wird vom römischen Kaiser Tiberius unterworfen.

n. Chr.

41-54 die römische Provinz Juvavum (Salzburg) erhält eine Munizipalverfassung durch Kaiser Claudius und wird dadurch eine autonome Gemeinde.

5. Jh. die Ostgoten verdrängen die Römer.

Um 470 erste Christen siedeln in Salzburg; eine Kirche wird in der Vita des heiligen Severin erwähnt.

477 der Ostgoten-Stamm der Heruler erobert unter Odoaker die Stadt.

Ab 592 die Bayern nehmen das Salzburger Gebiet in Besitz.

Um 696 der bayerische Herzog Theodo schenkt dem heiligen Rupert, dem Wormser Bischof, der ihn in Regensburg zum christlichen Glauben bekehrt hatte (»Apostel der Baiern«), die Fliehburg Salzpurach auf dem Nonnberg und Ländereien. Rupert gründet ein Nonnenkloster (Äbtissin wird seine Nichte Erentrud) und reformiert das Peterskloster; er wird Abt und baut die Peterskirche; Salzburg wird Bischofssitz.

739 die Salzburger Diözese wird vom heiligen Bonifatius gegründet; die wohlhabend werdende Stadt wird zeitweilig Sitz der bayerischen Herzöge.

745-784 Amtszeit des iro-schottischen Abts und späteren Bischofs Virgil von Sankt Peter.

774 Weihe des ersten, unter dem heiligen Virgil errichteten Doms.

785-821 Amtszeit des Abtbischofs Arno, der 798 von Papst Leo III. zum ersten Salzburger Erzbischof ernannt wird; Salzburg erhält die bayerischen Suffraganbistümer Regensburg, Freising, Passau und Säben zugesprochen. Karl der Große besucht 803 die Stadt, die Alkuin in zahlreichen Lobgedichten preist.

843 Salzburger Erzbischöfe werden durch die Fränkische Reichsteilung Erzkapellane des ostfränkischen Reichs.

845 Zerstörung des Doms durch einen Brand.

955 Erzbischof Herold beteiligt sich am Aufstand gegen König Otto den Großen, daraufhin wird er vom bayerischen Herzog Heinrich geblendet und verbannt; die Würde des Erzkapellans wird den Salzburger Erzbischöfen entzogen.

996 das schon länger ausgeübte Marktrecht wird der Stadt verbrieft.

Um 1077 Bau einer Burg auf dem Festungsberg während des Investiturstreits; Salzburg ergreift für Papst Gregor VII. Partei; Erzbischof Gebhard muß als Gegner Heinrichs IV. nach Sachsen ins Exil gehen.

1085 Kaiser Heinrich IV. setzt Berthold von Moosburg als Gegen-Erzbischof ein.

1090 Abt Thiemo von Sankt Peter wird zum Erzbischof gewählt.

1097 in der Schlacht von Saaldorf unterliegt Thiemo Berthold von Moosburg und wird gefangengenommen.

1106-1147 die während des Investiturstreits schwer geschädigte Salzburger Kirche wird in der Amtszeit des neuen Erzbischofs Konrad I. von Abensberg erneuert.

1122 Ende des Investiturstreits durch das Wormser Konkordat.

1167 Zerstörung des Doms und der Stadt durch den Grafen von Plain auf Veranlassung Kaiser Friedrichs Barbarossa, der die Reichsacht über Salzburg verhängt.

1181 Erzbischof Konrad III. läßt einen neuen romanischen Dom errichten, der um 1198 in der Amtszeit Erzbischof Adalberts III. vollendet wird.

Um 1190 Beginn des Salzbergbaus auf dem Boden der Abtei von Sankt Peter am Dürrnberg; Hallein wird zur führenden Saline.

1200-1246 Erzbischof Eberhard II., ein Freund der Staufer, kann in seiner Amtszeit sein Herrschaftsgebiet, aus dem später das Land Salzburg hervorgeht, sichern.

1249 erstes Stadtsiegel.

1278/79 Bauernunruhen gefährden kirchlichen Besitz.

Um 1280 Beginn der Ummauerung der Stadt.

1287	nach heftigen Auseinandersetzungen in der Salzburger Bürgerschaft, die Erzbischof Rudolf von Hoheneck schlichten kann, erhält Salzburg ein neues Stadtrecht.
1328	Erzbischof Friedrich erläßt die erste Salzburger Landesordnung, und Salzburg löst sich von Bayern.
1348	die Pest wütet an der Salzach.
1365-1396	Amtszeit Erzbischof Pilgrims II. von Puchheim; Ausdehnung des Erzbistums; literarische Hochzeit der Minnesänger: Hermann (der Mönch) von Salzburg.
1403	Erzbischof Pilgrim II. wird von den Bayernherzögen in Burghausen gefangengenommen; die Stände schließen sich zum »Igelbund« zusammen, um sich gegen zu hohe Besteuerung zu wehren.
1428-1430	Grillinger-Bibel, herausragende Leistung der Salzburger Buchmalerei.
1451	Nikolaus von Kues erneuert die sogenannte »Melker Reform« für Klöster auf der Salzburger Provinzialsynode.
1462/63	Bauernaufstände im Erzstift Salzburg.
Um 1465	die Stadterweiterungspläne Erzbischof Burkhards von Weißpriach – z. B. muß die Abtei Sankt Peter den Frauengarten abtreten – scheitern.
1481	Kaiser Friedrich III. verleiht den »Großen Ratsbrief« mit fast allen Rechten einer freien Reichsstadt; damit war die Position des Erzbischofs Bernhard von Rohr zugunsten der Bürger geschwächt.
1495-1519	während der Amtszeit des Erzbischofs Leonhard von Keutschach gelingt es der Kirche, ihre Position wieder zu festigen; die Stadt erlebt einen wirtschaftlichen Aufschwung: Erweiterung der Festung; Spätgotik; der Bildschnitzer und Maler Michael Pacher arbeitet in Salzburg.
1498	Vertreibung der Juden aus der Stadt.
1511	die vom Erzbischof gefangengenommenen Ratsmitglieder werden zum Verzicht auf die Rechte des »Großen Ratsbriefes« gezwungen; dies bietet die Voraussetzung für das absolutistische Fürstentum späterer Erzbischöfe.
1514	gegen den Willen Erzbischofs Leonhard wird der Bischof von Gurk, Kardinal Matthäus Lang von Wellenburg, Koadjutor, der die Säkularisation des Salzburger Domkapitels durchsetzt.
1519-1540	Amtszeit des Erzbischofs Matthäus Lang von Wellenburg während der Reformationszeit und des Bauernkrieges.
1525	die Festung widersteht den Angriffen der aufständischen Bauern.

1549   Hans Baumann errichtet die erste Buchdruckerei in
        Salzburg.

1583   die Franziskaner ziehen als erster Bettelorden an die
        Salzach.

1587-1612   Amtszeit des absolutistisch regierenden Erzbischofs Wolf
        Dietrich von Raitenau, der mit der Bürgertochter Salome
        Alt zahlreiche Kinder hatte; durch kriegerische Auseinan-
        dersetzungen mit Bayern um den Salzhandel gerät Salz-
        burg immer mehr in Bedrängnis; Wolf Dietrich wird 1612
        abgesetzt und bis zu seinem Tod (1617) auf der Festung
        gefangengehalten; Salzburg entwickelt sich zu einer früh-
        barocken Stadt italienischer Prägung; Planung der »città
        ideale« durch den Baumeister und Architekturtheoretiker
        Vincenzo Scamozzi; Dombaumeister wird Santino Solari
        und Stukkateur Elia Castello.

1598   der Dom wird durch einen Brand zerstört und vollständig
        abgerissen; Baubeginn der Residenz.

1610   Neubau des Doms.

1612-1619   Amtszeit des Erzbischofs Markus Sittikus von Hohenems;
        er veranlaßt den Residenzbau und Hellbrunn.

1617   Gründung des von Benediktinern geleiteten Gymnasiums.

1619-1653   Amtszeit des Erzbischofs Paris Lodron; Ausbau der Stadt-
        befestigung; Salzburg bleibt aber vom Dreißigjährigen
        Krieg verschont.

1622   Umwandlung des Gymnasiums in eine Universität.

1628   Weihe des neuen Doms.

1654-1668   Amtszeit des Erzbischofs Guidobald Graf von Thun;
        Vollendung der Fürstenstadt.

1668-1687   Amtszeit des Erzbischofs Max Gandolf; rigorose Maßnah-
        men gegen Bettler und Landstreicher (sogenannte Zauber-
        jackl-Prozesse). Caspar Zuccalli wirkt seit 1685 in Salzburg
        und wird 1689 zum Hofbaumeister berufen.

1687-1709   während der Amtszeit des Erzbischofs Johann Ernst von
        Thun, des »Stifters«, des größten Kirchenbauers von Salz-
        burg, erhält der bedeutende österreichische Baumeister des
        Spätbarock Johann Bernhard Fischer von Erlach den Vor-
        zug vor italienischen Künstlern.

1701-1714   während des Spanischen Erbfolgekrieges kann sich Salz-
        burg trotz wiederholter Kriegsgefahr seine Neutralität
        bewahren.

1709-1727   Erzbischof Franz Anton von Harrach; Barockisierung der
        älteren Kirchen; der Architekt Johann Lukas von Hilde-
        brandt löst Fischer von Erlach ab, der 1723 stirbt; Bern-

hard Stuart und Johann Kleber bauen Schloß Leopoldskron; Gartenarchitekt ist Franz Anton Danreiter; als Maler
wirken Johann Michael Rottmayr und Johann Martin
Schmidt (Kremser Schmidt) in Salzburg.

1731/32 20000 Protestanten werden von Erzbischof Leopold
Anton Freiherr von Firmian aus Salzburg vertrieben.

1740-1748 während des Österreichischen Erbfolgekriegs bedrohen
abwechselnd bayerische und österreichische Truppen die
Stadt, die aber nicht angegriffen wird.

1753-1771 Amtszeit des Erzbischofs Siegmund III. Schrattenbach,
des Förderers der Familie Mozart.

1756 am 27. Januar wird Johannes Chrysostomus Wolfgangus
Theophilus (genannt Wolfgang Amadeus) Mozart in der
Getreidegasse geboren.

1772-1803 Amtszeit des unbeliebten Erzbischofs Hieronymus Colloredo, unter dem die Stadt ein Zentrum der süddeutschen
Aufklärung wird und einen wirtschaftlichen Aufschwung
erlebt; Zerwürfnis des Erzbischofs mit Mozart; Michael
Haydn, Bruder Joseph Haydns, wird Hof- und Domorganist; Ende des Rokoko.

1783 zur Uraufführung seiner c-Moll-Messe kehrt Mozart zum
letzten Mal in seine Heimatstadt zurück.

1800 die Stadt wird von napoleonischen Truppen besetzt; Erzbischof Colloredo muß fliehen.

1803 Säkularisation des Fürstentums Salzburg durch den Reichsdeputationshauptschluß; Colloredo dankt ab; Großherzog
Ferdinand III. von Toskana wird bis 1805 Kurfürst
und läßt den Schatz des Erzstifts nach Florenz bringen.

1805 erneute Besetzung durch napoleonische Truppen;
nach dem Frieden von Preßburg kommen Salzburg und
Berchtesgaden zu Österreich.

1806 Kaiser Franz I. nimmt den Titel Herzog von Salzburg an;
die Stadt verliert ihre Selbständigkeit.

1810 unter König Ludwig I. wird Salzburg bayerisch, die Universität und Landstände werden aufgehoben.

1816 das Land Salzburg, stark verkleinert, wird endgültig öster-
reichisch und als fünfter Kreis der oberösterreichischen
Landesregierung in Linz unterstellt.

1818 ein großer Brand zerstört die Neustadt und teilweise
Schloß Mirabell; die Romantiker und Nazarener, u. a.
Johann Georg von Dillis, Carl Friedrich von Schinkel,
Carl Philipp Fohr, Ludwig Richter, Ferdinand Georg
Waldmüller, entdecken die Stadt.

Brand der Salzburger Neustadt im Jahr 1818.
Kolorierte Radierung von Johann Nusbiegl nach Voltz,
Museum Carolino Augusteum.

1823   Wiedereinsetzung des Erzbistums Salzburg.

1850   Salzburg wird selbständiges Kronland mit eigener Landesregierung im Kaiserreich Österreich.

1860   die Stadt Salzburg wird als Festung aufgelassen; Eröffnung
der Kaiserin-Elisabeth-Westbahn Wien–Salzburg–München.

1861   der neugewählte Landtag tritt zum ersten Mal am 6. April
zusammen.

1862-1866   Bauboom: Schleifung der Stadtbefestigungsanlagen;
Regulierung der Salzach; Bau des Andräviertels.

1877   1. Mozart-Fest.

1880   die Internationale Stiftung Mozarteum wird gegründet.

1917   Richard Strauss, Max Reinhardt, Hugo von Hofmannsthal
u. a. gründen die Festspielgemeinde.

1918   Proklamation der Republik Deutschösterreich.

1920   Salzburg wird Bundesland des neuen Bundesstaates Öster-
        reich; Beginn der Festspiele; erste Aufführung des »Jeder-
        mann« von Hugo von Hofmannsthal in einer Inszenierung
        von Max Reinhardt.

1921   Beschluß der Salzburger Landesverfassung.

1938   Annektierung Österreichs durch Hitler-Deutschland;
        Salzburg wird Reichsgau.

1944/45 19 Luftangriffe der Alliierten führen zu schwersten Zer-
        störungen.

1945   4. Mai Einzug der amerikanischen Truppen.

1956   1. Mozart-Festspiele anläßlich seines 200. Geburtstages.

1959   Weihe des wiederaufgebauten Salzburger Doms.

1962   Neugründung der Universität.

1967   Lex Salisburgensis: das Altstadterhaltungsgesetz soll dazu
        beitragen, daß das charakteristische Stadtbild Salzburgs
        erhalten bleibt.

*Applikationsteppich
mit Wappen Wolf Dietrichs von Raitenau,
Museum Carolino Augusteum.*

Ärztliche Versorgung

Mitglieder der gesetzlichen Krankenkassen haben Anspruch auf freie ärztliche Behandlung auf Krankenschein; dennoch sollte man die Kostenfrage vorab klären, da sich nicht alle Ärzte an diese Regelung halten. Bei Zahnbehandlungen müssen die Kosten zunächst selbst vorgestreckt und gegen Beleg mit der eigenen Versicherung abgerechnet werden. Für ausgestellte Rezepte wird von den Apotheken ein Selbstkostenanteil erhoben.

Tip: In Anbetracht der grenznahen Lage sollten deutsche Staatsbürger grundsätzlich die Möglichkeit in Betracht ziehen, eine notwendige Behandlung im nur wenige Kilometer entfernten Bayern vornehmen zu lassen, wenn man sich größeren Verwaltungsaufwand ersparen will.

Salzburger Gebietskrankenkasse
Faberstr. 19-23, Tel. 7 15 31, 7 85 41.
Verrechnungsstelle: Rainerstr. 25, Tel. 7 11 52-0, 7 11 74-0.

Ärztenotdienst Salzburg-Stadt: Tel. 7 53 50 (am Wochenende Sa. 7 Uhr-Mo. 7 Uhr).

Rettungsnotruf: Tel. 144

Hofapotheke mit Florianibrunnen am Alten Markt.

Anreise

Mit der Bahn: Salzburg verfügt als internationaler Eisenbahnknotenpunkt über sehr gute Zugverbindungen sowohl mit der Bundesrepublik Deutschland (über München–Freilassing) als auch mit der Schweiz (über Zürich–Innsbruck); mehrere Verbindungen am Tag (→ Zugauskunft). Fahrpreisermäßigung für junge Leute unter 26 und Senioren auf Anfrage bei Reisebüros und den nationalen Eisenbahngesellschaften.

Autoreisezüge verkehren aus verschiedenen Städten in Nord- und Westdeutschland an bestimmten Wochentagen (Informationen im Reisebüro).
Ankunft am Salzburger Hauptbahnhof, Südtiroler Platz; Weiterfahrt mit dem Taxi oder dem städtischen Obus Linie 1 oder 2 (→ Verkehrsmittel).

Mit dem Auto: aus Österreich über die A 1, die sogenannte Westautobahn, aus Richtung Wien oder über die Tauernautobahn A 10 (mautpflichtig) vom Süden aus. Aus Deutschland über die Autobahn München–Salzburg (Übergang: Walserberg).
Tip: Lange Wartezeiten an der Grenze kann man sich ersparen, wenn man kurz vor der Grenze die Autobahn verläßt und den Grenzübergang Freilassing benutzt.
Aus der Schweiz über Arlbergpaß und Inntalautobahn auf die Autobahn München–Salzburg.

Mit dem Flugzeug: Linienflüge aus der Bundesrepublik Deutschland und der Schweiz nur von Frankfurt und Zürich aus. Flugpreisermäßigung (für Kinder, Jugendliche, Studenten und Ehepaare) auf Anfrage bei den Fluggesellschaften über die Reisebüros. Charterflüge (meist anläßlich großer kultureller Ereignisse) von einigen Großstädten aus (Informationen im Reisebüro).
Ankunft am Salzburger Flughafen, etwa 5 km südwestlich des Zentrums; Weiterfahrt mit dem Taxi oder dem Bus 77.

Antiquitäten und Kunsthandwerk

Für professionelle Interessenten wertvoller Antiquitäten und Kunstliebhaber wird jährlich im Frühjahr, gegen Ostern, die *Salzburger Kunst- und Antiquitätenmesse* in der Residenz veranstaltet. Eine Institution, die es sich zur Aufgabe gemacht hat, handwerkliche Traditionen der alpenländischen Heimat lebendig zu erhalten, ist das *Salzburger Heimatwerk*, das in seinen neun Verkaufsräumen neben Trachten Holzmöbel und -spielzeug, Uhren, Gläser, Zinn- und Kupferwaren und Keramik zum Verkauf anbietet. Die meisten Läden für Antiquitäten und Kunsthandwerk haben sich in der Gries- und Judengasse und um die Linzer Gasse herum angesiedelt. Ein beliebtes Mitbringsel aus Salzburg sind Gewürzsträußchen, kleine Kunstwerke und duftende Potpourris aus getrockneten Blüten und Gewürzen.

Salzburger Fayencen.

Einige Adressen:

Antik-Galerie − Jugendstil, Art deco
Maxglaner Hauptstraße 12,
Tel. 843135.
Antiquarium Joachim M. Lindtner,
Linzer Gasse 31, Tel. 882525.
Antiquitäten an der Pferde-
schwemme, Sigmundsplatz 11,
Tel. 841720.
Dorotheum (Versteigerungen);
Schrannengasse 7, Tel. 71671.
Fuchs Altwaren, Kendlerstraße
132, Tel. 843601.
Grims Antiquitäten, Aigner
Straße 51, Tel. 29191.
Buch- und Kunstantiquariat
Matern, Linzer Gasse 5,
Tel. 73795.
H. von Rautenberg Nachfolger,
Alter Markt 15, Tel. 843398
(antiker Schmuck).
Salzburger Heimatwerk, Residenz-
platz 9, unter dem Glockenspiel,
Tel. 844110.
Salzburger Handdrucke
Jordis & Sohn, Pausingerstraße 6,
Tel. 642879.
Salzburger Leinenstube, Kaigasse 11,
Tel. 842155.
Sammelsurium, Hubert-Sattler-
Gasse 10, Tel. 729275.
Sine Tempore, Goldgasse 11,
Tel. 841276.
Trödelstadl − Antike und
bäuerliche Möbel, Sterneckstraße 5,
Tel. 728145.
Trödelstube, Linzer Gasse 50,
Tel. 72453.
Volkskunst, Griesgasse 4,
Tel. 842242.
Volkskunst und Antiquitäten
Zeller-Zellhain, Ursulinenplatz 7,
Tel. 843115.
Wacht an der Salzach, Griesgasse 7,
Tel. 841622.

Ausflüge

Schloß Anif (Übersichtsplan) − romantisches Wasserschloß im neo-
gotischen Stil aus dem 16. Jahrhundert, das sein jetziges Aussehen im 19. Jahrhundert erhielt
(keine Besichtigung, Privatbesitz).
Der Ort Anif ist ein gemütlicher
Ferien- und Sommerfrischeort
südlich von Salzburg, der Land-
gasthof Schloßwirt ein beliebtes
Ausflugsziel (Tel. 06247/2175;
Anfahrt über die Bundesstraße
nach Hallein).

Eisriesenwelt, im Tennengebirge
bei Werfen, größte Eishöhle der
Welt (40 km lang, 30000 qm).
Höhlenführungen und Seilbahn-
betrieb Mai-Anfang Oktober
9-18 Uhr, Dauer der Führung
4-5 Stunden.
Anfahrt: Tauernautobahn bis
Werfen (530 m), Bergstraße bis
zum Parkplatz (ca. 900 m), Fuß-
weg (etwa ¼ Std.) bis zur Tal-
station der Gondelbahn.
Auskunft: Eisriesenwelt
Ges.m.b.H., Getreidegasse 21,
Tel. 842690; oder: Dr.-Odl-
Haus, 5450 Werfen,
Tel. 06428/248.

Franziski-Schlößl (Übersichtsplan)
Kapuzinerberg 11 (tgl. außer Di.
[Juli/August auch Di.] 10-21 Uhr;
im Winter 10-19 Uhr). − Beliebtes Spaziergängerziel auf dem Kapuzinerberg, das von Erzbischof
Paris Lodron 1629 als Unterkunft
für die auf der Bastei stationierten
Soldaten errichtet wurde; bewirt-
schaftete Jausenstation für eine
zünftige Brotzeit.

Salzburger Freilichtmuseum, Großgmain (Übersichtsplan; → Museen).

Hallein – zweitgrößte Stadt des Bundeslandes Salzburg mit schöner mittelalterlicher Altstadt und Keltenmuseum, das neben Exponaten zum historischen Betrieb der Salinen Funde vom Dürrnberg, einer der bedeutendsten prähistorischen Kulturstätten Österreichs neben Hallstatt, dokumentiert.
Dürrnberg: Seilbahnverbindung mit Hallein.
Keltenmuseum, Hallein, Pflegerplatz 5, Tel. 062 45/27 83 (Mai-Oktober 9-11 und 13-16 Uhr).
Salzbergwerk Dürrnberg, Führungen Mai-Oktober 8-17 Uhr.

Wallfahrtskirche Maria Plain (Übersichtsplan) – barocke Marienwallfahrtskirche, etwa 3 km nördlich von Salzburg, mit herrlichem Rundblick auf die Stadt und die sie umgebende Bergwelt; Wallfahrtsort für ein als wundertätig verehrtes Marienbild; unter Erzbischof Max Gandolf Graf Kuenburg 1671 bis 1674 von Antonio Dario errichtet, 1674 geweiht; qualitätvolle Ausstattung von Thomas Schwanthaler (Altarbilder) und Kremser-Schmidt (Wandbilder); Gasthof (S. 281 f.).

Salzbergwerk Hallstatt, Hallstätter See, am Fuß des Dachsteins, Tel. 061 34/251 oder 252.
Führungen: 1.-15. Mai und 1.-31. Oktober 9.30-16.30 (letzte Führung 15 Uhr); 16. Mai-30. September 9.30-18 Uhr (letzte Führung 16.30 Uhr).

Darüber hinaus bietet das gesamte *Salzkammergut*, eines der traditionsreichsten Fremdenverkehrsgebiete Österreichs, eine Fülle von Ausflugsmöglichkeiten, dafür einige Anregungen: Fuschlsee; Wolfgangsee mit St. Gilgen und St. Wolfgang (»Weißes Rößl«, Pacher-Altar); Schafberg mit beeindruckender Rundsicht; Mondsee mit Benediktinerstift. Nähere Auskunft über Tagesausflüge erteilen die Reisebüros und Touristeninformationsstellen.

Café-Restaurant Winkler, Mönchsberg 32, Tel. 84 12 15.
Auf dem Mönchsberg gelegener, wegen seiner modernistischen Architektur nicht unumstrittener Bau, am »schönsten Platz Salzburgs« (erreichbar mit dem Mönchsberglift).
Attraktion: das »Sattler-Panorama«, ein riesiges Rundbild (26 × 6 m) des Panoramablicks von der Festung Hohensalzburg von Johann Michael Sattler (Architekturdarstellung), Friedrich Loos (Landschaft) und Johann Josef Schindler (Figurenstaffage), ausgestellt in der Empfangshalle des Cafés.

Auskunft → Informationsstellen

Autofahren

Fahrzeugdokumente: für Deutsche und Schweizer nationaler Führerschein, Fahrzeugschein und Nationalitätenkennzeichen.
Verkehrs- und Geschwindigkeitsregeln: In ganz Österreich gilt auf

Autobahnen 130 km/h, auf Bundes- und Landstraßen 100 km/h, innerhalb geschlossener Ortschaften 50 km/h Höchstgeschwindigkeit. Anschnallpflicht (Nichtbeachtung wird bestraft und hat bei Unfällen Auswirkungen auf die Haftungsansprüche). Ampeln kündigen das Ende der Grünphase durch mehrmaliges Blinken an, bevor sie auf Gelb umschalten. Fast die gesamte Salzburger *Innenstadt* ist Fußgängerzone (Ausnahme: Citybus oder Taxis auf bestimmten Strecken). Ein System von → Parkmöglichkeiten sorgt dafür, daß das Zentrum autofrei bleibt. Vom Versuch, in der Altstadt und ihrer weiteren Umgebung einen Parkplatz zu finden, kann nur dringend abgeraten werden (besonders während der Festspielsaison!). Meist Kurzparkzonen, Parkdauer mit Parkscheibe bis 1½ Stunden (Mo.-Fr. 8-18, Sa. 8-12 Uhr), bei verkehrsbehinderndem Parken wird abgeschleppt.

Der *Pannendienst* der beiden österreichischen Automobilclubs ARBÖ (Auto-, Motor- und Radfahrerbund Österreichs) und ÖAMTC/SAMTC (Österreichischer Automobil-, Motorrad- und Touringclub mit Salzburger Niederlassung) steht auch Nichtmitgliedern gegen Gebühr zur Verfügung. Beim ÖAMTC erhalten Mitglieder des ADAC gegen ermäßigte Gebühr (Schutzbriefinhaber kostenlos) Pannenhilfe.

ARBÖ, Münchner Bundesstraße 9, Tel. 3 36 01, 3 36 31; Pannendienst: Tel. 1 23, tgl. 0-24 Uhr.

SAMTC, Alpenstraße 102, Tel. 2 05 01; Pannendienst: Tel. 1 20, tgl. 0-24 Uhr.

Bibliotheken

Bibliothek *Corso*, Imbergstraße 2, Tel. 7 26 78.
Bibliothek der *Hochschule Mozarteum*, Mirabellplatz 1, Tel. 7 11 47.
Bibliothek des *Salzburger Landesarchivs*, Michael-Pacher-Straße 40, Tel. 80 42/45 30.
Bibliothek des *Salzburger Museums Carolino Augusteum*, Museumsplatz 6, Tel. 84 31 45.
Stadtbücherei, Magistrat Salzburg, Schloß Mirabell, Tel. 80 72/25 18.
Universitätsbibliothek, Hofstallgasse 2-4, Tel. 84 25 76.

Botschaften und Konsulate

In der Bundesrepublik Deutschland:
Österreichische Botschaft, Johanniterstraße 2, 5000 Bonn 1, Tel. 02 28/2 3 00/5 1-53.
Österreichische Generalkonsulate, Vertretungen in 2000 Hamburg 13, Mittelweg 140/141, Tel. 040/44 60 04; in 4000 Düsseldorf 10, Cecilienallee 43 a, Tel. 02 11 / 43 41/41-42; in 8000 München 80, Ismaningerstraße 136, Tel. 0 89/98 72/72-74.

In der Schweiz:
Österreichische Botschaft, Kirchenfeldstraße 28, 3006 Bern, Tel. 0 31/43 01 11.
Österreichisches Generalkonsulat, Minervastraße 116, 8032 Zürich, Tel. 01/2 52 72 00.

In Salzburg:
Generalkonsulat der Bundesrepublik Deutschland, Bürgerspitalplatz 1, 5020 Salzburg,
Tel. 84 15 91 (Mo.-Fr. 9-12 Uhr).
Schweizer Konsularagentur,
Alpenstraße 85, 5020 Salzburg,
Tel. 2 25 30 (Mo.-Fr. 8-12 und 14-16 Uhr).

Brauchtum → Antiquitäten und Kunsthandwerk, → Salzburger Freilichtmuseum (S. 295 f.), → Trachten, → Veranstaltungskalender, → Volkskundemuseum im Monatsschlößl (S. 296 f.).

Cafés und Konditoreien

Wenn es auch nicht an die berühmte Wiener Kaffeehauskultur heranreicht, so ist doch auch Salzburg die Stadt der Mehlspeisen (Sammelbegriff für süße Nachspeisen und Torten) und der feinen Patisserie und vertritt dadurch würdig den wichtigsten Beitrag Österreichs zur internationalen Küche.
Bevor im folgenden eine kleine Auswahl der Salzburger Traditionscafés vorgestellt wird, soll eine kleine Kaffeekunde helfen, sich zurechtzufinden:

*Links: Residenzplatz mit Residenzbrunnen;
rechts: Café Glockenspiel am Mozartplatz.*

![Residenzplatz mit Menschen in einem Café]

Einspänner – schwarzer Kaffee im Glas mit Obers (Sahne).
Großer oder *Kleiner Brauner* – schwarzer Kaffee mit etwas Milch.
Großer oder *Kleiner Schwarzer* – wie der Name sagt, schwarz, also ohne Milch.
Kapuziner – kleiner Mokka mit Obers.
Melange – Brauner mit etwas mehr Wasser (→ Verlängerter) und Obers.
Schale Gold – kleiner Mokka mit etwas mehr Milch.
Türkischer – pechschwarzer, heißer Kaffee auf türkische Art (mit Kaffeesatz aufgekocht).
Verlängerter – Schwarzer oder Brauner mit etwas mehr Wasser
Weißer – Kaffee mit viel Milch.

Die *Torten*, oft mit Obers garniert, sind unzählig, jedes Kaffeehaus hat seine eigene Spezialität. Diese reichen von der »Dobos- (sprich: Dóbosch-)Torte« mit Cremefüllung und Krokantglasur über »Eszterhazyschnitte« (eine Art Prinzregententorte) bis zu »Malakoff-« (Biskuittorte mit Cremefüllung aus Obers und Cognac) und »Sachertorte«, um deren Originalrezept sich wie um das der »Mozartkugel« zwei Wiener Konditoreien streiten, die aber auch sonst überall in Österreich gerne gegessen wird.

Bazar, Schwarzstraße 3, Tel. 7 42 78 – Café jenseits der Salzach, meist mit großer Betriebsamkeit, die schöne Terrasse ein beliebter Treffpunkt in Theaternähe.

Fürst, Brodgasse 13, Tel. 8 43 7 59 – Traditionscafé; Konditor Fürst

Ausleger des Café Mozart in der Getreidegasse.

stellte die ersten originalen »Mozartkugeln« her.

Glockenspiel, Mozartplatz 2, Tel. 84 14 03 – populärer Treff mit Blick aufs Glockenspiel und die flanierenden Touristen.

Guglhupf, Franz-Josef-Kai 5-7, Tel. 8 43 85 85 – gemütliches Café mit einem Extraservice: man kann dort rustikale Keramik einkaufen.

Jedermann, Franz-Josef-Straße 5, Tel. 7 35 13.

Mozart, Getreidegasse 22 (S. 166), Tel. 8 43 7 46 – bietet neben Kaffee und Kuchen Autoren- und Dichterlesungen.

Ratzka, Imbergstraße, Tel. 7 09 19 – der Clou des Cafés ist gleichzeitig das Problem: Es hat nur acht (!) Sitzplätze.

Tomaselli, Alter Markt 9 (S. 226), Tel. 8 44 88 – das wohl berühmteste der Salzburger Kaffeehäuser, immer gut ausgestattet mit den Blättern der internationalen Presse. Um im klassischen Kaffeehausambiente einen Platz zu ergattern, muß man während der

turbulenten Festspielzeit schon
einiges Glück haben.

Winkler, Mönchsberg 32 (S. 276),
Tel. 84 12 15.

Camping

Stadt Camping, Bayerhamer-
straße 14 a, Tel. 7 11 69.
Schloß Aigen, Weberbartlweg 20,
Tel. 2 20 79, 27 22 43.
Gersbergalm, Gersbergweg 37,
Tel. 2 03 74.
Gnigl (Ost), Parscher Straße 4,
Tel. 70 27/43 und 44.
Kasern (Jägerwirt), Kasern 1,
Tel. 5 05 76.
ASK, Flughafen (West), Karolin-
gerstraße 4, Tel. 84 56 02.
»Nord Sam«, Samstraße 22 a,
Tel. 7 95 94.
Stadtblick, Rauchenbichler-
straße 21, Tel. 5 06 52.

Casino

Casino Salzburg im *Café Winkler*
auf dem Mönchsberg, tgl. ab
15 Uhr: French und American
Roulette, Black Jack, Poker,
Glücksrad, Baccara (an den
Wochenenden), Spielautomaten.

Essen und Trinken

Die Salzburger Küche, im großen
und ganzen identisch mit der
österreichischen Küche im allgemeinen, ist weniger raffiniert als
eher deftig und bodenständig
(starke Überschneidungen mit der
bayerischen und der Wiener Küche). Die österreichischen Mehlspeisen (→ Cafés und Konditoreien), und in Salzburg besonders

die »Salzburger Nockerl«, ein luf-
tig geschlagenes süßes Dessert
(für den großen Appetit, anson-
sten eher eine Hauptspeise!) aus
Eischnee, Dotter und Vanillezuk-
ker, sind Legende und sollten
nicht ausgelassen werden. Einige
typische Gerichte:

Suppen – meist klare Bouillons mit
Einlagen wie Leberknödel, Fritta-
ten (Pfannkuchenstreifen), Grieß-
nockerl, Schöberl (Einlage aus
Schinkenbiskuitteig), Backerbsen,
Fadennudeln u. ä.; dazu Gebäck
(Sammelbegriff für verschiedene
Sorten von Brötchen/Semmeln):
Salzstangerl, Schusterlaberl (Rog-
gengebäck), Vintschgerl oder
Wachauer (dunkles Roggenge-
bäck), Laberl (runde oder ovale
Semmel), Weckerl (längliche
Semmel).

Hauptgerichte – Backhuhn; Bau-
ernschmaus (Geräuchertes mit
Würsten, Sauerkraut und Knö-
deln); Zwiebelrostbraten; Rinds-
gulasch mit Nockerl; Krenfleisch
(Schweinefleisch mit Schwarte
und Meerrettich) mit Wurzeln
(Wurzelgemüse); Tafelspitz (erst-
klassiges gekochtes Rindfleisch)
mit Apfelkren (-meerrettich) und
Röstkartoffeln, die in Österreich
»Erdäpfel« heißen; Faschiertes
(Gehacktes); Fiakergulasch (mit
Würstchen, Gurke und Spiegelei);
Erdäpfelschmarrn (ähnlich dem
Schweizer Rösti); Beuscherl (Lun-
genhaschee); Krautfleckerl (Auf-
lauf aus Weißkohl und Nudeln);
Stelze (Schweins- oder Kalbshaxe)
mit Speck- oder Serviettenknödel
(in Scheiben geschnittener Sem-
melknödel).

Getränke – Bier als Maß (1 l), im Krügerl (0,5 l) oder im Seidel (0,3 l); Wein als Vierterl (0,25 l) oder Achterl (0,125 l); G'spritzter (Wein- oder Apfelsaftschorle, 0,125 l); Heuriger (Wein der letzten Ernte); Most und Sturm (junger noch gärender Wein, ähnlich dem »Federweißen«); Kaffee → Cafés und Konditoreien.

Nachspeisen – Salzburger Nockerl (siehe oben); Topfenknödel oder -strudel (Topfen = Quark); ebenso Apfel- oder Millirahmstrudel (dünn ausgezogener, zusammengerollter Mürbteig mit Füllung); Marillen- (Aprikosen-) und Zwetschgenknödel mit Brösel (geriebene altbackene Semmeln, in Butter gebräunt); Buchteln (schmalzgebackener Hefeteig mit Marmeladenfüllung); Germ-(Hefe-)knödel mit Powidlfüllung (Pflaumenmus) und Mohn-Zukker-Butter-Überzug; Kaiserschmarrn (gehaltvolle Süßspeise aus Eiern, Milch, Mehl, Zucker und Rosinen); Mohnnudeln (Nudeln aus Kartoffelteig mit Mohn, Zucker und Butter) und last but not least Palatschinken (zusammengerollte dünne Pfannkuchen mit unterschiedlicher Füllung, klassisch mit Marillenmarmelade).

Analog zum Salzburger Hotelplan (S. 285) erscheint regelmäßig ein *Gaststättenführer* (Fremdenverkehrsbetriebe, Adresse S. 287), ein Gesamtverzeichnis der Restaurants mit genauen Angaben über Küche und besondere Spezialitäten. Viele von ihnen sind Hotels angegliedert. – Aus der Vielzahl eine kleine Auswahl (besonders

zur Festspielzeit Reservierung empfohlen):

Obere Kategorie:

Brandstätter → Hotels.
Goldener Hirsch → Hotels.
Österreichischer Hof, Schwarzstr. 5-7, Tel. 7 25 41.
Purzelbaum, Zugallistraße 7, Tel. 84 88 43. Alter Stadtbauernhof.
Schloß Mönchstein → Hotels.
Winkler, Mönchsberg 22, Tel. 84 12 15 (S. 276).

Gutbürgerlich bis deftig:

Krimpelstätter, Müllner Hauptstraße 31, Tel. 3 22 74. Salzburger Traditionswirtshaus, Spezialität: hausgemachte Würste und Wild.
Sternbräu, Griesgasse 23 (S. 206, 208), Tel. 84 21 40. Gaststättenkonglomerat mit Biergarten.
Stieglkeller, Festungsgasse 10, Tel. 84 26 81. In luftiger Höhe mit Blick auf die Stadt. Die Stiegl-Brauerei ist eine der drei Brauereien Salzburgs, das traditionell eher Bier- als Weinstadt ist.
Zum Hirschen, Kreuzpromenade 2, Tel. 2 12 31, am Stadtrand in Parsch.

Restaurants mit besonderem Ambiente:

Gasthof Maria Plain, Plainbergweg 33, Tel. 5 07 01. Ein guter Grund den Wallfahrtsort zu besuchen; passend dazu die hier servierte »Wallfahrersuppe« mit Würstchen (Anfahrt über Itzlinger Hauptstraße, Wegweiser!).
K + K, Waagplatz 2 (S. 199, 261), Tel. 84 21 56. Spezialitäten: Fischgerichte, »Speisen vom heißen

Stein«, mittelalterliches Schlemmermahl; mittelalterliche Musik.
Peterskeller, Sankt-Peter-Bezirk 1 (S. 34), Tel. 84 12 68.
Schloß Aigen, Schwarzenbergpromenade 37, Tel. 2 12 84. Empfehlung: Einkehr nach einem Spaziergang im wunderschönen Landschaftsgarten des Schlosses (S. 283).
Schloßwirt (Anif), 5081 Anif.
Zum Mohren, Judengasse 9 (S. 202 f.), Tel. 84 23 87. Gemütliches Kellerlokal mit Tradition, schmackhafte gutbürgerliche Küche.

Fahrradverleih

Die *Österreichischen Bundesbahnen* (ÖBB) haben an größeren Bahnhöfen überall im Land ein annähernd flächendeckendes Netz von Fahrradverleihstellen eingerichtet (Liste bei den ÖBB), wo man – möglichst nach telephonischer Vorbestellung – gegen eine geringe Gebühr (ermäßigt für Besitzer eines Fahrausweises der ÖBB vom selben Tag) und Vorlage des Ausweises einen Drahtesel ausleihen kann. Vorteil: Die Räder können an jedem Bahnhof der ÖBB zurückgegeben werden. – Verleih am Schalter 3, Salzburger Hauptbahnhof, Tel. 7 15 41 (April-Oktober).

Private Verleihfirmen:
VELOrent, Zentrale: Franz-Josef-Straße 15, Tel. 88 27 88 (ganzjährig); mehrere Dependencen in der Stadt.
Zweirad Egger, Willibald-Hauthaler-Straße 4, Tel. 3 16 82 (ganzjährig).

Fiakerfahrten

Die einzigen Fahrzeuge, die neben Taxi und Citybus die Fußgängerzone der Altstadt befahren dürfen, sind die Fiaker. Sie tragen der Sehnsucht nach der »guten alten Zeit« Rechnung und bringen einen Tupfer von Gemütlichkeit in das hektische Treiben um sie herum, der recht gut zum Ambiente des engen Gewirrs der alten Gassen zu passen scheint. Es ist keine typische Wiener Einrichtung: Ihr Name leitet sich ab vom Hotel Saint Fiacre, dem Standplatz der Pariser Kutscher.
Standplatz der Salzburger Fiaker auf dem Residenzplatz.

Flughafen

Österreichs zweitgrößter internationaler Flughafen (Übersichtsplan) bietet neben zahlreichen Charterflügen Linienflugverbindungen nach Frankfurt, Zürich, Paris, London und Brüssel. Betriebszeit: 7-22 Uhr, erreichbar mit dem Taxi oder Bus 77.

Salzburger Flughafen Betriebsges.m.b.H., Innsbrucker Bundesstraße 95, Tel. 80 55-0, Telex 63 31 13 airs a, Fax 8 55-29.

Fremdenführer

Für Stadtführungen stehen konzessionierte Fremdenführer zur Verfügung. Auskünfte bei den → Informationstellen, *Salzburg Information*.

Friedhöfe

Petersfriedhof, Bezirk Sankt Peter (S. 38 ff.) – im Schatten des Mönchsbergs gelegen; in den Katakomben die Grabstätten Michael Haydns und der Mozart-Schwester »Nannerl«.

Sebastiansfriedhof, Linzer Gasse (S. 107) – »Campo Santo« mit den Grabmälern berühmter Salzburger Bürger von Paracelsus bis Constanze und Leopold Mozart sowie der Gabrielskapelle, dem Mausoleum Wolf Dietrichs von Raitenau.

Gärten und Parks

Der romantische *Park von Schloß Aigen* (Übersichtsplan; für Besucher nur teilweise zugänglich), beispielhafte englische Landschaftsgartenarchitektur, war bereits im 17. Jahrhundert um die berühmten Wasserquellen herum angelegt worden. Von einem späteren Besitzer mit Denkmälern, Grotten und Altären ausgestattet, lädt er den Besucher ein zur Entdeckungsreise durch Schluchten und Höhlen, zu Wasserfällen und Aussichtspunkten.

Nach dem berühmten Dirigenten Wilhelm Furtwängler benannt ist der *Furtwängler-Park* auf einem Teil des Geländes des früheren Botanischen Gartens der Universität. Seit den vierziger Jahren ist dort das Schiller-Denkmal aufgestellt, das 1859 von Johann Meixner modelliert und von Anton Fernkorn gegossen wurde.

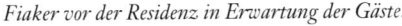

Fiaker vor der Residenz in Erwartung der Gäste.

Eine Touristenattraktion im Sommer ist der *Park des Schlosses Hellbrunn* (S. 115 ff.), der mit seinen weltbekannten Wasserspielen dem Besucher zahlreiche Überraschungen und mehr oder weniger »feuchte« Scherze bietet.

Im Gegensatz zum natürlichen englischen Landschaftsgarten funktionalisierte die streng barocke Konzeption des ehemaligen *Schloßparks von Kleßheim* (Übersichtsplan) die Gartenkunst zur »Schwester der Architektur«. Die barocken Anlagen bestehen nicht mehr, lediglich die Stilisierung von Landschaft und Architektur hat sich in dem 1694 von Fischer von Erlach auf dem Grundriß einer dreiblättrigen Blüte (!) erbauten sogenannten Hoyos-Stöckl erhalten, das heute paradoxerweise in dem im englischen (!) Stil angelegten Fasanengarten steht.

Im kunstvoll angelegten *Mirabellgarten* (S. 103 f.) sind besonders sehenswert: das Heckentheater, westlich des Hauptparterres gelegen (S. 104, 237 f.), dessen kunstvoll beschnittene, gestaffelt gepflanzte Laubhecken zeitgenössische Theaterkulissen nachahmen, sowie die Sammlung seltsamer Gnomen im Zwerglgarten (S. 99 f.).

Einer der seltsamen Gnome aus dem Zwerglgarten von Schloß Mirabell.

Geld

Währungseinheit ist der österreichische Schilling (öS), der in 100 Groschen unterteilt ist. Banknoten: 20, 50, 100, 500 und 1000 Schilling; Münzen: 1, 5, 10, 20, 25, 50, 100, 500 und 1000 Schilling; Scheidemünzen: 5, 10 und 50 Groschen. Der Wechselkurs zwischen öS und DM ist seit Jahrzehnten stabil und nur äußerst geringfügigen Schwankungen unterworfen: 1 DM = 7 öS; 100 öS = 14,20 DM. Devisenbestimmungen: Einfuhr in- und ausländischer Währungen in unbegrenzter Höhe, Ausfuhr maximal 15 000 öS pro Person. Obgleich beinahe alle Geschäfte, Restaurants oder Hotels meist oh-

Außerhalb ihrer normalen Öffnungszeiten (Mo.-Fr. 8-12, 14-16.30 Uhr) bieten viele Banken und Wechselstuben während der Festspiele die Möglichkeit zum Geldwechsel.
Das ganze Jahr hindurch geöffnet haben die Wechselstuben am Bahnhof, Südtirolerplatz 1, Tel. 8048/550 und 551, tgl. 7-22 Uhr; und am Flughafen, Innsbrucker Bundesstraße 95, Tel. 852088, tgl. 8-12, 12.30-16 Uhr; am Informationsschalter des Flughafens, Tel. 852091, tgl. 16-20 Uhr.

Pegasus (1661) von Kaspar Gras vor dem Gartenportal von Schloß Mirabell.

ne große Umstände bereit sind, DM zu akzeptieren, empfiehlt sich dies nur bei kleineren Summen oder für Fälle, wo sich ein *Geldwechsel* nicht lohnt. Banken und Geldinstitute legen normalerweise einen günstigeren Wechselkurs zugrunde.
Schecks: Euroschecks können bis zu einem Höchstbetrag von 2500 öS pro Scheck auch in Schillingen ausgestellt werden.
Tip: Besitzer eines Sparbuchs der Deutschen Bundespost können innerhalb der Regelungen der gesetzlichen Kündigungsfrist (Abhebungen im Gegenwert von 2000 DM im Monat) auch bei den Filialen der österreichischen Post Geld abheben (pro Abhebung im Gegenwert von maximal 1000 DM).

Hotels

Ein offizieller »Hotelplan« Salzburgs bietet eine Aufstellung aller etwa 170 Hotels und Beherbergungsunternehmen – gestaffelt nach Kategorien. Er wird jährlich von den Fremdenverkehrsbetrieben herausgegeben und ist dort sowie über die Touristeninformationsstellen (Adressen S. 287) erhältlich (Tip: ein auch für andere Zwecke gut verwendbarer Stadtplan ist beigefügt!). Vorbestellung wird grundsätzlich für alle Kategorien empfohlen (divergierende Preise in Vor- und Hauptsaison).
Hotelinformation und Zimmervermittlung: Tel. 8072 3452 und 3454.

Im folgenden eine kleine Hotelauswahl nach Kategorien (von 1-Stern für bescheiden bis 5-Sterne für Luxushotel, das höchsten Ansprüchen gerecht wird) geordnet.

5- bis 4-Sterne-Hotels

Arenberg, Blumensteinstraße 8,
Tel. 7 71 74, 7 27 52 – ruhig,
am Fuße des Kapuzinerberges
gelegen.
Brandstätter, Münchner Bundesstraße 69, Tel. 3 45 35, 3 22 17 –
am Stadtrand gelegen, gediegene
österreichische Küche.
Elefant, Sigmund-Haffner-
Gasse 4 (S. 205), Tel. 84 33 97,
Tx 63 27 25, Fax 84 01 09 – fami-
liäres Hotel in altem Gebäude,
zentrale Lage.
Goldener Hirsch, Getreidegasse 37
(S. 208), Tel. 84 85 11, Tx 63 29 67,
Fax 84 85 17-845 – eines der traditionsreichsten Gasthäuser mit
erstklassiger Küche; Treffpunkt
der internationalen Festspiel-
society.
Kobenzl, Gaisberg 1, 750 m, Tel.
2 17 76, Tx 63 38 83, Fax 2 76 70 71
– hoch auf dem Berg liegend,
renommiertes Hotel von inter-
nationalem Ruf; das Restaurant
bietet Vollwertkost.
Maria-Theresien-Schlößl, Morzger
Straße 87; Tel. 84 12 44, Tx
63 34 40 – Restaurant-Speziali-
tät: Fische aus eigener Zucht.
Schloß Mönchstein, Mönchsberg
26, Tel. 84 85 55, Tx 63 20 80 –
exquisites kleines Hotel mit Mär-
chenschloßatmosphäre und schö-
nem Altstadtblick; das Schloß-
restaurant Paris Lodron bietet
auserlesene Küche (Nouvelle
Cuisine) im ungewöhnlichen
Rittersaalambiente.
Weiße Taube, Kaigasse 9 (S. 217),
Tel. 84 24 04, Tx 63 30 65 – tradi-
tionsreiches Haus mit Atmosphäre
in zentraler Lage; empfehlenswer-
tes Restaurant.

3-Sterne-Hotels

Amadeus, Linzer Gasse 43-45,
Tel. 7 14 01, 7 61 63, Tx 63 24 36.
Goldene Krone, Linzer Gasse 48,
Tel. 7 23 00, 7 83 52.
Hofwirt, Schallmoser Hauptstraße 1,
Tel. 7 53 30-0, 7 21 72, Tx 63 11 95
– bürgerlich.
Markus Sittikus, Markus-Sittikus-
Straße 20, Tel. 7 11 21 – günstig
zwischen Hauptbahnhof und
Schloß Mirabell gelegen.
Zur Goldenen Ente, Goldgasse 10,
Tel. 84 56 22 – zentral gelegener,
solider Gasthof.

2-Sterne-Hotel

Auerhahn, Bahnhofstraße 15,
Tel. 5 10 52 – mit Restaurant.
Blaue Gans, Getreidegasse 43,
Tel. 84 13 17, 84 24 91, Tx
61 36 22-224 – zentrale Lage.
Bergland, Rupertgasse 15,
Tel. 7 23 18.
Leopoldskroner Hof, Firmianstraße
10, Tel. 84 81 44.
Schweizerhaus, Raphael-Donner-
Straße 25, Tel. 2 34 43.

Informationsbroschüren

Die Salzburger Fremdenverkehrsbetriebe geben jährlich ein
Gesamtverzeichnis der kulturellen
(Theater, Konzerte, Ausstellungen, Ballkalender, Weiterbil-
dungsveranstaltungen usw.) und
sportlichen Ereignisse sowie der
Kongresse und Messen mit einer
ausführlichen Adressenliste heraus. Dazu erscheint ein *monatliches
Veranstaltungsprogramm* jeweils
Mitte des Vormonats. Zur schnel-

len Information sind ebenso separate Broschüren erhältlich (z. B. Stadtplan mit Besichtigungshinweisen) wie zu Veranstaltungsreihen, beispielsweise über die Salzburger Schloßkonzerte. Als besonderen Service für junge Leute halten die Fremdenverkehrsbetriebe unter dem Titel *Salzburg für die Jugend* ein dreisprachiges Informationsheft mit ausführlichen Preisangaben bereit.

Informationsstellen

Fremdenverkehrsbetriebe der Stadt Salzburg, Auerspergstraße 7, A-5020 Salzburg, Tel. 0662/889870, Fax 889873-3. Öffnungszeiten: Mo.-Fr. 7.30-18 Uhr.

Kongreßbüro → Kongresse und Messen.

Salzburg Information mit verschiedenen Auskunftsstellen:
Hauptbahnhof: Inselbahnsteig, Tel. 71712, 73638; ganzjährig geöffnet: 8.30-20 Uhr.
Salzburg Mitte: Münchner Bundesstraße 1, Tel. 32228, 33110; geöffnet April-Oktober.
Mozartplatz 5, Tel. 8072/3462 oder 3463; ganzjährig.
Salzburg Nord: Autobahnstation Kasern, Tel. 666220.
Salzburg Süd: Alpenstraße 67, Tel. 20966, 22940; geöffnet April-Oktober.
Salzburg West: Flughafen, Innsbrucker Bundesstraße 95, Tel. 8524/51 oder 52; geöffnet April-Oktober.

Young Austria Touring, Alpenstraße 108a, Tel. 25758-0.

Jugendherbergen

Jugendgästehaus Nonntal, Josef-Preis-Allee 18, Tel. 842670, 846857 (7-9 und 11-24 Uhr).

Aigen, Aigner Straße 34, 5026 Salzburg-Aigen, Tel. 23248 (16-23 Uhr).

Glockengasse 8, Tel. 76241 (7-9 und 17-22.30 Uhr).

Eduard-Heinrich-Haus, Eduard-Heinrich-Straße 2, Tel. 25976 (17-23 Uhr).

Haunspergstraße 27, Tel. 75030.

Kartenvorverkauf

Albatros Travel Service Ges.m.b.H., Bergstraße 22, Tel. 881671-0, Tx 632696 albt a, Fax 881679.
American Express Reisebüro, Mozartplatz 5, Tel. 842501, Tx 633561 amex a, Fax 842501-9.
Dr. Degener Reisen Ges.m.b.H., Linzer Gasse 4, Tel. 78555-0, 79441-0, Tx 633596 deg a, Fax 79441-213.
Müller Touristik Promotions Ges.m.b.H., Schrannengasse 6, Tel. 79559, 79602, Tx 632430 mutur a, Fax 882206.
Neubaur, Getreidegasse 14, Tel. 841157, 845110, Tx 633098 neusa a, Fax 845750.
Panorama Tours & Travel Ges.m.b.H., Schrannengasse 2/2/25, Tel. 883211-0, Tx 632417 pantr a, *olzer Kartenzentrale*, Residenzplatz 3, Tel. 846500, 842229, Tx 633032 polz a, Fax 840150.
Reisebüro Ruefa, Kartenbüro, Rainerstraße 7, Tel. 74561-118, Tx 632553 ruevk a, Fax 70952-20.

und 28, Tx 63 34 15 topre a,
Fax 84 96 98-75.
Wagons-lits Reisebüro, Münzgasse 1,
Tel. 84 27 55, Tx 63 33 89 wali a,
Fax 84 27 55-5.

*Hauptfassade der Dreifaltigkeits-
kirche, einer der wichtigsten Bauten
Fischers von Erlach.*

Rusche, Nonntaler Haupt-
straße 82, Tel. 82 26 34.
Salzburger Landesreisebüro,
Schwarzstraße 9, Tel. 78 78 60,
88 30 31-30, Tx 63 34 22 erbin a,
Fax 7 08 77, 7 08 88.
Salzburg Panorama Tours, Johan-
nes und mag. Stefan Herzl OHG,
Mirabellplatz, Schrannengasse
2/2/25, Tel. 7 40 29, 88 32 11-17.
Sabine Sekyra, Goldgasse 13,
Tel. 84 53 86, Fax 84 98 57.
Salzburg Special, R. Kollarits,
Pfeifergasse 3/I, Tel. 84 62 47,
84 23 42, Tx 63 25 82 saspe a,
Fax 84 23 42.
Salzburg Ticket Service Ges.m.b.H.,
Mozartplatz 5, Tel. 84 22 96,
Tx 63 38 16 ticke a, Fax 84 24 76.
Top Reisen Ges.m.b.H., Hildmann-
platz 5, Tel. 84 59/27

Kinos

Artis, Griesgasse 19, Tel. 84 33 20.
Central, Linzer Gasse 17-19,
Tel. 7 22 82.
Elmo, Sankt-Julien-Straße 5,
Tel. 7 23 73.
Das Kino, Gisela-Kai 11,
Tel. 7 31 00.
Mozartkino, Kaigasse 33,
Tel. 84 22 22.

Kirchen, Kapellen
und Klöster

Andräkirche, Mirabellplatz – neo-
klassizistischer Bau im Stil der
norddeutschen Backsteingotik
von Josef Wessiken (1892-1898);
nach dem Zweiten Weltkrieg ver-
einfacht wiederhergestellt (Chor-
fenster und Hochaltar von Karl
Weiser, 1958 bzw. 1960); zur Angleichung an das barocke Stadt-
bild wurden die Türme 1969/70
verkürzt.

Benediktinerinnenabtei Nonnberg,
Nonnberggasse 4, über die Nonn-
bergstiege am Haus Kaigasse 32
(S. 51 ff.).

Blasius- oder *Bürgerspitalkirche*,
Bürgerspitalplatz (S. 208 f.).

Christuskirche, Elisabethkai – erster protestantischer Kirchenbau
(1863-1867) nach der Vertreibung
der Salzburger Protestanten (vgl.

S. 140 ff.) in neo-romanisch-gotischem Mischstil.

Dom zum heiligen Rupert, Domplatz (S. 80 ff.).

Dreifaltigkeitskirche, Makartplatz (S. 197 f.) – erster Salzburger Kirchenbau des bedeutenden Barockbaumeisters Fischer von Erlach.

Franziskanerkirche zu Unserer Lieben Frau, Sigmund-Haffner-Gasse (S. 130 und 227 ff.) ehemalige Stadtpfarrkirche – stilgeschichtlich interessantes Gebäude; durch einen Rundbogengang mit der Kirche verbunden ist das *Franziskanerkloster* (über dem ehemaligen Hauptportal ein Marmorrelief des Kirchenheiligen Franz von Assisi von 1605); darin eine Steinguß-Madonna (um 1410), Gemälde von Johann Michael Rottmayr sowie der Originalentwurf für den Hochaltar. Der Klosterkomplex beherbergt außerdem das Pater-Singer-Museum.

Gabrielskapelle, Sebastiansfriedhof (S. 109) – frühbarockes Mausoleum Wolf Dietrichs von Raitenau.

Gertraudenkapelle, Bezirk Sankt Peter (S. 40) – 1178 dem heiligen Thomas Becket geweiht, im 19. Jahrhundert im Stil des Historismus restauriert.

Johannesspitalkirche, Müllner Hauptstraße – verbunden mit der Zweiflügelanlage des ehemaligen Spitals für Studenten, Handwerksgesellen und Priester; gestiftet von Fürsterzbischof Johann Ernst Graf Thun und nach einem Entwurf Fischers von Erlach erbaut (1704 geweiht). In der Unterkirche unter dem Altar wollte

der Stifter seine Eingeweide bestatten lassen. Die Seitenaltäre enthalten Ölgemälde von Johann Michael Rottmayr (1709).

Kajetanerkirche, Kajetanerplatz – Ende des 17. Jahrhunderts von Johann Caspar Zuccalli errichtete Barockkirche mit palastartiger Schauseite und gewaltiger querovaler Kuppel für den Theatinerorden, der von Erzbischof Max Gandolf zur Leitung eines Priesterseminars nach Salzburg berufen worden war, und dessen Patron geweiht; Innenausstattung von Johann Michael Rottmayr (Gemälde des linken Seitenaltars, 1708) und Paul Troger (Deckenfresko, 1728, und Altargemälde). Das linke Eingangsportal führt zu der 1712 der Scala Santa im Lateran zu Rom nachgebauten Heiligen Stiege.

Kapuzinerkloster und *-kirche*, Kapuzinerberg (S. 183 f.).

Kollegienkirche, Universitätsplatz (S. 218 ff.) – Universitätskirche und Meisterwerk Fischers von Erlach, eine der bedeutendsten Barock-Kirchen mit Seitenaltarbildern von Rottmayr.

Loretokirche und *-kloster*, Paris-Lodron-Straße 4 und 6 (S. 188).

Maria Plain, Wallfahrtskirche, etwa 3 km nördlich von Salzburg → Ausflüge.

Markuskirche, ehemalige Ursulinenkirche, Gstättengasse/Ursulinenplatz – geniale architektonische Lösung für eine Barock-Kirche mit strenger dreiachsiger Fassadengliederung und Türmen auf der Längsseite (!) auf einem tortenstückförmigen Grundriß von Fischer von Erlach (1699-1705) für einen durch den schweren Felsensturz von 1669 zerstörten Vorgängerbau als Verbindung zum Ursulinenkloster; im Giebel die Kirchenheiligen Markus, Ursula und Augustinus; in der Vorhalle vier hölzerne Heiligenfiguren (1700), der zentralraumartige Innenraum mit reichem Stuckdekor und Deckenfresken von Christoph Anton Mayr (1756).

Michaelskirche, Residenzplatz (S. 137) – älteste Salzburger Stadtpfarrkirche, die bis ins 8. Jahrhundert zurückgeht; an der Ausstattung der im 18. Jahrhundert neugebauten Kirche arbeiteten die gleichen Künstler wie in St. Peter.

Putto aus der Johannesspitalkirche.

Gnadenreiches Loretokindl aus der Loretokirche.

Müllner Pfarrkirche zu Unserer Lieben Frau Mariä Himmelfahrt, Augustinergasse – bereits im 12. Jahrhundert urkundlich erwähnte Stätte der Marienverehrung; Mitte des 15. Jahrhunderts wurde die Kirche unter Erzbischof Johann II. von Reisberg entsprechend ihrer Bedeutung als Wallfahrtskirche im gotischen Stil neu errichtet, der romanische Turm umgestaltet; weitere barokkisierende Umgestaltungen von Kirche und Turm im 17. und 18. Jahrhundert. Über ein breites und feierliches Treppenhaus erreicht man das Portal. Unter der prächtigen Innenausstattung der äußerlich schlichten Kirche: reiche Gitter- und Bandlwerkstukkierung von Christoph Fenninger (1738), Hochaltar aus Marmor nach einem Entwurf von Vinzenz

Fischer (1758-1860) mit Heiligenfiguren von Lorenz Wieser, in den frühbarocken Seitenkapellen Altarbilder von Johann Michael Rottmayr (um 1690).

Pfarrkirche zum Kostbaren Blut, Salzburg-Parsch, Geismayerstraße 6 → Moderne Architektur.

Sankt Erhard im Nonntal, Erhardsplatz (S. 56 ff.).

Sankt Georg, Festungskirche der Festung Hohensalzburg (S. 23).

Sankt Johann am Imberg, Kapuzinerberg (S. 185).

Sankt Peter, Erzabtei (S. 33 ff.) und Stiftskirche (S. 35 ff.), Sankt-Peter-Bezirk.

Sebastianskirche, Linzer Gasse (S. 110, 112 f.).

Ehemaliges *Ursulinenkloster* – 1695 von Erzbischof Johann Ernst Graf von Thun als Mädchenerziehungsanstalt gestiftet und den Ursulininnen übergeben; 1699 bis 1705 von Fischer von Erlach mit der ehemaligen Ursulinenkirche, heute Markuskirche, erbaut; beherbergt seit 1959 das Naturkundemuseum Haus der Natur (S. 293 f.).

Klima und Reisezeit

Gemäßigtes Klima mit milden Wintern und mäßig warmen Sommern und einer mittleren Jahrestemperatur von ca. 12 °C (Januar: −12 °C; Juli: 18 °C; Schwankungsbreiten zwischen −20 und 32 °C). Die hohe Niederschlagsmenge (im Winter in Form reichlicher Schneefälle), um die 1360 Millimeter pro Jahr, ist sprichwörtlich (Salzburger »Schnürlregen«).

Der größte Trubel herrscht in der Stadt an der Salzach während der Hauptsaison im Juli und August, wenn Festspiel-Zeit ist (→ Veranstaltungskalender). Einen eher kleinstädtisch-gemütlichen Charakter hat Salzburg in der Nebensaison, dann sind die Hotelpreise auch niedriger.

Kongresse und Messen

Informationen im Gesamtverzeichnis der Veranstaltungen über die Fremdenverkehrsbetriebe der Stadt Salzburg (→ Informationsbroschüren) und über das Kongreßbüro *Salzburg Congress* (Auerspergstraße 6/7, Tel. 88 98 70, Tx 63 34 72 kongr a, Fax 7 63 04-12). Fachmessen finden ganzjährig im *Salzburger Ausstellungszentrum* (Bessarabierstraße 100, Tel. 3 45 66, Fax 3 75 81) statt: acht große Hallen; erreichbar über Autobahnabfahrt Salzburg-Mitte; regelmäßige Messebus-Verbindungen zwischen Ausstellungszentrum und Bahnhof.

Konzerte → Veranstaltungskalender; → Kartenvorverkauf

Märkte

Bauernmärkte:

Schrannenmarkt: jeweils donnerstags (am Mittwoch, wenn der Donnerstag auf einen Feiertag fällt), auf dem Platz vor der Andräkirche.

Grünmarkt auf dem Universitätsplatz (S. 218, Mo.-Fr. 6-19, Sa. 6-13 Uhr).

Kunstmarkt: Eine Begleiterscheinung der Festspiele; zwischen Mai und September, jeweils donnerstags bis samstags, am östlichen Ende des Mozartplatzes: Kunstgewerbliches von Fleckerlteppichen bis zu Töpferwaren.

Mehrwertsteuer → Zoll

Moderne Architektur

Großes und *Kleines Festspielhaus* – erbaut in den fünfziger Jahren von Clemens Holzmeister (S. 247 ff.).

Kolleg Sankt Benedikt, Sankt-Peter-Bezirk 8-9 – von Peter Behrens 1925/26 gebautes Studienheim für junge Benediktiner; Fassaden-Fresken von Anton Faistauer (1925); in der Halle ein 1925 von Jakob Adlhart geschnitztes Kruzifix, Meisterwerk expressionistischer Plastik in Österreich (zu besichtigen Mo.-Fr. 8-11, 14-17 Uhr).

Pfarrkirche zum Kostbaren Blut, Salzburg-Parsch, Gaismayrstraße 6 – einer der bedeutendsten österreichischen Kirchenbauten des 20. Jahrhunderts für den gleichnamigen Orden von einer Gruppe von Schülern des Architekten Clemens Holzmeister (Wilhelm Holzbauer, Friedrich Kurrent, Johannes Spalt, 1953 bis 1956). Ausstattung des als »Talstation Gottes« bespöttelten Gebäudes: Oskar Kokoschka (Entwurf der Betontürgravuren),

Fritz Wotruba (Figur des Gekreuzigten über dem Hauptportal), Jakob Adlhart (Altarkreuz).

Posthof, Kaigasse 39-43 – entworfen von Martin Knoll, einem Schüler Otto Wagners und Peter Behrens', zu Beginn der dreißiger Jahre erbaut, umfaßt die Gebäude des »Berchtesgadener-«, »Gurker-« und »Posthofs«.

Verlagshaus Residenzverlag, Gaisbergstraße 6 – von Wilhelm Holzbauer, ein Syntheseversuch eines bestehenden und eines modernen Baus.

Museen, Sammlungen und Besichtigungen

Domgrabungsmuseum, Residenzplatz (S. 59 f.), Tel. 84 52 95 (Mai-Oktober tgl. 9-17 Uhr) – Grabungsfunde aus römischer und spätromanischer Zeit.

Aus der Kunst- und Wunderkammer des Dommuseums.

Dommuseum Salzburg mit Kunst- und Wunderkammer, Residenzplatz, Domoratorium, Eingang Domvorhalle (S. 84 ff.), Tel. 8 44 1 49, 8 42 5 91-1 25 (Mitte Mai-Mitte Oktober: Mo.-Sa. 10-17, So. und feiertags 11-17 Uhr) – Teile der ehemaligen Schausammlung der Salzburger Fürsterzbischöfe (liturgisches Gerät, wertvolles Kunsthandwerk sowie naturwissenschaftliche und technische Kuriosa).

Festspielhäuser, Hofstallgasse 1 (S. 247 ff.), Tel. 80 45-0. Führungen: Mai/Juni Mo.-Fr. 15 Uhr, So. und feiertags 12 Uhr; September Mo.-Fr. 11 und 15 Uhr, Sa. 11 Uhr; Oktober-April Mo.-Fr. 15 Uhr, Sa. 11 Uhr; während der Osterfestspiele Mo.-Sa. 14 Uhr; Juli/August keine Führungen.

Festung Hohensalzburg, Mönchsberg 34 (S. 15 ff.), Tel. 8 43 82 13, mit Burg- und Rainermuseum. Festungsführungen: November-Februar 9.30-15.30 Uhr; März 9.30-16 Uhr; April, Oktober 9.30-16.30 Uhr; Mai, Juni, September 9-17 Uhr; Juli, August 9-17 Uhr.
Burgmuseum (S. 26): tgl. 9-17 Uhr.
Rainermuseum: 1. Mai-1. Oktoberwoche tgl. 9-17 Uhr – Gedenkstätte des Infanterieregiments Nr. 59 »Erzherzog Rainer«, das 1682 gegen die Türken kämpfte.

Glockenspiel, im Turm des Residenzneugebäudes, Mozartplatz 1 (S. 52 und 136), Tel. 80 42-2681.

Dommuseum: Madonna von J. Lencker, um 1610.

Führungen (bei entsprechender Witterung, ab 3 Personen) tgl. 10.45 und 17.45 Uhr (November-15. März nur werktags) – das barocke Glockenspiel ist dreimal täglich (7, 11 und 18 Uhr) zu hören; das Ende beantwortet jeweils der »Salzburger Stier« von der Festung herab (S. 28 f.).

Haus der Natur, Museumsplatz 5, Tel. 84 26 53 (tgl. 9-17 Uhr). – Aquarium: Mo.-Fr. 9-16.30 Uhr, Sa., So. 9-17 Uhr – eines der bedeutendsten und, da als Erlebnispark konzipiert, auch originellsten Naturkundemuseen Europas im

Bau des ehemaligen Ursulinen-
klosters (S. 291), 1924 gegründet
und in privater Trägerschaft.
Attraktionen: Saurierhalle, Welt-
raumhalle, Aquarium, Reptilien-
zoo, Landschaftsdioramen, Bio-
labor.

*Johann-Michael-Haydn-Gedenk-
stätte*, Sankt-Peter-Hof,
Tel. 84 45 76 (19. Juli-September
tgl., außer Mi., 10-12 und
14.30-16.30 Uhr).

Hellbrunn, Schloß (S. 114 ff.) und
Wasserspiele (S. 119 ff.),
Tel. 82 03 72-0. Führungen: April,
Oktober 9-16.30 Uhr; Mai, Sep-
tember 9-17 Uhr; Juni-August
9-18 Uhr (letzte Angabe jeweils
Beginn der letzten Führung); kei-
ne Besichtigung und Führung bei
Sonderveranstaltungen (S. 302).
Park, Fasanerie und Orangerie:
freie Besichtigung.
→ Tiergarten (S. 300).

Landessammlung Rupertinum,
Moderne Galerie und Graphische
Sammlung, Wiener-Philharmo-
niker-Gasse 9 (S. 214 f.), Tel. 80 42-
23 36 (Di., Do.-So. 10 17, Mi.
10-21 Uhr; während der Som-
merausstellung Do.-Di. 10-18,
Mi. 21 Uhr) – Sammlung hauptsächlich österreichischer Kunst
(Malerei, Graphik, Plastik, Photographie) des 20. Jahrhunderts;
zahlreiche Sonderausstellungen.

Mozart-Geburtshaus mit Mozart-
Museum, Getreidegasse 9 (S. 149 ff.),
Tel. 84 43 13 (tgl. 9-16 Uhr; Ende
April-Anfang Oktober 9-18 Uhr).

Mozart-Wohnhaus, Makartplatz 8,
Tel. 7 17 76 (tgl. 10-16 Uhr; Juni-

September 10-17 Uhr) – im sogenannten »Tanzmeisterhaus« lebte
die Familie Mozart seit 1773.
Hier entstanden Mozarts mehr als
150 Salzburger Kompositionen.
Vorführung historischer Musikinstrumente: 11, 12 und 15 Uhr.
Führungen kombiniert mit dem
→ Zauberflötenhäuschen.

Museum Carolino Augusteum,
Haupthaus: Museumsplatz 6
(S. 209), Tel. 84 31 45 (Di. 9-20,
Mi.-So. 9-17 Uhr) – Stadt- und
Landesmuseum mit Exponaten
von der Urzeit bis zur Gegenwart;
gegründet 1834 und benannt nach
der Schirmherrin, der Witwe Kaiser Franz' I. – Sammlung: Prä-
historische Fundstücke (Stein-
und Bronzezeit; keltische Schna-
belkanne aus Bronze vom Dürrnberg, um 400 v. Chr.); Zeugnisse
aus der Römersiedlung Juvavum,
aus Romanik (Marientympanon
aus dem alten Dom), aus Gotik
und Renaissance; Barockmalerei;
Musikinstrumente, Kunsthandwerk; Gemäldegalerie des 19. und
20. Jahrhunderts (Spitzweg,
Waldmüller, Faistauer, Thöny).
Dependencen: Burgmuseum der
→ Festung Hohensalzburg;
→ Domgrabungsmuseum;
→ Hellbrunn; → Sattlerpanorama
(S. 276); → Spielzeugmuseum;
→ Volkskundemuseum.

*Museum der Salzburger Rettungs-
gesellschaft*, Paris-Lodron-Straße 8 a,
Tel. 7 96 03 (nach Voranmeldung)
– Dokumentation der Geschichte
des organisierten Rettungswesens.

*Max-Reinhardt-Forschungs- und
Gedenkstätte*, Schloß Arenberg,
Arenbergstraße 8-10 (S. 181),

Tel. 64 03 90 (Mo.-Fr. 9-12 Uhr; geänderte Öffnungszeiten bei Sonderausstellungen; während der Festspiele tgl. 10-12, 14-17 Uhr; Mozart-Woche und Osterfestspiele tgl. 11-16 Uhr; Juli und Weihnachten bis 7. Januar geschlossen).

Residenz, Prunkräume, Residenzplatz 1 (S. 129 ff.), Tel. 80 42/ 26 90. Führungen: Juli/August 10-12, 13-16.30 Uhr (alle 20 Minuten); September-Juni Mo.-Fr. 10, 11, 14 und 15 Uhr, Sa., So. und feiertags 10, 11 und 12 Uhr.

Residenzgalerie, Salzburger Landessammlungen, Residenzplatz 1 (S. 133), Tel. 80 42/22 70 (tgl. 10-17 Uhr) – bedeutende Gemäldesammlung mit Werken des 16. und 17. Jahrhunderts (Barbieri, van Goyen, Potter, Rembrandt, Dughet) sowie österreichische Malerei des 19. Jahrhunderts (Romantik, Biedermeier, Salonmalerei).

Salzburger Barockmuseum, Mirabellgarten, Orangerie, Tel. 7 74 32 (Di.-Sa. 9-12, 14-17, So. und feiertags 9-12 Uhr) – Privatsammlung des Ehepaares Kurt und Else Rossacher; Skizzen, Studien, Ton- und Holzbozzetti, Architekturrisse von Rubens, Maulbertsch, Troger, Kremser-Schmidt, Rottmayr, Fragonard, Giordano.

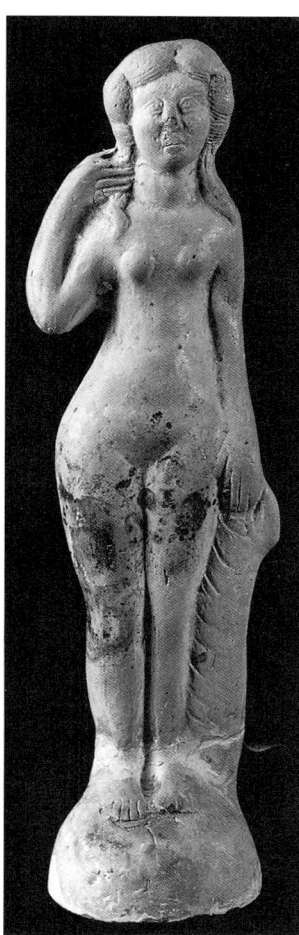

Museum Carolino Augusteum:
Venus Anadyomene.

Salzburger Freilichtmuseum, 5084 Großgmain b. Salzburg (Übersichtsplan), Tel. 85 00 11 (April-Oktober Di.-So. 10-18 Uhr) – in landschaftlich reizvoller Umgebung am nördlichen Fuß des Untersbergs, etwa 10 km südwestlich von Salzburg, gelegen, auf einer

*Küche einer Puppenstube im Spielzeugmuseum
im ehemaligen Bürgerspital, Museum Carolino Augusteum.*

Fläche von ca. 50 ha unter freiem Himmel: eine einzigartige Schau historisch wertvoller original wiederaufgebauter Bauernhöfe mit Gärten und Zäunen und weiteren Gebäuden des ländlichen Wohn- und Wirtschaftslebens vom 16. bis 19. Jahrhundert.

Sankt Peter, Katakomben, Sankt-Peter-Bezirk (S. 40 ff.), Tel. 84 21 66-0. Führungen: tgl. 10-17 Uhr, stündlich; Oktober-April tgl. 11-12, 13.30-15.30 Uhr.

Spielzeugmuseum im ehemaligen Bürgerspital, Bürgerspitalgasse 2 (S. 209), Tel. 84 75 60 (Di.-So. 9-17 Uhr).

Tiergarten Hellbrunn → Hellbrunn.

Trachtenmuseum, Griesgasse 23/1, Tel. 84 31 19 (Mo.-Fr. 10-12, 14-17, Sa. 10-12 Uhr) – kleines Museum, das den renommierten Werkstätten Beurle angegliedert ist.

Georg-Trakl-Forschungs- und Gedenkstätte, im Geburtshaus des Dichters, Waagplatz 1 a (S. 199), Tel. 84 52 89. Führungen: Di.-Fr. 11 und 14, Sa. 10 Uhr.

Volkskundemuseum im Monats-schlößl, Hellbrunn, Tel. 82 03 72 21 (Ostern-Oktober 7-17 Uhr) – das Museum entstand aus dem bereits 1924 im 1615 unter Erzbischof Markus Sittikus erbauten »Monatsschlößl« eingerichteten »Altsalzburger Trachtenmuseum«.

Neben Einzelobjekten zur Volkskunst, original eingerichteten »Stüberln«, volkstümlichen Instrumenten und Zeugnissen des religiösen Brauchtums zeigt das Museum einen Raum zur Erinnerung an die Emigration lutherischer Bauern aus Salzburg zu Beginn des 18.Jahrhunderts (vgl. S. 140ff.).

Zauberflötenhäuschen (S. 168), Mozarteum, Basteigarten (S. 168); Führungen, kombiniert mit dem → Mozart-Wohnhaus, ab Mozarteum, Schwarzstraße 26, Tel. 731/54 und 55 – kleines Gartenhaus, das Mozart von seinem Logenbruder und Dichter des Opernlibrettos, Emanuel Schikaneder, in Wien zur Verfügung gestellt worden war. Er soll hier 1791 die »Zauberflöte« komponiert haben. 1873 nach Salzburg gelangt, fand es erst nach Zwischenstationen im »Zwerglgarten« und auf dem Kapuzinerberg seinen heutigen Standort.

Notruf

Kostenlos von allen öffentlichen Fernsprechautomaten aus:
Polizei 133
Feuerwehr 122
Rettung 144

Pannendienst → Autofahren.

Parkmöglichkeiten

Ringförmig um die Altstadt (relativ teuer):

Busparkplätze – ganzjährig: Berchtesgadener Straße, Gebirgsjägerplatz, Nonntal, Paris-Lodron-Straße; April-Oktober: Markus-Sittikus-Straße, Schwarzstraße.

Parkgaragen
Altstadtgarage am Mönchsberg (1500 Parkplätze), direkt im Zentrum (0-24 Uhr);
Hypo-Garage (105 Parkplätze), Nonntal (Juni-September tgl. 7-23 Uhr; Oktober-Mai Mo.-Sa. 7-23 Uhr, So. und feiertags geschlossen);
»Mirabell-Garage« (660 Parkplätze), Mirabellplatz (7-24 Uhr);
Parkgarage »Auersperg« im Sheraton-Hotel (59 Parkplätze), Auerspergstraße 4 (Einfahrt 6-23 Uhr, Ausfahrt durchgehend);
Raiffeisen-Garage (179 Parkplätze), Schwarzstraße 13-15 (7-24 Uhr).

Museum Carolino Augusteum, Volkskundemuseum: Charivari-Anhänger.

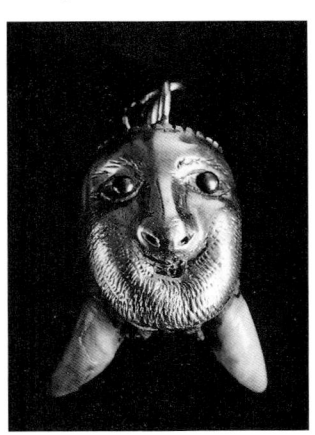

Bewachte Parkplätze
Ganzjährig: Flughafen; Glocken-
gasse; Kajetanerplatz; Rot-Kreuz-
Parkplatz, Franz-Josef-Kai;
April-Oktober: Hellbrunn.

Park and Ride
Süd (350 Parkplätze), Alpenstraße
(ganzjährig);
SAZ/Ausstellungszentrum (1300
Parkplätze, eigene Autobahn-
anschlußstelle).

Post und Telephon

Postgebühren von Österreich in die
Schweiz bzw. nach Deutschland:
Postkarten 5 öS; Briefe bis 20 g
6 öS, bis 50 g 12 öS, bis 100 g 20 öS.
Postleitzahl von Salzburg: 5020.
Telephonieren: von öffentlichen
Telephonzellen innerhalb Österreichs für ein Ortsgespräch
1 Schilling für 2 Minuten, dann
wieder nachwerfen; bei Ferngе-
sprächen sind die Gebühren nach
Zonen gestaffelt (nach 18 Uhr
und an Wochenenden ermäßigt).
Telephonvorwahl:
nach Salzburg aus dem Ausland:
00-43-662; (ehemalige DDR
06-43-662),
innerhalb Österreichs: 0662
aus Österreich nach Deutschland:
00-06-Vorwahl der Stadt ohne 0;
in die Schweiz: 00-05-Vorwahl
der Stadt ohne 0.
Telephonauskunft in Salzburg: für
das Inland 16; für das Ausland 08.

Rundflüge

aeroCHARTER, Flughafen,
Innsbrucker Bundesstraße 95,
Tel. 85 12 12; Tx. 63 37 73 oefag a;
Fax 85 12 15.

Schlösser, Residenzen und Palais

Altes Borromäum, Dreifaltigkeits-
straße 15-19 – 1631 unter Erzbischof Paris Lodron erbauter
Barock-Palast, heute Sitz der
Hochschule Mozarteum.

Chiemseehof, Chiemseegasse 8 –
ehemalige Stadtresidenz der
Bischöfe von Chiemsee aus dem
frühen 14. Jahrhundert, im späten
17. Jahrhundert umgebaut, beherbergt heute Amtsräume der Landesregierung.

Erzbischöfliche Residenz, Kapitelplatz 2 – Residenz der Salzburger
Erzbischöfe, entstanden aus dem
Ende des 18. Jahrhunderts von
dem Passauer Architekten Carlo
Lago erbauten Kanonikalhof unter Einbeziehung eines benach-
barten Hofes.

Franziski-Schlößl → Ausflüge S. 275.

Frohnburg, Hellbrunner Allee 53,
1672 von Johann Josef von Kuenburg als einfacher Landsitz errich-
tetes Barock-Schloß; Reste einer
barocken Gartenanlage mit Was-
serturm und Freilichttheater;
der Arionbrunnen am Eingang
variiert das seltene Thema der
Errettung des Sängers.

Festung Hohensalzburg (S. 15 ff.,
Adresse und Öffnungszeiten S. 293).

Monatsschlößl, eigentlich Schloß
Waldems, Park von Hellbrunn,
heute Sitz des Volkskunde-
museums (S. 296).

Paschingerschlößchen, Kapuzinerberg (S. 183).

Residenz, Residenzplatz (S. 130 ff.,
Öffnungszeiten S. 295).

Schloß Kleßheim, einst Lustschloß der Erzbischöfe, erbaut nach Plänen Fischers von Erlach.

Residenz-Neugebäude, Residenzplatz (S. 136).

Schloß Aigen, bescheidenes dreigeschossiges Schloß mit Fassaden aus dem 19. Jahrhundert; sehenswert wegen seines Landschaftsparks (S. 283).

Schloß Arenberg, Arenbergstraße 8 (S. 180f.), Max-Reinhardt-Forschungs- und Gedenkstätte.

Schloß Hellbrunn (S. 114ff.).

Schloß Kleßheim – früheres bischöfliches Lustschloß, im Auftrag von Johann Ernst von Thun 1700 bis 1709 von Fischer von Erlach erbaut; nur von außen zu besichtigen, da als Versammlungs- und Gästehaus der Landesregierung genutzt; Schloßpark (S. 284).

Schloß Leopoldskron (S. 147f.).

Schloß Mirabell (S. 100ff.).

Sommerakademien und Sommerkurse

Während der Festspielzeit im Juli und August bietet Salzburg eine breite Palette akademischer Kurse und Seminare (Musik, Tanz, bildende und darstellende Kunst, Fremdsprachen). Viele dieser Veranstaltungen stehen unter einem Leitthema, das jährlich neu festgelegt wird. Zu den renommiertesten (Verzeichnis in: Salzburg für die Jugend; → Informationsbroschüren) gehören:

Internationale Schul- und Jugend-Musikwochen Borromäum, Gaisbergstraße 7, Tel. 25705.
Internationale Sommerakademie für bildende Kunst auf der Festung Hohensalzburg, Büro: Kaigasse 2, Postfach 18, 5010 Salzburg, Tel. 842113 (September–Juni), 843727 (während der Veranstaltungen auf der Festung im Juli/August) – von Oskar Kokoschka als »Schule des Sehens« mitinitiiert (vgl. S. 29f.), mit Kursen in den Bereichen Malerei, Zeichnung, Plastik, Architektur, Photographie, Radierung, Lithographie, Goldschmiedekunst.
Internationale Sommerakademie für Musik – Hochschule Mozarteum, Mirabellplatz 1, Tel. 73668, 75534, 75646 – Meisterkurse für Vokalisten und Instrumentalisten,

Seminare für Bühnenbildner und Dirigenten.

Salzburger Hochschulwochen, Universität Salzburg, Universitätsplatz 1, 5020 Salzburg, Tel. 84 25 21-11 – jährlich im Juli/August stattfindende 14tägige Bildungsveranstaltung.

Sprachkurse, Salzburg International Language Center, Moosstraße 106, 5020 Salzburg, Tel. 84 44 85, 84 65 11, Tx 63 24 76 – zwei- bis sechswöchige Kurse von Juni bis August in Deutsch, Englisch, Französisch und Italienisch.

Internationale Sommerkurse zur Musik- und Tanzerziehung, Orff-Institut, Abt. XI der Hochschule für Musik und Darstellende Kunst der Hochschule Mozarteum, Frohnburgweg 55, 5020 Salzburg, Tel. 2 01 09.

Taxis

Standplätze in der Innenstadt: Alter Markt, Makartplatz, Residenz, Sigmund- und Rudolfplatz.

Salzburger Funktaxi, Rainerstraße 27, Tel. 81 11 (Vorbestellung und Auskunft: Tel. 7 44 00, Fax 88 25 05).

Telephonieren → Post und Telephon; → Notruf.

Theater

Großes Festspielhaus, Hofstallgasse 1, Tel. 80 45-0, Fax 89 11 14.

Salzburger Landestheater, Schwarzstraße 22, Tel. 7 15 12-0 – Festspieltheater und Klassiker.

Kammerspiele, Schwarzstraße 24, Tel. 7 15 12-0 – modernes Theater.

Kleines Theater, Schallmoser Hauptstraße 50, Tel. 72 81 15 – modernes Theater.

Elisabethbühne, Plainstraße 42, Tel. 5 06 46 – Avantgarde.

Salzburger Puppentheater, Elisabethstraße 53 a, Tel. 5 35 74 – Kinder- und Jugendtheater.

Salzburger Marionettentheater, Schwarzstraße 24, Tel. 7 24 06 – u. a. Mozart-Opern.

Programme in allen Salzburger Tageszeitungen und in den Veranstaltungsverzeichnissen der Fremdenverkehrsbetriebe (→ Informationsbroschüren).

Tiergarten

Großzügig angelegter Zoo im Park des ehemaligen fürsterzbischöflichen Lustschlosses Hellbrunn (S. 114 ff.), entstanden aus dem älteren Hirschpark, der 1424 erstmals urkundlich erwähnt wurde. Reizvolle landschaftliche Freigehege; Raubvögelzucht. Schloß Hellbrunn, Tel. 82 01 76, tgl. April-September 9-16 Uhr.

Trachten

Eine einheitliche Salzburger Tracht gibt es nicht, eher eine Vielfalt verschiedener Trachtenformen der umliegenden Landstriche, die sich in Material und Farbe, oft auch im Schnitt leicht unterscheiden.

Frauentracht: Dirndl, mit engem, teils kunstvoll geschnürtem Mieder, mit oder ohne separate Bluse getragen, und in der Taille eng gefälteltem Rock und Schürze darüber; Accessoires: Kämme, Schmuck (Kropfband oder -kette), verzierte Knöpfe, Stickmustertücher.

Männertracht: eher zurückhaltend, grau mit grüner Weste, auch Lederhose; Accessoires: Uhrkette mit Amulettanhängern (»Charivari«), am besten mit »Patina«. Eine historische Dokumentation der Salzburger Tracht zeigt das Trachtenmuseum (S. 296). In originalgetreue Trachten einkleiden kann man sich beim *Salzburger Heimatwerk*, Residenzplatz 9, Tel. 84 41 10, zu dessen Kunden in der Hauptsache Einheimische zählen.

Trachtengeschäfte:

Beurle Trachten, Griesgasse 25, Tel. 84 31 19 (mit Trachtenmuseum, Griesgasse 23).
Collins Hüte, Klampferergasse 6, Tel. 84 27 03.
Dschulnigg, Griesgasse 8, Tel. 84 23 76.
Forstenlechner Trachten, Mozartplatz 4, Tel. 84 37 66.
Josef Geiger, Residenzplatz 5, Tel. 84 13 93.
R. Girlinger-Fitzka Ledertrachten, Sigmund-Haffner-Gasse 14/II, Tel. 84 11 73.
Homolka, Judengasse 12, Tel. 84 37 62.
Jahn-Markl, Residenzplatz 3, Tel. 84 26 10.
Geschwister Lanz OHG, Schwarzstraße 4, Tel. 7 42 79.

Madl am Grünmarkt, Universitätsplatz 12, Tel. 84 54 57.
Palfinger Trachten, Rainerstraße 24 und Klampferergasse 6, Tel. 7 46 91 und 84 27 08.
Scheiblberger Hüte, Kranzlmarkt 1.
Scherzer Hüte, Getreidegasse 2, Tel. 84 17 58.
Stassny Trachten, Getreidegasse 35 und Münzgasse 2, Tel. 84 23 57 und 84 13 59.
Thalhammer, Rathausplatz 2, Tel. 84 25 51.
Tracht Exquisit – Original Schwaiger Handicraft, Getreidegasse 21 (Passage), Tel. 84 03 94.
Wacht an der Salzach, Griesgasse 7, Tel. 84 16 22.
Wenger, Tracht – Loden, Getreidegasse 29, Tel. 84 16 77.
Josef Zwick und Sohn, Griesgasse 17, Tel. 84 31 39.

Veranstaltungskalender

Hinweise über das sehr ausführliche monatliche *Veranstaltungsprogramm* → Informationsbroschüren.

Januar: Sternsingen (1.-6. 1.); Glöcklerlauf (5. 1.) und Aperschnalzen (Dreikönig-Faschingsdienstag): uralte Bräuche zur Austreibung des Winters (»aper« = schneefrei).

März/April: Palmbuschenweihe mit Prozessionen (Palmsonntag); Osterfeuerweihe (heidnischen Ursprungs, reinigende Kraft des Feuers soll vor Unglück und Krankheit schützen); Georgiritt und -kirchweih, Flurweihe (23.4.).

Mai: Maibaumaufstellen (1.5.); Frühlingssingen in der Großen Aula der Universität (2.5. – Samstag).

Mai/Juni: einwöchige Salzburger Dult auf dem Ausstellungsgelände mit Festzug und Bindertanz (Ende Mai/Anfang Juni); Sommersonnenwende auf der Salzach und in vielen umliegenden Orten (22., 23., 24.6).

Juli: Bindertanz zur Festspieleröffnung (Ende des Monats).

August: Schifferstechen auf der Salzach, veranstaltet vom Oberndorfer Schifferschützenkorps (2.8. – Samstag).

September: Rupertischießen auf der Festung (24.9.); Erntedankfest im Dom (4.9. – Sonntag).

November: Kathreintanzfest im Kongreßhaus (Ende des Monats).

Dezember: Christkindlmarkt auf Dom- und Residenzplatz (bis 24.12.); Adventssingen im Großen Festspielhaus (Ende November-Anfang Dezember) und zahlreiche weitere vorweihnachtliche Veranstaltungen (»Alpenländischer Advent«, »A b'sondere Zeit«); Anklöckeln (Anklopfen), ein christlich umgedeuteter heidnischer Brauch zur Ankündigung des Christkinds (erste drei Dezember-Donnerstage); Wilde Jagd am Untersberg, polternder glückverheißender Umzug in den Rauhnächten (13.12.); Weihnachtsblasen von der Festung (24.12.) und Turmblasen (31.12).

Kulturelle Großveranstaltungen:

Mozartwoche, im Januar/Februar; Mozartwoche, Stiftung Mozarteum, Schwarzstraße 26, Tel. 731 54, 7 37 76, Fax 88 24 19.

Osterfestspiele, Hofstallgasse 1, Tel. 8045-361, Fax 8401 24 – von Herbert von Karajan initiierte Opern- und Konzertveranstaltungen; Karten nur mit viel Glück und/oder guten Beziehungen.

Salzburger Festungskonzerte, Direktion der Salzburger Festungskonzerte, Großmayerstraße 3, Tel. 8488 22 – im Fürstenzimmer der Festung Hohensalzburg, Ende Mai-Ende September.

Pfingstkonzerte Salzburg, Hofstallgasse 1, Tel. 84 13 07, Fax 8401 24.

Salzburger Festspiele, Direktion, Festspielhaus, Postfach 140, Tel. 842541, Tx 63 38 80 (Auskünfte und Vorbestellungen bis Anfang Januar – Opern-, Konzert- und Theateraufführungen, zurückgehend auf Richard Strauss, Hugo von Hofmannsthal (»Jedermann«, S.86 f.), 232 f.) und Max Reinhardt (S.241ff.), Ende Juli bis Ende August. Karten sind schwer, oft nur zu überteuerten Schwarzmarktpreisen, erhältlich.

Szene der Jugend, Anton-Neumayr-Platz 2, Tel. 842623, 843448, Fax 846808 – alternative Veranstaltungsreihe während der Festspielzeit im Juli und August: Rock, Jazz und Liedermacher, Pantomime und Straßentheater.

Fest in Hellbrunn, Gesellschaft Hellbrunn, Postfach 47, 5027

Salzburg, Tel. (8)7 87 84; ab 1. 7.
im Festbüro Schloß Hellbrunn,
Tel. 82 19 69 – Musik- und Schau-
spielspektakel im Schloßpark
(bei schlechtem Wetter in der
Residenz) an zwei Wochenenden
im August.

Salzburger Kulturtage, Kultur-
vereinigung, Trakl-Haus, Waagplatz 1 a, Tel. 84 53 46 – Theater-,
Musik- und Brauchtumsveranstal-
tungen an verschiedenen Auf-
führungsorten, vier Wochen im
Oktober/November.

Salzburger Schloßkonzerte, Direktion, Makartplatz 9, 5024 Salzburg, Tel. 87 27 88, 87 11 25,
Fax 87 11 25 – in Schloß Mirabell
und der Residenz ganzjährig.

Verkehrsmittel, öffentliche

Salzburgticket für die Alt- und Innenstadt, das in zwei verschiedenen Versionen in speziell gekennzeichneten Tabaktrafiken, in den
Zeitkartenbüros der Salzburger
Verkehrsbetriebe und der Touri-
steninformation (Adresse S. 287)
erhältlich ist.
Ticket 1: (48 öS/Erwachsene
bzw. 24öS/Kinder; Gültigkeit
24 Std., Stand 1991);
Ticket 3: (96 öS bzw. 48 öS;
72 Std., Stand 1991);
Ticket 1 und 3 sind gültig für
Auto- und Obusse, für die Lokal-
und Festungsbahn sowie für den
Mönchsbergaufzug; sie sind nicht
übertragbar und müssen unter-
schrieben und bei der ersten
Benutzung entwertet werden.
Zeitkartenbüros der Salz-
burger Verkehrsbetriebe,
Griesgasse 21.

Zoll

Da Österreich (noch) nicht zur
Europäischen Gemeinschaft gehört, ist die *Einfuhr* bestimmter
Güter beschränkt: 250 g Tabak
oder 50 oder 200 Zigaretten;
250 g Kaffee und 100 g Kaffee-
extrakt, 50 g Parfüm und 250 ml
Eau de Toilette.
Die Bestimmungen für die Einfuhr von Gegenständen für den
persönlichen Gebrauch sind sehr
großzügig und werden auch so
gehandhabt.
Die *Ausfuhr* von Tabakwaren und
Spirituosen ist für Reisende über
18 Jahre in unbegrenzter Höhe
erlaubt (im Rahmen der Einfuhr-

*Die erst 1960
elektrifizierte Festungsbahn,
deren Talstation in der
Festungsgasse liegt.*

bestimmungen des Heimatlandes), in Zweifelsfällen erteilen die Zollämter Auskunft.

In Österreich ist die *Mehrwertsteuer* relativ hoch (abgestuft, bis zu 32 %). Daher kann es sich lohnen, sich diese für bestimmte besonders hochwertige Waren bei der Ausreise rückerstatten zu lassen. Man benötigt dazu eine Bestätigung des Geschäftes, in dem die Güter erworben wurden. Nähere Informationen über diese durchaus übliche Praxis erhält man in den einschlägigen Salzburger Geschäften und bei den heimatlichen Zollämtern, die auch Auskünfte über eventuell anfallende Gebühren für die Einfuhr erteilen.

Zugauskunft

Österreichische Bundesbahnen, Hauptbahnhof, Südtiroler Platz, Tel. 1717

Detail aus dem Goldenen Saal in der Festung.

Quellen

C. Fr. Arnold: *Die Ausrottung des Protestantismus in Salzburg unter Erzbischof Firmian und seinen Nachfolgern – Ein Beitrag zur Kirchengeschichte des 18. Jahrhunderts.* Schriften des Vereins für Reformationsgeschichte. Halle 1900.

Ders.: *Die Vertreibung der Salzburger Protestanten und ihre Aufnahme bei den Glaubensgenossen.* Schriften des Vereins für Reformationsgeschichte. Halle 1901.

Wilhelm A. Bauer und Otto Erich Deutsch: *Mozart, Briefe und Aufzeichnungen.* Gesamtausgabe der Internationalen Stiftung Mozarteum. Salzburg 1962-1975.

Hans Calm: *Kulturbilder aus der deutschen Theatergeschichte.* Leipzig 1925.

Heinz Dopsch: *900 Jahre Festung.* Salzburg-Dokumentation 1977.

Leonhard M. Fiedler: *Max Reinhardt.* Reinbek bei Hamburg 1975.

Die Freimaurer im Volksglauben. Berlin 1919.

Aloys Greither: *Mozart.* Reinbek bei Hamburg 1988.

Ferdinand Grell: *Das Salzburger Dombüchlein.* Salzburg 1978.

Hugo von Hofmannsthal: *Jedermann.* Frankfurt am Main 1988.

Josef Kaut: *Festspiele in Salzburg.* Salzburg 1965.

Hanjo Kesting: Der Herr der Klänge – Herbert von Karajan. In: *DIE ZEIT,* 21.7.1989.

Franz Thaddäus von Kleinmayern: *Nachrichten vom Zustand der Gegenden und Stadt Juvavis vor, während und nach der Beherrschung der Römer bis zur Ankunft des heiligen Rupertus und von dessen Verwandlung in das heutige Salzburg.* Salzburg 1784.

Gerhard R. Koch: Der Dirigent – zum Tode von Herbert von Karajan. In: *FAZ,* 18.7.1989.

Wilfried K. Kovacsovics und Fritz Moosleitner: *Führer durch die Domgrabungen in Salzburg.* Schriftenreihe des Museums Carolino Augusteum. Salzburg 1987.

Albert Leitzmann: *Wolfgang Amadeus Mozart – Berichte der Zeitgenossen und Briefe.* Leipzig 1926.

Franz Martin: *Salzburg, Geschichte und Kunst dieser Stadt.* Salzburg 1972.

Merian Salzburg. Hamburg 1982. Darin: Friedrich Heer: Der Fremde Wolf Dietrich, Erzbischof und Landesfürst im Kerker.

Renate Möller: *Salzburg.* München 1990.

Wolfgang Amadeus Mozart: *Die Zauberflöte.* Stuttgart 1962.

Johannes Neuhardt: *Der Dom zu Salzburg.* München 1980.

Bernhard Paumgartner: *Salzburg.* Salzburg 1966.

Hans Penner: *Der Friedhof zu St. Marx in Wien.* Wien 1951.

Reclams Lexikon der Heiligen und der biblischen Gestalten. Stuttgart 1968.

Gottfried Reinhardt: *Der Liebhaber – Erinnerungen seines Sohnes Gottfried Reinhardt an Max Reinhardt.* München 1973.

Wilfried Schaber: *Salzburg*, Stadtführer. Salzburg 1987.

Salzburg, Stadt und Land, hrsg. von Jacqueline und Werner Hofmann. München 1957.

Franz Prinz zu Sayn-Wittgenstein, *Salzburger Land.* München 1977.

Otto Schneider: *Mozart in Wirklichkeit.* Wien 1955.

Johannes Stainhauser: *Das Leben, Regierung und Wandel des Hochwürdigsten in Gott und Fürsten und Herrn Wolff Dietrichsen.* Mitteilungen der Gesellschaft für Salzburger Landeskunde. Salzburg 1873.

Wolfgang Steinitz: *Salzburg – ein Kunst- und Reiseführer für die Stadt und Umgebung.* Salzburg 1978.

Roland Tenschert: *Salzburg und seine Festspiele.* Wien 1947.

Helene Thimig-Reinhardt: *Wie Max Reinhardt lebte.* Percha/Starnberger See 1973.

Klaus Umbach: Der letzte der germanischen Titanen – Herbert von Karajan. In: *Der Spiegel*, 24. 7. 1989.

Werner Volke: *Hugo von Hofmannsthal.* Reinbek bei Hamburg 1967.

Wilhelm Weitgruber: *Salzburger Spaziergänge.* Salzburg 1980.

Judas Thaddäus Zauner: *Chronik von Salzburg.* Herausgegeben von Franz Xaver Duyle. 8 Bände. Salzburg 1796-1826.

Judas Thaddäus Zauner: *Beyträge zur Geschichte des Aufenthalts der Franzosen im Salzburgischem und in den angränzenden Gegenden.* Salzburg 1801/02.

Géza Zech: *Das Salzburger Mozartbuch.* Salzburg 1964.

F. V. Zillner: *Geschichte der Stadt Salzburg.* Herausgegeben von der Gesellschaft für Salzburger Landeskunde. Salzburg 1890.

Salzburg in der Literatur
Eine Auswahl

Hermann Bahr: *Salzburg.* Berlin o.J.

Ders.: *Salzburg. Ein literarisches Sammelwerk.* Salzburg 1913.

Ders.: *Salzburger Landschaft. Aus Briefen an seine Frau und aus seinen Tagebüchern.* Innsbruck–Leipzig 1937.

Thomas Bernhard: *Autobiographie.* 5 Bände. *Ein Kind. Die Kälte. Der Atem. Der Keller. Die Ursache.* Salzburg 1989.

Peter Handke: *Der Chinese des Schmerzes.* Frankfurt am Main 1983.

Ders.: *Nachmittag eines Schriftstellers.* Salzburg 1987.

Gerhart Hauptmann in: *Ewiges Theater. Salzburg und seine Festspiele.* Herausgegeben von E. Kerber. München 1935.

Hugo von Hofmannsthal in: *Ewiges Theater. Salzburg und seine Festspiele.* Herausgegeben von E. Kerber. München 1935.

Erich Kästner: *Der kleine Grenzverkehr.* Berlin 1938.

Walter Kappacher: *Die Werkstatt.* Salzburg 1975.

Ders.: *Rosina.* Stuttgart 1978.

Annette Kolb: *Festspieltage in Salzburg.* Amsterdam 1937.

Heinrich Laube: *Reisenovellen.* 2. Band. Mannheim 1836.

Georg Trakl: *Gesammelte Werke.* Herausgegeben von Wolfgang Schneditz. Salzburg 1948/49.

Carl Zuckmayer: *Ein Sommer in Österreich.* Wien 1937.

Stefan Zweig: *Begegnungen mit Menschen, Büchern, Städten.* Wien–Leipzig–Zürich 1937.

Personenregister

Orts- und Sachregister

Abbildungsnachweis

Stefan Andriska, Salzburg: Seite 46, 47

Josef Anrather, Salzburg: Farbtafeln 4, 9, 12, 16; Seite 83

Dommuseum zu Salzburg: Seite 32, 85 (O. Anrather),
142 (O. Anrather), 292, 293

Barbara von Girard, München: Umschlag-Rückseite, Farbtafel 14;
Seite 12 f., 22, 221

Tom Krausz, Hamburg: Farbtafeln 2, 5, 13; Seite 21, 50, 96, 108,
139, 150, 182, 204, 213, 226 f., 229, 273, 285, 290 u.

Foto Löbl-Schreyer, Bad Tölz-Ellbach: Farbtafeln 1, 11, 15;
Frontispiz; Seite 41, 131, 134, 278, 299

Fritz Mader, Hamburg: Umschlag-Vorderseite; Farbtafeln 3, 10

Mathias Michel, Andechs: Seite 15, 24, 28, 34, 63, 153, 283, 303, 304

Werner Neumeister, München: Seite 259

Österreich Werbung, München: Seite 111 (Markowitsch),
159 (Wiesenhofer), 163 (Wiesenhofer), 165 (Herzberger),
169 (Wiesenhofer), 171 (Wiesenhofer), 279 (Wiesenhofer)

Parzinger, Kirchanschöring: Umschlag-Rücken

Salzburger Festspiele: Seite 92 f. (Weber)

Salzburger Museum Carolino Augusteum: Seite 74, 79, 98, 144,
173, 211, 264, 271, 272, 274, 295, 296, 297

Verlag St. Peter, Salzburg: Farbtafeln 6 (R. Rinnerthaler),
8 (R. Rinnerthaler); Seite 55, 57 (R. Weidl), 112 (F. Schreiber),
284, 288 (R. Weidl)

Andreas Toscano del Banner, München: Seite 186 f., 238, 290

Kartographie: Geographischer Verlag Werner Kühn,
Fürstenfeldbruck